Marianne Brickenkamp

Behindert, aber kerngesund

Autobiographie

Schardt Verlag Oldenburg

Deutsche Bibliothek - CIP Einheitsaufnahme

Ein Datensatz zu dieser Publikation ist
bei *Der Deutschen Bibliothek* erhältlich

1. Auflage 2000

Copyright © by
Schardt Verlag
Rauhehorst 77
26127 Oldenburg
☎ 0441 - 6640262
🖹 0441 - 6640263
Herstellung: Schardt Verlag

ISBN 3-89841-004-8

Inhaltsverzeichnis

Prolog 5

Teil I
Mein Weg zur Integration und die Reaktionen der
Mitmenschen aus meiner ganz persönlich erlebten Sicht 12
Wirklich erlebte Integration - was ist das? 13
Voraussetzungen für den behinderten Partner 16
Ein Weg zur Integrationsfähigkeit 19
Schule - der Ernst des Lebens oder Schluß mit der Integration 27
Der Folterknecht und seine Gehilfen 29
Endlich Erlösung. 32
Vom Regen in die Traufe bezüglich Rehabilitation 35
Ein Lichtblick! 38
Voraussetzungen für den nichtbehinderten Partner 42
Ein schlechtes Image für die ganze Familie 46
Und was wird aus uns? 52
Der Pfarrer: Ob sie wohl kann? 57
Entweder heilig oder blöd, jedenfalls nicht normal! 64
Weh uns, wenn sie selbständig werden... 70
Nicht groß darüber reden, sondern vorleben! 74
Wir werden das Kindchen schon schaukeln 79
Der Mensch denkt, doch Gott lenkt! 82
Neues Haus - neues Kind 86
Autorität muß sein 89
Aller guten Dinge sind drei 92
Wie die Kinder meine Behinderung sehen und
    vor anderen damit umgehen 95
Jede Medaille hat zwei Seiten 98
Mein Verständnis zum Funktionieren unserer Partnerbeziehung 100

Teil II
Gefangen im Netz der Medizin und der
    Weg zur Befreiung daraus 102
Es nutzt alles nichts... 103
Wirbelsturm in der Chaos-Klinik 111
Alles auf den Kopf gestellt 149
Vielen sage ich es, doch nur wenige wollen es verstehen 154
Wie sag ich's meiner geliebten Familie? 155
Meine Schwester, die ehemalige Puddingvegetarierin 161
Der unwahrscheinlich schnelle und qualvolle Tod

einer lieben Freundin 170
Manchmal lohnt sich die „schonungslose"
Darstellung von Tatsachen... 179
„Ich will nun einmal kein Grünfutterer werden wie Du!" 186
Heißt Rohkost wirklich nur Grünfutter essen? –
Diverse Lokalgeschichten... 191

Teil III
Erkenntnisse einer „Gesundheitshexe".................................. 195
Willst Du gesund sein? Dann ertrage eine direkte Sprache!
Schmeicheln hilft Dir nicht.. 196
Was ist der Grundfaktor für eine gute oder
angeschlagene Gesundheit?... 206
Krank aufgrund genetischer Faktoren?....................................... 210
Krankheit wegen umweltbedingter Faktoren?............................ 213
Krank durch Streß?.. 219
Stufen gesundheitsbewußten Verhaltens integrativ betrachtet ... 223
   1. Totales Fehlen gesundheitlichen Bewußtseins....................... 223
   2. Beginnendes Gesundheitsbewußtsein.................................. 227
   3. Die Ethik gewinnt teilweise an Bedeutung
      (Lacto-Ovo-Vegetarier)... 228
   4. Tierisch-eiweiß-freie Ernährung... 231
   5. Rohkost – eine ethisch und gesundheitlich allumfassende
      Ernährungsweise 232
Oft täuscht der Schein unverwüstliche Gesundheit vor 259
Schlußworte... 272

Hilfreich zu lesen – Literaturempfehlungen 276

Anhang 278

Prolog

Liebe Leserin, lieber Leser,

häufig wird Behindertsein mit dem Kranksein gleichgesetzt. Es ist jedoch ein großer Unterschied.

Kranksein ist nach meiner Definition ein Zustand, den auch jeder Nichtbehinderte erlangen kann und aufgrund der heute üblichen Ernährungs- und Lebensweise früher oder später tatsächlich erlebt. Gemeint ist ein mehr oder minder großes Mißempfinden, welches i. d. R. veränderlich zum Positiven oder zum Negativen ist.

Der behinderte Mensch kann organisch gesunder als der Nichtbehinderte sein. Unter Behinderung verstehe ich einen langfristig oder dauernd gleichbleibenden Zustand, der in Beziehung zur Umwelt des Betreffenden steht. Als behindert empfinde ich mich erst, wenn beispielsweise Stufen oder zu schmale Türen mich hindern, mit dem Rollstuhl zu einem bestimmten Ort zu kommen. Doch diese Tatsache ist nicht das Hauptproblem des behinderten Menschen. Viel gravierender ist die Aussonderung und Ablehnung durch viele Nichtbehinderte, welche sich beim Anblick eines Behinderten in ihrem Weltbild und ihrer Ästhetik gestört fühlen.

Es fällt zahlreichen nichtbehinderten Menschen wesentlich leichter, große Summen für behinderte Menschen zu spenden, als mit ihnen auch nur zu sprechen. Doch was nützt alles Geld der Welt, wenn der behinderte Mensch die massiven Vorbehalte ihm gegenüber spürt?

Diese Vorbehalte durch gegenseitiges Kennenlernen zu beseitigen ist Ziel jedes Integrationsbemühens.

Weil Kranksein jedoch ebenfalls eine der unangenehmsten Situationen im Leben eines Menschen ist, möchte ich ebenfalls über dieses Thema schreiben. Denn an meiner Behinderung kann ich kaum oder eher gar nichts mehr ändern, aber an den sog. Zivilisationskrankheiten, die zu über 90 % ernährungsbedingt sind, kann jeder für sich sehr viel ändern.

Bücher über die Integration Behinderter gibt es viele. Bücher über gesunde Ernährung, speziell über Rohkost, welche entgegen allgemeiner

Meinung nicht nur aus grünem Salat und Möhren besteht, gibt es wahrscheinlich noch mehr.

So kurios es klingen mag: Ich habe in meinem Leben die Erfahrung machen dürfen, daß beides eine gewisse Willensstärke, ein Freimachen von Vorurteilen und den Mut andere Wege zu beschreiten, erfordert. Außerdem gelingt es – sowohl als Behinderte wirklich integriert zu leben, als auch konsequent Rohköstler(in) zu sein – im Verhältnis zum vorhandenen Wunschdenken – relativ selten.

Weil es mir mit Gottes Hilfe bisher gelungen ist, ein integriertes Leben zu führen und Rohköstlerin zu werden, habe ich beschlossen, den Themen entsprechend, wichtige Stationen meiner Lebensgeschichte zu beschreiben. Ich verfolge hiermit das Ziel, daran Interessierten ggf. Anstöße zu einem möglichst befreiten Leben geben zu können.

Ich verschweige nicht, daß ich mich am allermeisten bei meinem Herrn bedanke, der mir Kraft, Mut, Kampfgeist, aber auch viel Liebe, Humor und Charme, verpackt in meinem doch stark behinderten Körper (spastisch gelähmt, sprachbehindert), mitgegeben hat.

Er hat mir bisher immer im richtigen Moment offenherzige Menschen zur Seite gestellt. Zunächst ist da meine liebe Mutter zu nennen, die mich voll in die Familie integrierte. Ohne ihren unermüdlichen Einsatz, daß die Außenwelt mich als normal einstufe, wäre ich nicht die Person, wie ich sie heute bin.

Als ich meiner Mutter entwachsen war, ließ der Herr mir Ulrich, meinen Mann, über den Lebensweg laufen, Er hielt und hält noch immer seit 1976 trotz massiver, teilweise bösartiger Vorurteile von Seiten seiner Eltern, Pfarrern, Bekannten und Fremden an unserer Liebe fest. Uns schenkte der Schöpfer drei Kinder, die gemeinsame Kraft, diese großzuziehen und die Alltagsprobleme zu bestehen. Oft beten wir darum, daß Er weiterhin seine Hand über unsere Liebe zueinander hält.

Auch wenn es mir in traurigen oder gar zornigen Situationen oft nicht so schien, hat der Herr mir immer Menschen geschickt, die mich aufgefangen haben, bis ich selbst wieder stark genug war, mein Leben in den Griff zu bekommen. Aus jeder Krise bin ich gestärkt im Verstehen vieler Probleme hervorgegangen. Ich vertraue weiterhin darauf, daß er mich in seiner Gnade und Liebe tragen wird, solange mir Zeit für dieses irdische Leben gegeben ist.

Der erste Teil dieses Buches befaßt sich mit der Beschreibung meines Weges zur Integration und den oft erniedrigenden Reaktionen unserer Umwelt in den ersten Jahren auf die Beziehung zwischen Ulrich und mir. Auch wird die teilweise Umkehrung der Vorurteile durch einfaches Zusammenleben, sowie meiner inneren Einstellung dazu bis hin zur echten Sympathie ausführlich von mir geschildert. Dieses Thema war 1980 Bestandteil meiner schriftlichen Abschlußarbeit meines Studiums zur Sozialpädagogin. Einige Passagen aus dieser Ausarbeitung sind in diesem Buch übernommen worden.

Ein zweiter Teil wird einige wenige, jedoch markante Stationen von mir als ehemalige Dauerkranke, sowie meinen Weg zur Rohköstlerin und somit Dauergesunden, aufzeichnen. Ich berichte Ihnen dieses, weil mir klar geworden ist, daß man sich durch eine natürliche Lebens- und Ernährungsweise viel Leid mit Ärzten, Krankenhäusern usw. ersparen kann, unabhängig davon, ob man behindert ist oder nicht. Denn letztlich ist es unerheblich, ob ein Mensch mit oder ohne Behinderung an einer der vielen Zivilisationskrankheiten leidet, die vermeidbar bzw. umkehrbar wären durch eine vorwiegend – wenn schon nicht strikt – rohköstlichen Ernährungsweise.

Mittels konsequenter Rohkost habe ich mir wieder zu meiner schwer erarbeiteten Selbständigkeit verholfen. Dies verdanke ich hauptsächlich Menschen, wie Helmut Wandmaker, Franz Konz und Dr. Probst, die ihr Wissen nicht für sich behalten haben, sondern es nutzbringend weitergegeben haben und immer noch geben. Gegen viele Widerstände bringen sie ihre Botschaft in die Öffentlichkeit und werden dafür sehr oft diffamiert. Aber so ist das nun einmal mit Wahrheiten: 1000 Menschen hören sie, aber nur wenige verstehen sie. Jedoch für diese wenigen lohnt sich der Aufwand, denke ich. Denn es gibt nichts Schöneres im Leben, als aufgeschlossenen Mitmenschen einen helfenden Dienst zu erweisen. Genau dieses bezwecke ich mit diesem Buch.

In einem dritten Teil stelle ich Ihnen meine eigenen Erkenntnisse zur Rohernährung in einer theoretischen Abhandlung verschiedener Themenbereiche vor. Ich verbinde damit die Hoffnung, Sie zu einem ungefährlichen Experiment an sich selbst einzuladen.

Damit Sie die Notwendigkeit für sich überhaupt feststellen können, müssen Sie zunächst wissen, warum sowohl andere Autoren als auch ich ohne Umschweife direkt die Sache auf den Punkt bringen. Oft ist uns gar nicht klar, daß wir eine höhere Schlüsselgewalt besitzen, uns gesund oder krank zu erhalten, als wir ahnen. Im allgemeinem neigen wir dazu, diese Schlüsselgewalt den Ärzten zu überlassen.

Außerdem bringen wir alle möglichen Argumente vor, weshalb wir krank sind oder uns einfach nur allgemein unwohl fühlen. Begründungen, wie beispielsweise eine eventuelle genetische Disposition, Umweltverschmutzung oder Streßfaktoren, das sind nach meiner Feststellung Tatsachen, die nicht geleugnet werden sollen. Ihre Existenz können wir jedoch jetzt und heute durch eine uns von der Natur vorgesehene Nahrung, nämlich frische, unbehandelte und nicht gegarte Lebensmittel, weitgehend ausgleichen. Sie sollten also nicht meinen, nichts tun zu können. Der Grundfaktor der Gesundheit ist außer der Gnade Gottes, die unsere Existenz überhaupt erst ermöglicht, nun einmal – nach der Luft und dem Wasser – die Ernährung.

In einem weiteren Kapitel beschreibe ich die einzelnen Stufen verschiedener Ernährungsformen, die in einem direkten Zusammenhang mit steigendem, oder sinkendem, Gesundheitsbewußtsein, jedoch auch ethisch-tierschützerischen und umweltbezogenen Auffassungen stehen.

Es wird sichtbar, daß mit der Rohernährung diese drei Komponenten in idealer Weise abgedeckt sind: Ein Rohesser genießt eine strahlende Gesundheit, vorausgesetzt sein Verdauungssystem ist nicht schon durch die bisherige normale Ernährungsweise total geschwächt. In diesen Fall ist es ratsam, einen Arzt oder Ärztin aufzusuchen, die mit der hier empfohlenen Früchte- und Gemüserohkost auf der einen Seite und der grundlegenden Darmsanierung auf der anderen Seite, sowie mit dem schrittweisen oder abrupten Absetzen bisher regelmäßig eingenommener Medikamente vertraut ist.

Wer ausschließlich oder auch nur hauptsächlich Rohkost verspeist, betreibt automatisch aktiven Tierschutz, ganz einfach, weil er das Tier und seine Produkte nicht mehr als Nahrungsquelle benötigt und folglich gegen die Massentierhaltung handelt. Es ist einfach nicht schlüssig, wenn jemand bekennt, gegen die verheerende Massentierquälerei zu sein, sich aber an der nächsten Ecke einen Hamburger einverleibt.

Ähnliche Wirkung kann man der Rohkost im Hinblick auf den Umweltschutz bescheinigen. Wer sich bewußt für diese Ernährungsform entscheidet und dauerhaft praktiziert, hat sowieso ein gesteigertes Interesse an sauberer Luft, sauberen Gewässern und biologisch angebautem Obst und Gemüse. Das Bild eines Rauchers, der für die Reinhaltung der Luft demonstriert oder – was ich selbst beobachten konnte – rauchend Bioprodukte anbietet, ist einfach nicht glaubwürdig.

Bezogen auf die vielen Streßsituationen, welche ebenfalls häufig als Hauptursache für Krankheit angeführt werden, kann ich nur bemerken, daß man oft körperlich durch die Ernährungsfehler Streß herbeiführt. Dieser wird dann oft genug zur alltäglichen Nervenzerreißprobe. Wer sich sowieso schon unwohl fühlt, erträgt nervliche Anforderungen merklich schlechter, als jemand, der sich rundum fit fühlt.

Als Rohköstlerin habe ich am eigenen Leib erfahren, wie mit sinkendem körperlichen Streß und staunendem Entzücken über die wunderbare Kraft in Gottes natürlichen Lebensmitteln auch viele sonstige Ängste sich zunächst verflüchtigten und später ganz verschwanden. Die Feststellung, daß der Körper nach jahrelangen immer neuen Beschwerden innerhalb weniger Wochen ohne Nebenwirkungen beschwerdefrei wird, gibt ein unendliches Vertrauen. Menschen, welche zweifelsfrei ihren gewählten Weg gehen, sind nicht mehr so schnell aus der Fassung zu bringen.

Weitere Aspekte, weshalb ich die Ernährung auch als Grundstein nervlichen Streßabbaus ansehe, sind im entsprechenden Kapitel aufgeführt.

Man kann also mit Recht behaupten, daß die dauerhaft und konsequent betriebene Rohkosternährung den größten Teil heutiger Zivilisationsprobleme im ganzheitlichen Zusammenhang gesehen grundlegend abpuffert.

Meine Absicht ist weniger zu beschreiben, **warum** Rohkost die beste Nahrung ist, sondern **daß** diese Art der Ernährung die beste für alle Lebewesen dieser Erde, also auch für uns Menschen ist. Ich beabsichtige mit dem Bericht über meine langjährige Leidensgeschichte mit Ärzten, Krankenhäusern usw. und der Beschreibung, wie ich mich aus diesem Teufelskreis praktisch rohköstlich hinaus gefuttert habe, Mut zur Nachahmung und dauerhaften Umsetzung zu machen.

Es geht mir nicht darum, alle Ärzte, Krankenhäuser usw. zum Buhmann zu deklarieren. In vielen Situationen, z. B. bei Unfällen, Herzinfarkten und vielen mehr sind sie Retter in der Not und ich bin gewiß dankbar, daß es sie gibt. Was mir jedoch in den letzten Jahren sehr deutlich wurde, ist die Tatsache, daß man sich mit der von anderen Menschen und mir praktizierten Ernährungsweise jede Menge Leid, Nerven, Zeit und Geld – auch den o. g. Herzinfarkt – ersparen kann.

Bei allem Respekt für einige gute Ärzte, die auch ich kennengelernt habe:
Ich freue mich über jedes Jahr, wo ich ihre Dienste nicht in Anspruch nehmen muß!

Menschen, welche diese Freude nicht teilen, wird es wohl nur wenige geben, außer logischerweise denen, die an den Dauerkrankheiten verdienen, seien wir mal ehrlich:

> Was bringt den Doktor um sein Brot?
> a) die Gesundheit, b) der Tod.
> Drum hält er uns – damit er lebe –
> stets zwischen beiden in der Schwebe.
>
> (Eugen Roth)

Das Hintergrundwissen, welches man zum Überwinden allgemein anerkannter Ernährungsgrundsätze benötigt, bitte ich der vielfältig vorhandenen Literatur diesen Themenkreis entsprechend zu entnehmen. Einige mir bekannte und sehr hilfreiche Bücher und Autoren werde ich im Anhang benennen, damit Interessierte sich zu ihrem Nutzen informieren können.

In gewisser Weise mußte ich mich wieder ausgliedern – Rohköstler werden meist als nicht ganz normal angesehen –, um nicht mein Leben lang ein Opfer der Medizin und damit auf lange Sicht tatsächlich ausgegliedert im Krankenhaus und später im Pflegeheim trostlos mein Leben fristen zu müssen.

Rohköstler(in) wird nicht allein, wer beschließt, zukünftig nur noch alles roh zu essen, sondern zwangsläufig muß diese Person sich mit den allgemein gängigen Sichtweisen über Ernährung, Genuß, Gesundheit, Vorsorge, Gewohnheiten, Gemütlichkeit usw. auseinandersetzen. Wenn man die Notwendigkeit einer Veränderung auf all diesen Gebieten mit dem Verstand begriffen und für richtig befunden hat, beginnt erst der schwerste Teil zum Erfolg:

Durch konsequentes Handeln das Verstandene dem Herzen weiterzuleiten, damit nicht ständige Verzichtsgefühle einem die Lebensfreude nehmen.

Dieses Ihnen durch Beschreibung meines Weges und praktischen Lebens weiterzugeben und damit zu einem menschlicheren und gesünderen Leben beizutragen ist mein Bestreben zum Schreiben dieses Buches.

Beides, sowohl die Integration Behinderter, als auch die Rohkost, kann niemandem aufgezwungen werden, wenn sie von Dauer sein soll!

Teil I

Mein Weg zur Integration und die Reaktionen der Mitmenschen aus meiner ganz persönlich erlebten Sicht

Wirklich erlebte Integration – was ist das?

Integration muß meines Erachtens ein Prozeß des Entgegenkommens beider Seiten sein, also des behinderten und des nichtbehinderten Menschen, sonst ist alles Bemühen der Behinderten, integriert zu werden, zwecklos.

Dieses Entgegenkommen kann jedoch nur erfolgen, wenn die Mitglieder beider Gruppen guten Willens und Herzens sind, bestehende und durch die Erziehung gefestigte Vorurteile abzubauen.

Ich mußte in meinem bisherigen Leben die Erfahrung machen, daß unter dem Begriff Integration vorwiegend die Eingliederung ins Berufsleben verstanden wird. Auch das Ermöglichen zur Teilnahme an öffentlichen Veranstaltungen geschieht in bester Absicht, den behinderten Menschen zu integrieren. Doch wenn wahre Integration vollzogen werden soll, muß es meines Erachtens so sein, daß nicht die äußeren Merkmale behindert bzw. nichtbehindert, sondern nur das Menschsein maßgebend ist.

Die berufliche Integration schließe ich dabei aus, zum einen, weil sie nur für einen Teil der Leichtbehinderten möglich ist, zum andern, weil meist unter dem Begriff Eingliederung nur die ins Berufsleben verstanden wird, auch wenn die meisten Funktionäre in den entsprechenden Institutionen dies nicht zugeben (können).

Des weiteren wage ich zu behaupten, daß die berufliche Integration Behinderter, welche derart in ihren Bewegungen und ihrer Sprache eingeschränkt sind, wie ich es bin, nur ein Folgeprodukt aus der von mir vertretenen wahren Integration sein kann. Die Gründe dafür liegen auf der Hand: Im Wirtschaftsleben ist Zeit = Geld.

Jemand, der entsprechend behindert ist wie ich, benötigt für die allermeisten Tätigkeiten wesentlich mehr Zeit, als ein(e) nichtbehinderte(r) Angestellte(r). Im Klartext heißt dieses, daß die von mir nicht erledigte Arbeit von jemanden mitgemacht werden muß. Kaum ein Firmenleiter wird bestrebt sein, eine solche Person einzustellen, es sei denn, er weiß die individuellen Vorzüge der betreffenden Person zu würdigen. Und das geschieht nur durch einen offenen Umgang miteinander. Ich bin der Überzeugung, daß hier im Normalfall das berühmte Pferd von der falschen Seite aufgesattelt wird. Erst muß die lebenspraktische Eingliederung erfolgen, damit die berufliche überhaupt tatsächlich vollzogen werden kann.

Unter diesen Aspekt sehe ich das partnerschaftliche Zusammenleben behinderter und nichtbehinderter Menschen innerhalb einer Familie oder anderen Lebensgemeinschaften als normal, also integriert, an. Dieses Ziel zu erreichen bedarf jedoch einiger Voraussetzungen, die ich anhand meiner eigenen Erfahrungen mit der Kindheit, Partnerschaft und Familie beschreiben werde.

Ich möchte in meinen Ausführungen keinesfalls die Möglichkeit einer Partnerschaft zwischen zwei Behinderten vergessen oder gar aus Wertigkeitsgründen unerwähnt lassen. Für mich ist nicht von Bedeutung, ob zwei Behinderte, zwei Nichtbehinderte oder ein Behinderter und ein Nichtbehinderter eine Partnerschaft eingehen, sondern mich interessieren die **Menschen**, welche in einer Beziehung zueinander stehen.

Keinesfalls bin ich der Auffassung vieler Behinderter, daß es für einen Behinderten nur das Ziel der Partnerschaft mit einem Nicht- oder (notfalls) Leichtbehinderten geben kann. Ich verstehe zwar diesen Wunsch, weil einerseits die Mobilität des Behinderten dadurch vergrößert wird, andererseits glaubt der Behinderte von der Öffentlichkeit mehr Anerkennung zu erhalten. Letzteres möchte ich aufgrund meiner Erfahrungen bezweifeln. Ersteres erscheint mir unfair, weil eine so begründete Partnerschaft, welche von vornherein z. B. an die Bedingung geknüpft ist, die Mobilität des Behinderten zu vergrößern, auf die Ausnutzung des Nichtbehinderten angelegt ist. In diesem Fall wird der Nichtbehinderte nicht wegen seiner Persönlichkeit bevorzugt, sondern wegen seiner Funktionsfähigkeit. Unter diesen Umständen kann jedoch nicht von einer Partnerschaftsabsicht, sondern zutreffender von einer Zweckgemeinschaft gesprochen werden. Die Mobilität sollte meines Erachtens auf Kosten der Technik und der Entwicklung eines ausreichenden und optimal organisierten Fahrtendienstes sichergestellt werden und nicht auf Kosten des **einen** nichtbehinderten Partners.

Ebenso kann ich nicht die Meinung vieler Nichtbehinderter und mancher Behinderter teilen, daß ein behinderter Mensch nur einen behinderten Menschen zum Partner nehmen sollte. Genauso wie längst nicht jeder Nichtbehinderte jede Nichtbehinderte mag, mag selbstverständlich auch nicht jede Behinderte jeden Behinderten und umgekehrt.

Solange wir nicht davon loskommen, die Menschen z. B. nur nach Behinderung oder Nichtbehinderung einzustufen und nicht als das, was sie sind, nämlich als „Menschen", bleibt „Integration" ein unerreichbares Ziel, und alles Streben danach ist vergeblich.

Es bleibt für uns Behinderte nur der Weg der E m a n z i p a t i o n, und wir können nur eine Partnerschaft mit einem ebenfalls emanzipierten behinderten oder nichtbehinderten Menschen eingehen.

Ich bin, wie im Prolog bereits erwähnt, schwer spastisch gelähmt und habe aufgrund dessen, daß ich während meines Studiums hauptsächlich mit Nichtbehinderten zusammenlebte, einen nichtbehinderten Mann kennen und lieben gelernt. Nach über drei Jahren Zusammenleben sind wir mittlerweile fast 21 Jahre verheiratet.

Unter „Emanzipation" verstehe ich in diesem Zusammenhang, daß der Behinderte zunächst einmal sich selbst, so wie er ist, annimmt und sich nicht erst annehmen will, wenn er dem Nichtbehinderten von außen gleichgestellt wird. Dies geschieht nur sehr selten.

Ich bezeichne in diesem Zusammenhang denjenigen Nichtbehinderten als „emanzipiert", der sich nicht den starren Rollenerwartungen der Mehrzahl der Nichtbehinderten beugt, sondern sein eigenes Leben lebt.

Hier gilt wie so oft im Leben – auch beim Entschluß Rohköstler zu werden oder zu bleiben – der bekannte Satz:

„Nur tote Fische schwimmen mit dem Strom! Lebendige schwimmen dagegen!"

Es bedarf einiger Voraussetzungen zum Zustandekommen und Gelingen einer Partnerschaft zwischen einem behinderten und einem sog. nichtbehinderten Menschen.

Würden Behinderte und Nichtbehinderte in der Regel nicht so unterschiedlich erzogen, erschiene eine Partnerschaft zwischen ihnen nicht als Besonderheit. Doch wie alles „Normale", ist auch die Partnerschaft für einen Behinderten als „unnormal" festgeschrieben. Die unterschiedliche Sozialisation beider Gruppen führt dazu, daß es – im Vergleich zur existierenden Anzahl behinderter Menschen – nur selten zu einer Partnerschaft kommt.

Voraussetzungen für den behinderten Partner

Ein behinderter Mensch wird meist nicht als eigenständige Person angesehen, woraus folgt, daß er auch nicht zum Erwachsenen erzogen wird, schon gar nicht zur Partnerschaft.

Es gibt zwei typische Reaktionsweisen bei Eltern, wenn sie erfahren, daß ihr Kind behindert ist:

Die eine ist die durch Schuldgefühle entstehende Ablehnung. Eltern, welche ihr behindertes Kind auch nach dem ersten, für mich durchaus verständlichen, Schock ablehnen, werden versuchen dieses Kind loszuwerden, also z. B. es in ein Heim abzuschieben.

Wie allgemein bekannt ist, erfährt ein Heimkind auch heute nicht die Liebe, die es benötigt, um selbst Liebe geben zu können. Es mag hier und dort Bemühungen geben, die derzeitige Heimsituation menschlicher zu gestalten, doch es heißt nicht umsonst: „Das beste Heim ist immer noch schlechter als die schlechteste Familie."

Die zweite typische Reaktionsweise von Eltern Behinderter ist das Kompensieren der Schuldgefühle in Überbehütung und somit Abhängigmachen des Kindes weit über das normale Maß hinaus. Einem solchen Kind wird schon früh beigebracht: Das kannst du nicht, und dies kannst du auch nicht, aber Mutti und Papa erledigen das alles schon für dich. Was das kleine dreijährige behinderte Kind nicht zu erledigen braucht, braucht das zwanzigjährige „erwachsene Kind" oft auch noch nicht zu bewerkstelligen.

Ein so erzogener behinderter Mensch wird zwar seinen bildungsmäßigen Horizont, wenn dieser gefördert wird, erweitern können, aber die Abhängigkeit von seinen Eltern, in der Regel von der Mutter, wird ihn gegenüber den Mitmenschen außerhalb der Familie hilflos und bequem machen. Die Chance, daß ein solcher Mensch die Sympathie eines anderen einfangen und halten kann, setze ich bei Null an.

Außerdem wird ihn durch ständige Überbehütung die Möglichkeit genommen, Erfolge, aber auch Enttäuschungen mit anderen Menschen zu erleben und durchstehen zu müssen, weil diese Eltern fatalerweise glauben: „Wenn unser Kind schon so arm dran ist, soll es wenigstens keine Enttäuschungen erleben." Es wird leider hierbei vergessen, daß mit dieser Einstellung nicht nur das Erleben von Enttäuschung, sondern auch die Erfahrung, Glück empfinden zu können, verhindert wird. Erwähnt sei noch, daß diese Eltern genau das Gegenteil davon erreichen, was sie beabsichtigen. Sie berauben den behinderten Menschen im jungen Erwachsenenalter um das, wonach sich fast jeder Mensch sehnt, nämlich u. a. Geborgenheit bei jemanden seiner Generation zu finden. Davon ausgehend, daß dieser Mensch gesucht werden muß, versteht es sich von selbst, daß Suchen ein mehr oder weniger langes Nichtfinden, also auch ein mehr oder weniger häufiges Enttäuschtwerden einschließt.

Der überbehütete Behinderte bleibt bequem, unerfahren und unselbständig, solange er bei seinen Eltern lebt. Der natürliche Ablösungsprozeß wird nie vollzogen, weil die Eltern sich zu abhängig von ihrem Kind gemacht haben und umgekehrt. Das „Kind" ist ohne die Eltern total hilflos, wie diese mittlerweile ohne ihr erwachsenes Kind hilflos geworden sind. Diese Hilflosigkeit ist nur zu einem Bruchteil auf die Behinderung zurückzuführen. Sicherlich ist ein Schwerbehinderter real auf die häufige Hilfe von Mitmenschen angewiesen, aber er und seine Eltern können lernen, daß diese behinderungsbedingte Hilflosigkeit weder ihn noch seinen Mitmenschen zum Gefängnis werden muß. Einige Hilfen fielen mit Sicherheit fort, würde die technische Entwicklung zu Gunsten Behinderter weiter entwickelt bez. bezahlbar gehalten. Was nützt die raffinierteste Technik, wenn kaum jemand in der Lage ist, diese zu bezahlen und damit zu nutzen?

Wird ein behindertes Kind von seinen Eltern wie seine nichtbehinderten Geschwister anerkannt und erzogen, so wird es von sich aus in der Lage sein, als heranwachsender und erwachsener Mensch eine tiefere Beziehung oder Ehe mit einem Menschen, egal, ob mit oder ohne Behinderung, einzugehen.

Eine Beziehung zwischen einem behinderten und einem nichtbehinderten Partner ist meiner Einschätzung nach u. a. dann zum Scheitern verurteilt, wenn der nichtbehinderte Partner nur noch zugunsten des behinderten Partners seine Bedürfnisse zurückstellt, weil dieser nun einmal objektiv gesehen auf die Hilfeleistungen eines Nichtbehinderten angewiesen ist. Der behinderte Partner muß es verstehen (lernen) – durch Ausnutzung der Technik und Organisation, durch Freunde und professionelle Kräfte – die erforderlichen Hilfeleistungen auch dann sicherzustellen, wenn der nichtbehinderte Partner nicht mit ihm zusammen sein kann, oder wenn dieser einmal etwas ohne ihn zu unternehmen wünscht. Es wäre gewiß nicht normal, wollte der Nichtbehinderte überhaupt nichts mehr an Hilfe für den

Behinderten leisten wollen, aber der Nichtbehinderte muß das Bewußtsein haben, daß die notwendigen Hilfen für den behinderten Partner auch während seiner Abwesenheit gewährleistet sind.

Bei den wenigen Partnerschaften und Ehen zwischen einem behinderten und einem nichtbehinderten Menschen, welche ich kenne, liegt beim Behinderten eine relative Selbständigkeit vor, die eine einseitige Überforderung des nichtbehinderten Partners weitestgehend vermeidet.

Ein Weg zur Integrationsfähigkeit

Als lebendes Beispiel der Erziehung eines von Geburt an behinderten Kindes zum **erwachsenen Menschen mit einer Behinderung und nicht zum Behinderten, dessen Menschsein zweitrangig ist**, möchte ich meine eigene Erziehung beschreiben:

Meine Eltern hatten bereits eine vierjährige Tochter und einen zweijährigen Sohn, als meine Zwillingsschwester und ich unter gefährlichen Umständen (Sturzgeburt) einen Monat zu früh geboren wurden. Unsere Lungenfunktion war unterentwickelt und normales Stillen war nicht möglich. Sofort kamen wir ins Krankenhaus. Meine Zwillingsschwester starb nach drei Monaten. Da wir eineiige Zwillinge waren, wurde sie mit Genehmigung meines Vaters obduziert, um evtl. mich retten zu können, wenn festgestellt würde, woran Angelika gestorben war. Man diagnostizierte eine erhebliche Blutarmut und gab mir mehrere Blutübertragungen. Einige Male gaben die Ärzte mich auf, aber ich durfte doch weiterleben. Kommentar eines dieser Ärzte zu meiner Mutter: „Die ist unglaublich zäh." Ja, auch heute noch bin ich sehr zierlich gebaut, aber fast unverwüstlich.

Nach sieben Monaten kam ich aus dem Krankenhaus nach Hause. Meinen Eltern wurde erklärt, weil ich eine Zwillings- und Frühgeburt sei, könne ich nicht vor dem vierten Lebensjahr laufen. Bei solchen Kindern sei das späte Laufenlernen normal. Im Sinne der heute praktizierten Frühfördermöglichkeiten haben mir diese Erklärungen des Arztes viele Chancen körperlicher Besserung genommen, aber 1953 war man eben noch nicht so weit. Es gab damals auch die heutigen Möglichkeiten und Erkenntnisse der Frühförderung nicht.

Meine Mutter ist eine einfache Frau mit wenig Schulbildung, wie es bei den meisten Frauen ihrer Generation (Jahrgang 1913) üblich ist. Sie stellte sich auf den Standpunkt, keines ihrer Kinder vorzuziehen oder zu benachteiligen. Sie versorgte mich zwar, soweit meine Behinderung dies nötig erscheinen ließ, kümmerte sich aber ansonsten nicht mehr und nicht weniger um mich als um meine beiden Geschwister.

Mein Vater hingegen meinte, daß ich, weil ich „so arm dran sei", mehr Vorteile als meine Geschwister haben müsse. Diese, argumentierte er, hätten nun einmal den Vorteil, laufen zu können. Hin und wieder brachte er nur für mich Süßigkeiten mit und versuchte sogar, von meinen Geschwistern Mitgebrachtes gleich für mich zu sichern. Doch meine Mutter nahm ihm das Beschlagnahmte wieder weg und begründete dies damit, entweder bekämen alle drei Kinder etwas ab, oder aber keines. Sie erklärte ihm, daß er, wenn er mich vorziehe, bei meinen Geschwistern Haß gegen mich entstünde, abgesehen davon, daß ich egoistisch würde, was mir keine Freunde, sondern nur Feinde einbrächte.

Sie sah von Anfang an klar, daß ich einmal ohne die Eltern leben müßte. Deshalb war sie fest davon überzeugt, mich um meiner selbst willen nicht zum Tyrannen, der alles darf, weil er behindert ist, erziehen zu dürfen. Sie ließ sich auch von mir nicht mehr bieten als von meinen Geschwistern. Mein Vater bestrafte mich nie, was immer ich auch anstellte oder an frechen Worten losließ. Indes drohte er meinen Geschwistern recht schnell mit Strafen. Er begründete sein Handeln damit, daß aus meinen Geschwistern einmal ordentliche Leute werden sollten. Meine Mutter verstand nur nicht, warum ich nicht auch später einmal zu den ordentlichen Leuten gehören sollte. Sie ließ mich jedenfalls auch die Konsequenzen falschen Handelns spüren, weil sie mich ernst nahm und die Gefahr sah, daß ich durch falsches Mitleid in die Rolle der Nichternstzunehmenden geraten würde.

Auch außerhalb unserer Familie schämte sich meine Mutter meiner überhaupt nicht. Im Gegenteil. Sie sorgte dafür, daß meine Geschwister, vor allem mein Bruder, mich gerne zum Spielen mitnahm.

Meine Schwester Brigitte war während unserer Kindheit und Jugend altersmäßig zu weit von mir entfernt. Ihre Spiele langweilten mich und umgekehrt, weil meine Schwester sehr interessiert an der neuesten Puppenmode u. dgl. war.

Wesentlich begeisterter sauste ich mit meinem Bruder Heinz über Stock und Stein, zum großen Entsetzen unserer Nachbarn, im Kinderwagen durch die Gegend. Einen Rollstuhl kannten wir noch nicht, also wurde der Kinderwagen durch meinen Vater immer wieder meiner Größe angepaßt. Später bekam ich ein Go-Kart. An die Hinterachse wurde ein Besenstiel befestigt, damit Heinz mich bequem schieben konnte. Dieses Gefährt war natürlich wesentlich attraktiver für mich, zumal nun ich die Richtung bestimmen konnte. Es machte mir richtig Spaß zu warten, bis Heinz im vollen Lauf war und dann das Lenkrad einfach nach rechts oder links einzuschlagen, wobei wir mehr in die Kurve flogen als wir fuhren.

Die Nachbarn beklagten sich häufig bei meiner Mutter, weil die Raserei in ihren Augen viel zu gefährlich für so ein armes, behindertes Mädchen sei. Hin und wieder fragte meine Mutter mich, ob mein Bruder wohl zu grob mit mir umgehe, wenn die Nachbarn mal wieder gesehen und meiner Mutter berichtet hatten, wie wir uns nach einer zu spät genommenen Kurve in die richtige Position brachten. Doch ich schwärmte meiner Mutter immer vor, wie toll mein Bruder mich fahre und daß die Nachbarn doch nur spinnen.

Hätte Heinz mich gegen meinen Willen zu schnell gefahren, hätte sie ihm das verboten, weil ich mich ja gegen diese, heute von mir zugegebenermaßen riskanten Fahrten nicht körperlich wehren konnte. Doch ich freute mich trotz mancher Schramme, Beule oder blutiger Wunde, immer wieder auf die nächste Tour und erklärte meiner Mutter, daß die Schramme halb so schlimm sei.

Instinktiv wußte ich genau: Wer nicht wagt, der nicht gewinnt! Dieser Satz hat heute immer noch für mich seine Gültigkeit. Alles wollte ich, nur nicht von meinem Bruder als zu empfindlich ignoriert und deshalb nicht mehr mitgenommen zu werden.

Dieser war nämlich nicht gerade zimperlich im Umgang mit Kindern, die hänselnd zu uns riefen: Guckt mal, die Doofe, sitzt noch im Kinderwagen! Diese Kinder mußten dann so oft von ihm Prügel einstecken, bis sie sich vorsahen. Meist reichte eine einmalige Begegnung dieser Art. Das Ergebnis stellte mich sehr zufrieden. Für diese und andere Erlebnisse mit meinem Bruder und seinen Freunden lohnte es sich schon, einige Blessuren hinzunehmen. Da war wenigstens immer etwas los!

Machte ich dann und wann ausnahmsweise nicht mit meinem Bruder die Bordsteine der Umgebung unsicher, nahm meine Mutter mich in die Stadt oder zu Verwandten und Bekannten mit.

Ebenso wie meine Mutter innerhalb unserer Familie falsches Mitleid aufgrund meiner Behinderung zu unterbinden suchte, ließ sie sich auch nicht von Außenstehenden bemitleiden.

Wenn Behinderte allein in der Öffentlichkeit auftreten, werden sie mitleidigen Blickes angestarrt. Sobald jedoch ein nichtbehinderter Mensch als Begleitperson des Behinderten erkannt wird, springt dieses Mitleid auf die Begleitperson über, die sich doch „solch eine

Last" mit dem Behinderten aufgebürdet hat oder, im Falle der Mutter, aufgebürdet bekommen hat.

Meine Mutter reagierte auf mitleidiges Ansprechen meist sehr resolut, weil sie spürte, wie vernichtend die mitleidigen Blicke und Worte auf mich wirken mußten. Außerdem galt ich für sie nicht als „Sorgenkind", wie man Behinderte (auch erwachsene) immer wieder bezeichnet. Meine Mutter zeigte der Außenwelt immer, daß ich ihr genau so viel Freude machte wie meine beiden Geschwister.

Gelegentlich wurde gesagt: „Ich verstehe gar nicht, warum die Frau Mäding noch so fröhlich ist, wo sie doch solch ein behindertes Kind hat." Meine Mutter meinte, darauf angesprochen, nur: „Ihr wollt wohl sehen, daß ich verhärmt aussehe, aber ich habe doch gar keinen Grund dafür."

Oft liefen die Leute, meist Frauen, vom Bordstein auf der anderen Straßenseite herüber zu uns und wollten meine Mutter wegen mir bemitleiden. Diese setzte dann einen finsteren Blick auf und sagte sofort: „Hören Sie mal, Sie dürfen alles machen, nur nicht mich bemitleiden! Wenn Sie das vorhaben, dann gehen Sie lieber sofort weiter." Meist begannen die Frauen trotzdem zu entgegnen: „Ich wollte Ihnen doch nur sagen, daß wir auch so eine in der Familie haben..." Brüsk antwortete meine Mutter: „So eine können Sie gar nicht haben. Die gibt es nur einmal!" Damit ließ sie die Frau stehen und ging ihres Weges weiter.

Ein anderes Mal beobachteten meine Mutter und ich, wie eine Frau mit zwei vollbepackten Einkaufstaschen starr zu uns vom Bordstein der anderen Seite herüberschaute. Sie achtete überhaupt nicht mehr auf ihren Weg, der sie bedrohlich weit zur Bordsteinkante führte. Entweder sagte meine Mutter zu mir oder ich zu ihr: „Paß auf, die fällt gleich auf die Nase." Da war es schon geschehen. Die Straße war übersät mit Lebensmitteln, wie Salat, Tomaten, Bananen, Eiern... Es war eine derart bunte Straße, daß ich laut zu lachen begann. Und wenn ich einmal richtig lache, kann ich auch heute noch so schnell nicht aufhören. Daß die Frau sich möglicherweise verletzt haben konnte, kam mir dabei nicht in den Sinn. Es war ganz einfach das Straßenbild, das mich belustigte. Meine Mutter eilte zu der Frau und half ihr auf. Bestürzt meinte die Frau zu meiner Mutter: „Das ist die Strafe dafür, daß ich so geguckt habe." Darüber hinweggehend packte

Die Erfüllung dieses Wunsches wird um so mehr angestrebt, wenn es daran Interessierten mit viel Geschick gelingt, Mitleid mit den „armen Wesen", für die das Leben doch nur Leiden bedeutet und den „armen Angehörigen", deren Leben durch diese Wesen zerstört wird, in der Bevölkerung zu schüren. Real besteht diese Gefahr z. Zt. und in absehbarer Zukunft für uns Behinderte nicht, aber wenn z. B. die Kosten, die wir durch unsere Behinderung bewirken, einen vermeintlich erträglichen Punkt überschreiten, werden Selektionen stattfinden. Zunächst wird man versuchen, die Belastungen durch die schwer Mehrfachbehinderten der Öffentlichkeit schmackhaft zu machen... Es ist alles nur eine Frage der Grenzziehung.

Ist es heute keine legitimierte Euthanasie, wenn u. a. durch die Möglichkeit der Fruchtwasseruntersuchung den schwangeren Frauen, welche sich offensichtlich ein Kind wünschen – sonst wären sie nicht schwanger oder hätten es schon vorher abgetrieben –, die Möglichkeit oder oft gar der Rat gegeben wird, ein geschädigtes Kind dem Tode zu weihen?

Eine Frau, welche normalerweise von Abtreibungsgegnern als Mörderin bezeichnet wird, kann im Falle einer Abtreibung wegen Fruchtschädigung häufig auch in diesen Kreisen mit allgemeinem Verständnis rechnen. Manche Ärzte gehen sogar so weit und „erinnern" die Frau in diesem Fall an ihre Verpflichtung gegenüber der Solidargemeinschaft und setzen damit eine Frau, die trotzdem gewillt ist, dieses Kind zu bekommen, unter Druck.

Komisch: Entweder bin ich grundsätzlich gegen die Abtreibung, weil ich generell gegen das Töten auch behinderter Menschen bin, oder aber ich kann jede Abtreibung mit meinem Gewissen vereinbaren. Das bewußte Töten von Menschen wegen Krankheit oder Behinderung kann ich nicht anders als zu Hitlers Zeiten sehen: Euthanasie lebensunwerten Lebens unter dem Deckmantel des Mitleids. In Wirklichkeit ist es jedoch lediglich ein sich der Last entledigen.

Ich wollte dies nur einmal anmerken, weil ich immer wieder erlebe, daß Mitleid gegenüber Behinderten als etwas „Gutes" gesehen wird, etwa so: „Habt Mitleid mit diesen Armen, seid barmherzig!" Mit viel medienpädagogischem Geschick kann man erreichen, daß Massenmitleid mit Behinderten und ihren Angehörigen entsteht.

Ich sehe es als eine Aufgabe des in der Behindertenarbeit Engagierten an, dieses für uns bedrohliche Mitleid zu bekämpfen. Hier muß als erster Schritt das Bewußtsein geschaffen werden, daß ein so verstandenes Mitleid nicht gut, sondern sehr schlecht ist und welche verheerende Gefahren es für Behinderte, Kranke und Alte, die ebenfalls mit diesem Mitleid bedacht werden, haben kann.

Sollte der Eindruck entstanden sein, ich sei wohl etwas vom Thema abgerückt, so möchte ich daran erinnern, daß ein Behinderter sich dieser Gefahren und Hintergründe des ihm entgegengebrachten Mitleides bewußt sein muß, um dagegen ankämpfen zu können. Diese Gefahren werden ihm um so eher sichtbar, wenn er das Glück hat, schon recht früh die Erfahrung zu machen, daß die Angehörigen ihn nicht als „Last" empfinden und sich deshalb nicht bemitleiden lassen.

Ich persönlich habe diese das Selbstbewußtsein festigende Erfahrung mit meiner Mutter oft machen können. Diese Aussage möchte ich noch einmal anhand eines weiteren Beispieles dem Leser/der Leserin vor Augen führen, mit dem Hinweis, daß ich annehme, meiner Mutter war sicherlich die zuvor von mir erarbeitete Theorie über das „Mitleid" nicht in diesem Maße bewußt. Sie empfand mich nun einmal nicht als „Last", und es bestand deshalb für sie kein Grund, sich wegen mir bedauern zu lassen.

Wir fuhren mit der Straßenbahn von einem Einkaufsbummel in der Stadt nach Hause. Die auf mich gerichteten Blicke unserer Platznachbarin versuchten wir zu übersehen. Als jedoch die Frau mit dem Finger auf mich weisend sagte: „Ach, wat haben Se doch für en schweret Los. Et wär doch besser, wenn et en Engelken wär", war die Toleranzgrenze meiner Mutter weit überschritten. Der Stich einer Tarantel hätte sie nicht viel mehr in Aufregung versetzen können. Wutentbrannt schimpfte sie los: „Was sagen Sie da, Sie alte Schachtel? Passen Sie bloß auf, daß Sie an der nächsten Haltestelle aussteigen, sonst werden Sie gleich zum Engelken gemacht! Sie haben wohl nichts Besseres zu tun, als andere Leute zu belästigen!" Die anderen Fahrgäste versuchten, meine Mutter zu beruhigen und meinten: „Das sieht man doch, daß diese Frau nicht recht weiß, was sie gesagt hat." Vorsichtshalber stieg die Frau brav an der nächsten Haltestelle aus.

Dieses kleine Beispiel zeigt sehr deutlich, wie sehr ich darauf vertrauen konnte, daß ich zur Familie gehörte und mich nicht als etwas Lästiges empfinden mußte, was man am liebsten los werden wollte.

Schule – der Ernst des Lebens oder Schluß mit der Integration

Als ich schulpflichtig wurde, gab es an meinem damaligen Wohnort in Essen keine Schule für Körperbehinderte. Deshalb mußten meine Eltern mich im April 1961 zwar verspätet und gegen ihren Willen in einem kath. Internat in Aachen unterbringen. Diesem war eine Körperbehindertenschule und eine zweijährige Handelsschule für körperbehinderte Mädchen angeschlossen. Ich absolvierte beide Schulen innerhalb von zwölf Jahren.

Das Internat wurde von einem Pastor und die einzelnen Gruppen von bis zu 25 Kindern durch Nonnen geleitet, welche die Auffassung vertraten, daß Behinderte nur zu dem Zweck existieren, Nichtbehinderten die Möglichkeit zu geben, ihr Wohlwollen vor Gott zu beweisen. Welch ein Unterschied zu meiner bisherigen Erziehung!

Bis zu diesem Zeitpunkt hatte ich nicht viel von Gott und Glauben gehört. Nun wurde mir beigebracht, daß ich jeden Sonntag zur Messe und jeden Mittwoch zum Schulgottesdienst müsse. Nur Krankheit bildete die Ausnahme von der Pflicht. Außerdem mußten wir bis zur Pubertät alle zwei Wochen beichten. Später wurde es auf alle vier Wochen gelockert. Dieses Beichten war ein reines Phantasieren, denn in unserer Situation konnten wir gar nicht soviel anstellen, was ein 14tägiges und später vierwöchiges Beichten erforderlich gemacht hätte. So erfand ich oft Sünden, welche ich begangen haben könnte, nur um nicht als verstockt zu gelten und somit wieder Gottes Zorn auf mich zu ziehen. Glücklicherweise kam zum Beichten ein Beichtvater von auswärts. Denn ansonsten war alle Macht in einer Hand. Der Pastor war Religionslehrer und Heimleiter zugleich.

Das Schlimme waren nicht die wöchentlichen Kirchgänge. Es war ganz einfach die Tatsache, daß wir als Kinder kaum von der Liebe, sondern meist nur von der Strenge Gottes hörten und von daher kein Vertrauen, sondern nur Angst empfinden konnten. Erst lange nach dieser Internatszeit habe ich mich bewußt für den Glauben entschieden und meine total ablehnende Haltung zur Kirche revidiert. Wobei mir heute klar ist, daß nicht jeder gläubige Christ ein eifriger Kirchgänger und umgekehrt sein muß.

Hier machte ich nicht nur diese Erfahrung der seelischen Unterdrückung, sondern beispielsweise auch den Zwang jeden Morgen lauwarme Milch trinken und samstags eine Suppe essen zu müssen, die uns ziemlich den gesamten Speiseplan der letzten Woche in Erinnerung rief. Stichwort: Resteverwertung!

Auch das Schlafen ab 19.00 Uhr in einem riesigen Schlafsaal mit 16 Betten war für mich sehr gewöhnungsbedürftig. Ich war es zu Hause gewohnt abends spät mit meiner Mutter – mein Vater hatte immer Nachtschicht im Bergwerk – einzuschlafen. Überhaupt liebte ich das ins Bett müssen gar nicht. Nun aßen wir um 17.00 Uhr zu Abend und wurden danach fertig gemacht. Ab 19.00 Uhr war Schluß. Ab diesem Zeitpunkt war jegliche Unterhaltung verboten. Wer beim Reden erwischt wurde, kam für eine Weile ins Badezimmer. Auch wenn keiner sprach, ging die Nonne von Bett zu Bett und sah nach, ob man schlief. Einige Male erwischte sie mich, daß ich zwar ruhig war, jedoch nicht schlief. Sie strich mir übers Haar und kam dann mit einer Tablette und einem Becher Wasser. Dies war mir äußerst unangenehm. Ich versuchte, immer die Tablettenbrösel auf dem Grund des Bechers zu lassen, aber sie „half" mir, was bedeutete, daß ich die Tablette doch schlucken mußte. Also konzentrierte ich mich darauf, sie kommen zu sehen und mich unter die Bettdecke zu verkriechen. Erst wenn auch sie in ihrer Zelle, das war eine oben offene Holzkabine innerhalb des Saales, das Licht ausschaltete, konnte ich mich entspannen.

Des weiteren mußte ich mit einem Schlag lernen, mich selber gegen andere Kinder, die ja alle behindert waren, durchzusetzen und mit Konflikten selber fertig zu werden. So wie zu Hause die nichtbehinderten Kinder mich hänselten, so gab es hier eine Hackordnung nach Schwere der Behinderungen. Insgesamt ist es mir auch damals nach einigen Tiefpunkten gelungen, möglichst ohne Konflikte mit den meisten Mädchen zurechtzukommen. Von meiner Behinderung her gehörte ich in der Rangordnung eigentlich ziemlich unten hin, aber irgendwie mochten mich doch die meisten.

Hier erhielt ich meinen ersten eigenen Rollstuhl. Dieser gab mir zum ersten Mal die Freiheit, mich innerhalb eines Raumes ohne fremde Hilfe fortzubewegen.

Dies sind aus meiner heutigen Sicht u. a. einige der positiven Erlebnisse, welche aus dieser Zeit von mir verinnerlicht wurden und mir bis heute immer hilfreich waren.

Der Folterknecht und seine Gehilfen

Zusätzlich machte ich auch wenige Wochen nach meiner Einschulung meine erste negative Bekanntschaft mit einem offenbar sadistisch veranlagten Orthopäden. Bisher hatte ich zu Hause nur unseren Hausarzt gekannt, der immer liebevoll und spaßig mit mir umgegangen war.

Ich hatte damals aufgrund meiner Spastik das rechte Bein immer derart angewinkelt, daß das Knie unter meinem Kinn war, wenn ich saß. Total unvorbereitet wurde ich aus meiner Gruppe in den Gipsraum gebracht. Ich wurde entkleidet und auf den Gipstisch gelegt. Am unteren Ende des Tisches ragte in der Mitte eine Eisenstange senkrecht empor. Man legte mich mit dem Unterleib gegen diese Stange, zog mir gewaltsam das Bein grade, eine Nonne hielt mich in dieser gestreckten Stellung und der Arzt gipste mich von der Brust bis zum rechten Fuß ein. Natürlich habe ich laut vor Schmerzen in der Vagina und auch im Bein geschrien, aber der Arzt – es gibt sogar eine Gipsart, welche nach ihm benannt ist – meinte nur: „Marianne, kannst Du aber schön singen!" Dem hatte man vermutlich das Herz und den Verstand eingegipst!

Zehn Monate ließ man mich so hilflos in diesem Gips, der eine reine Folter für mich war, in der Klinik liegen. Ich bekam massive, offene Druckstellen an der Wirbelsäule und am vorderen Beckenknochen, weil sich meine Spastik mit voller Kraft gegen dieses Strecken stemmte. Jeder, der einen spastisch gelähmten Menschen kennt, weiß von dem extremen Widerstand, den die Muskulatur aufbringt, wenn sie eingeengt wird. Außerdem war es fürchterlich, in dieser Lage die Notdurft zu verrichten. Als Mädchen war es besonders schwer, liegend nicht über den Pfannenrand zu urinieren. Abgesehen davon, daß es für mich selber ja schon sehr peinlich war, setzte es Schelte oder bisweilen auch Ohrfeigen vom Pflegepersonal, wenn das Bett naß wurde. So war es jedes Mal eine ungeheure Überwindung für mich, überhaupt Wasser zu lassen.

Meinen Eltern wurde natürlich erklärt, daß es große Vorteile für mich hätte, wenn ich das rechte Bein strecken könne. Mir hat es, außer, daß ich das erste Schuljahr wiederholen mußte, nichts gebracht, denn einige Tage, nachdem ich endlich wieder in meiner Gruppe war, nahm mein Bein die gleiche Haltung wie vorher ein. Jedoch, wie es heute noch fast immer der Fall ist, wagte auch damals niemand gegen so einen Murks vorzugehen, weil es ein Arzt war, der ihn verzapft hatte.

Acht Jahre später operierte mich dieser unmenschliche Arzt (wir konnten keinen anderen aufsuchen) am rechten Oberschenkel mit besserem Erfolg, wenn auch mit unnötig großer Narbe. Es wurden mir Sehnen durchtrennt, was bewirkte, daß ich seitdem das Bein aus eigener Kraft kaum anheben kann. Diesmal war die Zeit des Liegens kürzer, und ich wurde unter Beruhigungsmittel gesetzt, damit ich ruhig liegen blieb. Deshalb weiß ich auch keine Einzelheiten mehr aus dieser Zeit.

Doch zurück zu meinen ersten Klinikerlebnissen, welche mich für mein Leben gelehrt haben, daß von Ärzten, Krankenschwestern usw. längst nicht immer die menschliche Fürsorge zu erwarten ist, wie man sie im kranken und geschwächten Zustand dringend benötigt. An späterer Stelle werde ich diese Aussage noch aufgrund neuerer Erfahrungen (Oktober/November 1992) untermauern.

Eine Pflegeschwester in dieser Klinik hatte bei meinem Aufenthalt 1961 ebenfalls, wie der Arzt, offensichtlich ihren Spaß daran, uns wehrlose Kinder zu quälen. Dem einen Mädchen zog sie grundlos kräftig an den Zöpfen, einem anderen Mädchen am frisch operierten Bein usw...

Mich legte sie z. B., weil ich mich einmal übergeben hatte, mit dem Kopf rückwärts über den Rand der Badewanne, denn sie konnte mich ja mit dem Gips nicht ganz in die Wanne bringen, und sie hielt mir die Dusche stur ins Gesicht, egal wohin ich den Kopf zu drehen versuchte, bis ich kaum noch Luft bekam. Sie wies mich darauf hin, daß es mir immer wieder so erginge, wenn ich es nochmals wagte, zu erbrechen. Es gelang mir seit dieser Tortour tatsächlich meistens, wenn es mir hochkam, den Mist wieder hinunter zu schlucken. Oder aber ich hatte das Glück, daß eine andere, liebere Pflegerin Dienst hatte. Sicherlich ist hierin begründet, warum ich mir bis ins weite Erwachsenenalter von niemandem den Kopf waschen lassen wollte, sondern immer drauf bestand, den Duschkopf selber zu führen.

Ich erzählte meinen Eltern, wenn sie mich einmal im Monat besuchen durften, längst nicht alles, weil ich Angst vor den Konsequenzen hatte. Meine Eltern hörten durch andere Kinder von einigen Mißhandlungen und drohten mit Veröffentlichung dieser Zustände, wenn ihnen noch etwas dieser Art zu Ohren käme. Mein Vater war derart aufgebracht, daß er diese falsche Schwester bedrohte, ihr etwas anzutun, wenn sie mir auch nur noch ein Haar krümmen würde. Von mir aus erfuhren sie diesbezüglich nichts mehr, weil ich irgendwie spürte, daß sie mich ja doch aus der Entfernung nicht schützen konnten. Was sollten sie auch ausrichten? Zur Schule mußte ich, und die Kinder kamen aus allen Ecken Deutschlands, weil es sonst nichts derartiges gab.

Auch sorgten die Pflegekräfte dafür, daß ich, wenn ich von meinen Eltern besucht wurde, in einem Fahrbett schon vor der Stationstür lag, damit meine Eltern nicht mit den anderen Kindern reden und möglicherweise weitere Mißhandlungen erfahren konnten. Bei Beendigung der Besuchszeit wurde ich im Aufenthaltsraum von einer Pflegekraft abgeholt. Also Zustände, die heute undenkbar sind!

Jedenfalls ist in dieser Zeit mein Mißtrauen gegen Ärzte, insbesondere Orthopäden, sowie Krankenhäuser tief in meine Seele gebrannt und später oft genug bestätigt worden. Ich sehne mich seit damals danach, möglichst nie wieder mit solchen Leuten zu tun haben zu müssen. Natürlich war das lange eine Illusion, aber seit etwa fünf Jahren bin ich diesem Traum, was meine Person betrifft, wirklich nah! Später komme ich darauf zurück.

Endlich Erlösung

Im Februar 1962 wurde mir endlich der Gips abgenommen. Meine ganze Energie setzte ich daran, wieder sitzen zu lernen und in meine Gruppe zurückzukehren. Welch ein Genuß wieder selbständig eine Toilette benutzen zu können! Überhaupt war mir ab diesen scheußlichen Erfahrungen mit der totalen Abhängigkeit klar: Ich werde alles dafür tun, von Pflege unabhängig zu werden und zu bleiben.

Warum ich zwar äußerst verzweifelt, jedoch nicht zerstört werden konnte, weiß ich nicht. Sicherlich hatte der Herr seine schützende Hand über mir. Jedenfalls habe ich irgendwie doch die Kraft bekommen, viele weitere Erlebnisse mit meinen Freundinnen in der Internatszeit humorvoll zu sehen.

Es bereitete uns, als wir in die Pubertät kamen, hin und wieder ein richtiges Vergnügen die Nonne – sie war zu dieser Zeit vielleicht zwischen 65 und 70 – zu ärgern.

So durften z. B. die Läufer – das waren u. a. die Contergangeschädigten, die bis auf die verkrüppelten Arme praktisch nichtbehindert waren – auf Karneval bis 22.00 Uhr aufbleiben und mit den Jungen tanzen, während wir auch noch mit 15 Jahren um 19.00 Uhr im Bett lagen. Die Nonne saß im Tagesraum und sah sich eine Karnevalssendung an. Wir gaben einem Mädchen eine Stinkbombe mit auf den Weg zur Toilette. Diese warf sie im Vorbeifahren in den Tagesraum. Das Mädchen beobachtete die Ordensfrau, wie sie sich erhob und murmelte: „Was riecht das denn hier so? Vielleicht geht der Fernseher kaputt." So erreichten wir, daß sie den Apparat ausschaltete und sie ebenfalls nicht guckte.

Eine andere Nonne hieß Schwester Apolinaris. Sie, die Gruppenleiterin der Jungen, war fast so breit wie sie lang war. Deswegen wurde sie von uns nur Apollo genannt. Sie war uns auch häufig ein Dorn im Auge.

Apollo zog sich unseren Unmut zu, weil sie oft in den Schulpausen die Jungen in den Tagesraum sperrte, während wir Mädchen mit ihr auf dem Flur das Ende der Pause abwarten mußten. Dies ganze spielte sich im Erdgeschoß ab. Die eingesperrten Jungen stellten eines Tages die Musik auf volle Pulle und schwangen sich gegenseitig mit Rollstühlen und Krücken zum Fenster hinaus. Als Apollo siegessicher lächelnd die Tür, aus der die Musik dröhnte, aufschloß, erstarb ihr Lächeln beim Anblick des menschenleeren Raumes. Wir Mädchen applaudierten natürlich den Jungen, die fröhlich zum Eingang wieder herein kamen.

Solche und ähnliche Aktionen ließen uns den doch meist tristen Internatsalltag weitgehend unbeschadet überleben.

Bezüglich partnerschaftlicher Beziehungen und Sexualität wurde uns als sechzehnjährige Jugendliche im Religionsunterricht vom Pastor noch beigebracht: „Der Kuß mit Zungenschlag ist eine Todsünde, weil er einen Ersatz für den Geschlechtsverkehr darstellt." Natürlich haben wir dies nicht ernsthaft geglaubt, aber solche Theorien wurden auch mit Methoden bestärkt, wie z. B. die Androhung des Rausschmisses, wenn wir Mädchen mit den Jungen erste Kontakte anknüpften. Immer wieder wurde uns die von Gott für uns gewollte „Enthaltsamkeit" eingeredet. Die männlichen Jugendlichen wurden gleichfalls wie wir weiblichen Jugendlichen davon zu überzeugen versucht, daß wir als Behinderte kein Recht auf eine Zweierbeziehung hätten und erst recht für die Sexualität nicht geeignet wären.

Während der zwölf Jahre Internatsunterbringung habe ich gelernt, die pflegerischen Seiten meiner Behinderung alleine zu bewältigen. Dies gab mir zumindest eine relativ körperliche Unabhängigkeit. Der oben beschriebene Versuch uns angeblich „im Namen Gottes" zur absoluten Demut ihnen gegenüber zu erziehen, hinterließ an meinem Selbstbewußtsein nicht sehr viele Spuren, weil ich mich auch weiterhin darauf freuen konnte, meine Eltern und Geschwister einmal im Monat und in den Schulferien zu sehen. Manche meiner Mitschülerinnen wurden kaum oder gar nicht besucht. Einige mußten sogar immer in den Ferien im Heim bleiben. Meine Mutter schickte mir in den ersten Jahren jeden Tag eine lustige Karte oder einen kurzen Brief, damit ich sicher wußte: Sie hatten mich zu Hause nicht einfach abgeschoben und vergessen. Hierdurch wurde verhindert, daß ich mich davon überzeugen ließ, nicht so viel wert zu sein, wie die Nichtbehinderten und den Gutwilligen als Objekt zu dienen, die an unserer Pflege und Betreuung vor Gott ihre guten Dienste beweisen könnten.

Wir sind doch keine Waschlappen, mit denen der Nichtbehinderte seine vermeintlich oder vielleicht auch tatsächlich schmutzige Seele (sein Gewissen) säubern kann! Wenn wir diesem Zweck dienen sollen, wird verständlich, daß wir als der letzte Dreck in der Werteskala der „sauberen Gesellschaft" gelten.

Im letzten Jahr meiner Handelsschulzeit, Frühjahr 1973, absolvierte Rita aus Dortmund in meiner damaligen Gruppe ein Praktikum, welches ihre Ausbildung zur Erzieherin vorschrieb. Unserer damaligen Gruppennonne konnte sie nur schwer etwas recht machen, aber mir gelang es, sie oft aufzumuntern, daß sie sich die ständige Kritik der Ordensfrau nicht so sehr zu Herzen nehmen sollte. Es entwickelte sich eine Freundschaft zwischen uns, und wir besuchten uns nach Beendigung ihres Praktikums gegenseitig. Diese Freundschaft ist mir ein Jahr später eine unschätzbare Hilfe geworden.

Vom Regen in die Traufe bezüglich Rehabilitation

Nachdem ich die Handelsschule abgeschlossen hatte, wurde mir von der Berufsberaterin 1973 empfohlen, den Beruf des EDV-Kaufmanns zu erlernen. Hierzu mußte ich in ein Rehabilitationszentrum nahe Hagen, ebenfalls mit Internatsunterbringung, diesmal unter evangelischer Trägerschaft.

Einige Wochen vor Beginn meiner Lehre im Juni 1973 mußte ich mich in diesem Zentrum einem sog. Intelligenztest unterziehen. Mitten im Test wurde ich herausgerufen und es wurde mir kurzerhand mitgeteilt, daß ich die Ausbildung zum EDV-Kaufmann dort nicht durchlaufen könne, weil ein anderer die Abschlußprüfung nicht geschafft habe, und deshalb sei für mich kein Platz in der EDV-Abteilung. Man habe mich deshalb für die Lehre zum Bürokaufmann vorgesehen. Als ich mich weigern wollte, sagten sie, ich sollte doch erst einmal den Test zu Ende machen, dann könne man weiter sehen.

Natürlich hatte ich den Test mit Glanz und Gloria verbockt. Der durchführende Psychologe unterbreitete mir, daß er bei meiner Minderintelligenz überhaupt nicht verstehe, wie ich die Handelsschule so gut absolvieren konnte. Ich hätte nach dem Test einen IQ von 65, sei also schwachsinnig und könne mich glücklich schätzen, daß er mich überhaupt die Lehre zur Bürokauffrau machen ließe. Entweder unterschriebe ich, oder ich könne heute noch nach Hause fahren und sehen, wie ich beruflich weiterkäme. Ein weiteres Rehabilitationszentrum in für mich erreichbarer Nähe gäbe es nicht. So sah ich mich gezwungen, den Lehrvertrag zum Bürokaufmann zu unterschreiben.

Es war für mich abgesehen von dem knappen Jahr im Gips die bisher schrecklichste Zeit meines Lebens. Nicht nur, daß ich am praktischen Maschinenschreiben wegen meines ständigen Vertippens scheiterte, wurde ich auch von der Abteilungsleiterin (sie mochte damals an die 60 sein) und deren Untergebenen bei jeder sich bietenden Gelegenheit gedemütigt.

Heute ist das Erledigen der anfallenden Büroarbeiten mit dem Computer kein Problem mehr für mich, weil man das Dokument erst ausdrucken läßt, wenn kein Tippfehler mehr vorhanden ist. Damals hieß es beim Rechnungen schreiben immer wieder: Blatt ausspannen, neues einspannen und neu schreiben. Es liegt auf der Hand, daß ich ständig danach sann, wie ich dieser, für mich sinnlosen Lehre entkommen konnte und trotzdem nicht ohne jegliche Perspektive zu Hause sitzen mußte.

Eines Tages äußerte die Abteilungsleiterin, welche selber mit einem Bein hinkte, zum bestehenden Streik einer großen Gewerkschaft: „Es müßte mal wieder ein Hitler an die Macht, dann gäbe es keine Streiks mehr." Entsetzt, so etwas in einem Rehabilitationszentrum hören zu müssen, muß ich sie wohl entsprechend angesehen haben, denn sie feixte gleich: „Ja, Mäding, guck mich nicht so an. Wenn der da wäre, wärest Du wenigstens nicht mehr da. Willst immer so schlau sein und kannst doch nichts!"

Seit diesen Tag wußte ich genau, daß ich schnellstens von dort weg mußte. Immer häufiger ließ ich mich zu Hause nach dem Wochenende krank schreiben und suchte nach einem Ausweg, um nicht tatsächlich krank zu werden. Außerdem hatte niemand einen Schaden, wenn ich fehlte, weil ich doch keine produktive Arbeit leisten konnte.

Sie können sich gut vorstellen, wie beleidigt die an meiner bis zu dem Zeitpunkt erfolgten „Rehabilitation" beteiligten „Betreuer und Kostenträger" waren, daß hier eine so stark Behinderte es wagte, den für sie von „höherer Stelle" erarbeiteten sog. Rehabilitationsplan zu verwerfen und einen eigenen zu erstellen. Man führte mir immer wieder Argumente vor, wie grausam doch die Welt der Nichtbehinderten sei. Ich frage mich wirklich, wie diese Argumente mit der Funktion der Rehabilitation im Einklang zu bringen sind. Wenn die Welt der Nichtbehinderten grausam ist, warum verfolgen die im Rehabilitationszentrum Beschäftigten dann zumindest theoretisch das Ziel Behinderte in diese angeblich grausame Welt zu entlassen? Das paßt doch nicht zusammen! **Außerdem kann ich auch heute mit bestem Gewissen sagen, daß mir bisher die schlimmsten Grausamkeiten in Isolationssituationen, also Heimen und Krankenhäusern begegnet sind.**

Damals war ich der Meinung, daß ich so oder so kaputt gemacht werden würde, weil es mir auch zu dieser Zeit schon an der Demut fehlte, welche nötig ist, um sich dem Willen der Funktionäre zu beugen. Ich hatte mir überlegt, daß ich im Rehabilitationszentrum garantiert psychisch zugrunde ginge, aber in Dortmund - wo eine Freundin von mir lebte - vielleicht noch eine Chance hätte, ein einigermaßen selbstbestimmtes Leben führen zu können. Da meine Mutter mir im Falle eines Scheiterns Aufnahme in ihrer Wohnung zusagte, erschien mir das Risiko überschaubar. Außerdem kannte ich inzwischen durch die Freundschaft mit Rita in Dortmund einige Leute, die mir Unterstützung zusicherten. Auch wußte ich von mir selbst, daß ich nicht gerade wenig Durchhaltevermögen und Sturheit besitze, wenn es darauf ankommt. Man unterstellte mir „Flausen im Kopf", als ich Anstrengungen unternahm, nach Dortmund zu ziehen. Heute bin ich froh, daß ich mich nach meinen „Flausen" gerichtet habe, sonst würde dieses Buch nicht von mir geschrieben.

Ein Lichtblick!

Auch wenn es mir damals nicht so bewußt war, so glaube ich heute, daß Gott mich in dieser schwierigen Phase getragen hat. Ich weiß noch immer nicht recht, warum ich dieses Jahr erleben mußte, aber ich erhielt wieder Hilfe. Und dafür bin ich Ihm nach wie vor aus tiefstem Herzen dankbar.

Weil Hagen nicht weit von Dortmund, wo Rita wohnte, entfernt ist, fuhr ich bald eher am Wochenende dorthin als nach Hause zu meiner Mutter. Diese wußte genau, daß ich die Zeit brauchte, um Beziehungen zu knüpfen.

Rita kannte einen sehr engagierten Mann mittleren Alters, der sich intensiv für die Rechte sozial Schwächerer einsetzte. Nachdem er mich und meine Situation kennengelernt hatte, unternahm er alles ihm Mögliche, damit ich im Sommer 1974 in einem katholischen Studentenwohnheim unterkam und in die normale Höhere Handelsschule der Stadt Dortmund aufgenommen wurde.

Es wurde jedoch nicht nur an meinem Verstand, sondern auch am Verstand meiner Mutter gezweifelt. Als ihre Nachbarn erfuhren, daß meine Mutter mich einfach so allein im Studentenwohnheim ließ, so ohne Aufsicht, wurde sie mit Vorwürfen eingedeckt. Die Nachbarn hatten die Befürchtung, daß ich doch dann machen könne, was ich wolle und mich möglicherweise von einem Mann ausnutzen lassen würde. Man erinnerte sie an ihre Verantwortung usw.

Meine Mutter wies darauf hin, daß ich mittlerweile erwachsen sei und sehr wohl wisse, was ich täte. Sie erklärte, daß ich schon früh genug merken würde, wenn ein Mann mich ausnutzen würde, und wenn nicht, dann müßte ich eben genau so leiden, wie andere Mädchen und Frauen, die sich ausnutzen ließen. Meine Mutter fühlte sich nicht dazu berechtigt, mich mit 21 Jahren noch zu bevormunden, nur weil ich behindert bin. Sie wußte, ich mußte Erfahrungen (auch negative) machen, um ein selbständiges Leben führen zu können.

Außer von meiner Mutter und meinen Geschwistern wurde ich von den meisten Studenten innerhalb des Studentenwohnheimes voll akzeptiert. Ich lebte unter Nichtbehinderten, und meine Körperbehinderung wurde zur Randerscheinung, weil ich lernte, daß bei guter Organisation der benötigten Hilfen – auf mehrere Studenten und Studentinnen verteilt – niemand übermäßig belastet wurde. Selbstständlich gab es hin und wieder Meinungsverschiedenheiten, aber es war ein gleichberechtigtes Lernen beider Seiten.

Ins Studentenwohnheim kam ich nur, weil die Studentenvertreter gegen den Heimleiter für meine Aufnahme stimmten und die Studentinnen meiner Etage sich glaubhaft bereit erklärten, notwendige Hilfen zu leisten. Rita zog aus ihrem bisherigen Wohnheim aus und ins Roncalli-Haus ein. Dies war eine Bedingung, die der Heimleiter an meine Aufnahme knüpfte, damit er immer eine für mich „Zuständige" hatte. Vorher erinnerte mein neuer väterlicher Freund die katholische Heimleiterkonferenz an ihre christlichen Pflichten: „...Der Roncalli, nach dem dieses Haus benannt ist, würde sich im Grabe umdrehen, wenn er Eure Kleinkariertheit erleben könnte!"

Der damalige Rektor der Höheren Handelsschule meinte sarkastisch: „Sie können es versuchen, aber ich lege die Hand ins Feuer, daß Sie das nicht schaffen! Wir machen Ihnen keinerlei Extravorteile. Wir sind schließlich eine normale und keine Behindertenschule." Durch eine solche Bemerkung wurde nicht erreicht, daß ich aufgab, sondern ich dachte nur: „Du..., Dir werde ich's zeigen!"

Und so geschah es auch. Ich erhielt trotz meiner langsamen und undeutlichen Schreibweise bei Klassenarbeiten äußerst selten, d. h. je nach Gesinnung des Lehrers/der Lehrerin Zeitverlängerung und keine Möglichkeit eine Schreibmaschine zu benutzen. Argument des Direktors: Schließlich werden Ihre Mitschüler(innen) wahrscheinlich durch das Klappern der Schreibmaschine gestört.

Da ich höchstens drei Viertel des Pensums einer Klassenarbeit unter diesen Umständen schaffen konnte, mußte ich den Stoff exakter beherrschen als meine Mitschüler(innen), um noch eine Drei oder Vier als Note zu erreichen. Die Studenten und Studentinnen im Wohnheim unterstützten mich voll. Der/die eine ging mit mir vor den Klassenarbeiten den zu erwartenden Stoff intensiv durch, andere erledigten mir die gleichzeitig in anderen Fächern anfallenden Hausaufgaben mit Schreibmaschine, damit ich mich ganz auf die Arbeit konzentrieren konnte.

Die Lehrer an der Schule reagierten sehr unterschiedlich auf mich, wie es nun einmal überall und immer im Leben ist. Es gab Lehrer(innen), die mich unterstützten, indem sie mir etwas mehr Zeit gaben, und es gab Fieslinge, wie den Mathematiklehrer, der mich mit seinen demütigenden Bemerkungen oft an den Rand der Verzweiflung brachte. Drei oder vier Jahre nach meinem Abschluß an dieser Schule traf ich diesen (Un)Menschen in Dortmund einmal wieder und mir drehte sich sofort der Magen herum.

Erst bei den Abschlußklausuren erhielt ich plötzlich offiziell ein zusätzliches Zeitlimit, und auf einmal stellte man mir auch eine Schreibmaschine in einem Extraraum zur Verfügung.

Wenn ich dann und wann während dieser zwei Jahre zerknirscht in meine Studentenetage kam, haben mich einige der anwesenden Studenten wieder aufgemuntert. Wir kochten uns gemeinsam etwas Leckeres und feierten abends schöne Feten. Hier fühlte ich mich wirklich integriert.

Inzwischen hatten sich Studenten in der Katholischen Studentengemeinde zu einer Initiativgruppe Leben mit Behinderten zusammengefunden. Diese Gruppe, der ich von Anfang an angehörte, nahm Kontakte zu Behinderten aus der Dortmunder Behindertenwerkstatt auf, und wir unternahmen viele gemeinsame Dinge, wie Schwimmen, Tagungen, Freizeiten und öffentliche Aktionen, um auf bauliche Probleme Behinderter im Dortmunder Nahverkehrsbereich aufmerksam zu machen. Hierzu gehörte u. a., daß wir beispielsweise mit zehn Rollstuhlfahrern in eine Straßenbahn wollten und somit den Dortmunder Nahverkehr etwas behinderten. Immerhin bewirkte diese Aktion nach langen Jahren hartnäckiger Eingaben in die Kommunalpolitik, daß ein von der Stadt Dortmund finanzierter Fahrdienst eingerichtet wurde.

Ich konnte beobachten, wie der Kontakt zwischen Behinderten und Nichtbehinderten durch die Offenheit des Behinderten erleichtert, fast selbstverständlich wurde. Durch die Kontaktfreudigkeit und das Einfühlungsvermögen des Behinderten ist es nicht sehr schwer, Kontakt zu Nichtbehinderten zu bekommen, die nicht so festgefahrene Einstellungen und Vorurteile haben. Aber leider werden die meisten Behinderten daran gehindert selbständig und kontaktfreudig zu werden, wie aus diesem Kapitel ersichtlich ist.

Um zu meinem ursprünglichen Thema der Partnerschaft als höchste Stufe der Integration zurückzukehren, möchte ich hier nur noch kurz meinen beruflichen Werdegang schildern, um dieses Thema abzuschließen.

Nach Abschluß der Höheren Handelsschule absolvierte ich ein einjähriges Praktikum an einer Körperbehindertenschule, um das Studium der Sozialpädagogik an der Fachhochschule zu durchlaufen. Beides, das Praktikum und das Studium habe ich gut geschafft. Auch das Praktikum nach dem Studium (Anerkennungsjahr) und die Abschlußprüfung, um die staatliche Anerkennung zu erhalten, schaffte ich noch so eben, bevor unsere erste Tochter geboren wurde. Nachdem ich Jahre zuvor die Bürokaufmannslehre abgebrochen hatte, wollte ich unter keinen Umständen noch einmal etwas Begonnenes unbeendet lassen. Zumal ich diesen Weg selbst gewählt hatte im Gegensatz zur Bürokaufmannslehre.

Voraussetzungen für den nichtbehinderten Partner

Weil Nichtbehinderte in der Regel nicht mit Behinderten aufwachsen, ist es nicht verwunderlich, wenn der Kontakt zum Behinderten fehlt und Befremden bei der ersten Kontaktaufnahme empfunden wird.

Erst wenn Nichtbehinderte die Erfahrung gemacht haben, daß Behinderte im Grunde keine anderen Menschen sind und auch ihnen, den Nichtbehinderten, bei näherem Hinsehen Hilfe und Wärme geben können, besteht die Möglichkeit zur gleichwertigen Freundschaft allgemein, aber auch zur Entwicklung einer Partnerschaft im Sinne einer Zweierbeziehung.

Bevor die Kontaktaufnahme zu einer solchen Beziehung vollzogen werden kann, muß es dem nichtbehinderten Partner möglich sein, das derzeit allgemein verinnerlichte Schönheitsideal abzulegen und auf innere Werte zu achten. Ein Mensch, der nach den Schönheitsmaßstäben der Werbung und der Allgemeinheit Kontakt zum Mitmenschen aufnimmt, wird niemals eine Partnerschaft mit einem behinderten Menschen eingehen, weil er diesen von vornherein aus seiner Sichtweise verdrängt.

Die Schönheit in der Werbung ist kalt und wiederholbar. Man könnte sie auch als genormt bezeichnen. Wenn man die Unterschiede zwischen den einzelnen Männern und Frauen, die für ein bestimmtes Produkt werben, suchen würde, kann ich mit Sicherheit behaupten: Man würde keine finden!

Mensch sein heißt jedoch, einmalig und Wärme ausstrahlend zu sein. Ebenso muß diese Wärme von anderen Menschen registriert werden. Ein Mensch wird dann individuell als schön empfunden, wenn seine Wärmeausstrahlung wahrgenommen wird. Woran liegt es nun, daß der Behinderte allgemein, wenn auch selten offen, mit den Eigenschaften „genormt" und „verabscheuenswert" umschrieben wird? Ist der Behinderte nicht dazu in der Lage, Wärme auszustrahlen, die ihn zu einem schönen Menschen macht? Oder sind die Nichtbehinderten durch das Erscheinungsbild einer Krücke, eines Rollstuhles, einer Knochenverkrümmung usw. so geblendet, daß sie unfähig – also „behindert" – sind, die Wärmeausstrahlung eines Menschen mit einer Behinderung wahrzunehmen?

Nach meinen Erfahrungen bin ich zu folgendem Schluß gekommen: Es mag zwar einige Behinderte geben, die verlernt haben, ihre

Wärmeausstrahlung zu nutzen, aber nur deshalb, weil sie kaum menschliche Wärme erlebt haben bzw. erleben. Meist ist es jedoch so, daß die Wärmeausstrahlung des behinderten Menschen vom Nichtbehinderten nicht wahrgenommen wird und der Behinderte deshalb als „nicht schön" aus dem Blickfeld des Nichtbehinderten bei der Partnersuche herausfällt.

Außerdem nehmen die meisten Menschen in unserer Gesellschaft mit anderen Menschen den ersten Kontakt dann auf, wenn dieser einen attraktiven Körperbau hat. Erst wenn ein Mensch mit einer für ihn idealen Körpergestalt nicht zu finden ist, nimmt ein Mensch auch mit jemandem vorlieb, der nicht exakt dem Wunschbild entspricht. Ich könnte auch die These aufstellen, daß es u. a. vom Reifegrad des Menschen abhängt. Immer wieder ist es zu beobachten, daß Jugendliche und junge Erwachsene beispielsweise häufiger Äußerlichkeiten benennen, die ihre Männer/ihre Frauen erfüllen müssen, als Erwachsene und ältere Menschen, die im Laufe der Zeit festgestellt haben, daß die ganze Schönheit eines Körpers nichts nutzt, wenn Charaktereigenschaften, wie z. B. Verläßlichkeit, Offenheit usw. fehlen.

Eine weitere Voraussetzung für den Nichtbehinderten, der eine Partnerschaft mit einem behinderten Menschen eingeht, ist die Flexibilität bezüglich der geschlechtsspezifischen Rollen als Mann oder Frau. Ohne diese Rollenflexibilität wird das Zusammenleben sehr erschwert, denn der Behinderte ist ja gerade auch deshalb gesellschaftlich ein Außenseiter, weil er die ihm zugedachte Rolle als Mann oder als Frau nicht vollständig erfüllen kann, jedenfalls nicht in dem Maße, wie es idealisiert wird.

Nicht zuletzt sei auf die notwendige Elefantenhaut beim Nichtbehinderten, aber auch beim Behinderten hingewiesen. Mit einer Elefantenhaut meine ich gerade **nicht** eine mangelnde Sensibilität. Ich möchte diesen Begriff als die Fähigkeit definieren, trotz negativer Reaktionen der Umwelt einen für richtig befundenen Weg weiterzugehen.

Im Falle einer Partnerschaft zwischen Behinderten und Nichtbehinderten können die Partner Reaktionen beobachten, welche von Belächeln über Unverständnis, Entsetzen bis zum Abweisen auch des nichtbehinderten Partners führen.

Ähnliche Reaktionen kann man auch beim Entschluß, sich nur mit rohem Obst und Gemüse zu ernähren, beobachten.

Ich möchte auf keinen Fall unerwähnt lassen, daß selbstverständlich die beiderseitige Sympathie die wichtigste Voraussetzung für eine Partnerschaft zwischen einem behinderten und einem nichtbehinderten Menschen ist, ebenso wie zwischen zwei Nichtbehinderten oder zwei Behinderten. Die von mir oben genannten Voraussetzungen sind im Grunde Voraussetzungen, die in jede Partnerschaft mitgebracht werden müssen, wenn diese von Dauer sein soll. Bei einer Partnerschaft zwischen einem behinderten und einem nichtbehinderten Menschen müssen sie jedoch besonders ausgeprägt sein.

Nur ein gefestigtes Selbstvertrauen beider Partner und eine stabile, auf mündiger Sympathie beruhende Partnerschaft vermögen wahrscheinlich auf Dauer dem Außendruck von Seiten der Gesellschaft standzuhalten. Es könnte sonst allzu leicht zu einer Isolierung der Partner und somit zu einer behinderten Zweierbeziehung führen. Den Außendruck von Seiten der Gesellschaft, den es für beide Partner auszuhalten gilt, möchte ich in den nächsten Kapiteln eingehend beschreiben.

Die Reaktionen der Umwelt, auf eine Partnerschaft zwischen einem behinderten und einem nichtbehinderten Menschen

Führt der Lebensweg einen behinderten und einen nichtbehinderten Menschen zu einer Partnerschaft zusammen, gibt es viele verschiedene, oft sehr belastende Reaktionen der Umwelt, die mitunter sogar Formen der Bedrohlichkeit annehmen. Diese müssen von beiden Partnern registriert, gewertet und bearbeitet werden.

So verflochten der Mensch innerhalb seiner Umwelt in Beziehungen lebt, so verflochten sind auch die negativen Reaktionen, die eine solche Partnerschaft belasten können. Zumindest anfangs können die Partner den Eindruck gewinnen, Zielscheibe einer ganzen Armee zu sein, die treffsicheres Schießen übt. Später gewöhnt man sich mehr oder weniger daran.

Ein schlechtes Image für die ganze Familie...

Die meisten Eltern wünschen sich nichts mehr, als nur das Beste für ihre Kinder tun zu können und zu tun. Sie haben häufig ganz bestimmte Vorstellungen von der Zukunft ihrer erwachsenen Kinder.

Beispielsweise ist es für viele Eltern selbstverständlich, daß der Sohn eine Frau in die Familie mitbringt, die den allgemeinen Schönheitsidealen wenigstens nahe kommt und einen gebärfähigen Eindruck zuläßt. Über die Erwartung an die zukünftige Schwiegertochter, daß sie den Haushalt völlig allein führen kann, braucht nicht länger diskutiert zu werden. Ob die Schwiegertochter tatsächlich den Haushalt allein erledigen wird oder nicht, ergibt ein gesondertes Familienproblem.

Ebenso selbstverständlich haben die Eltern an die Tochter die Erwartung, daß diese nur eine Beziehung mit einem Mann eingeht, der möglichst viel Geld verdient und alle allgemein idealisierten Attribute des Mannes, wie sichtbare Überlegenheit gegenüber der Frau und Zeugungskraft vorweisen kann. Die Zeugungskraft wird meistens dann angenommen, wenn der Körperbau des Mannes einen ziemlich kräftigen Anschein hergibt.

Der behinderte Mensch, der offensichtlich diesen Normen nicht voll entspricht, sorgt deshalb unweigerlich für Entsetzen und massiven Widerstand der Eltern des nichtbehinderten Partners bzw. der nichtbehinderten Partnerin. Abgesehen davon, daß diese Eltern um die „glückliche Zukunft" ihrer Kinder bangen, tragen ihre eigenen Vorurteile und ihre Furcht vor der permanenten Begegnung mit einem Behinderten zu ihrem Entsetzen bei. Die Angst vor der Mißbilligung von außen darf hierbei nicht unterschätzt werden. Wie angenehm ist es doch für die Eltern, wenn sie eine blendend aussehende Schwiegertochter oder einen starken, arbeitsfähigen Schwiegersohn vorzeigen können. Behinderte Schwiegerkinder sind in ihren Augen ein schlechtes Image für die ganze Familie.

Wie weit diese elterliche Panik führen kann, möchte ich u. a. an meinen Schwiegereltern verdeutlichen. Ich betone, daß sie keineswegs schlechter als andere Schwiegereltern und Eltern sind, sondern mir ist durchaus klar, daß andere Eltern sich ebenso gegen das Akzeptieren eines behinderten Schwiegerkindes zur Wehr gesetzt hätten. Ich bin nun einmal keine Schwiegertochter zum Vorzeigen!

Ulrichs Eltern sind ein gewöhnliches Ehepaar mit den für ihre Generation üblichen Vorstellungen vom Leben. Sie haben den Zweiten Weltkrieg als junge Erwachsene erlebt und sind stolz darauf, sich wieder hochgearbeitet und zwei kräftige Kinder (eine Tochter, einen Sohn) in die Welt gesetzt zu haben.

Ulrichs Vater ist Gründer eines kleinen Betriebes in einer Kleinstadt und dort sehr bekannt, nicht zuletzt aufgrund seines langjährigen Dienstes als Löschzugführer der Freiwilligen Feuerwehr, Schützenkönig usw.

Den kleinen Betrieb plante der Vater erst mit Ulrichs Geburt. Fünf Jahre zuvor wurde Ulrichs Schwester geboren. Weil das zweite Kind ein Junge war, bestimmte der Vater gleich, daß Ulrich einmal den von ihm aufgebauten Betrieb übernehmen solle.

Noch im Krankenhaus teilte mein Schwiegervater der Schwiegermutter mit: „Jetzt habe ich einen Sohn. Jetzt mache ich mich selbständig." So geschah es auch.

Ulrich wuchs praktisch in den Betrieb hinein. Er absolvierte eine Schlosserlehre und studierte in Dortmund Stahlbau. Nichts schien für seine Eltern selbstverständlicher als dieser berufliche Weg ihres Sohnes. Niemals hatten sie je daran gezweifelt, daß ihr Sohn nach dem Studium und einigen Jahren Berufserfahrung wieder in den elterlichen Betrieb einsteigen würde.

Eine weitere Erwartung knüpften die Eltern an ihre beiden Kinder: Die Kinder würden nach ihrer Ausbildung wieder in die Kleinstadt zu ihren Eltern ziehen. Die Eltern stammen beide aus demselben Ort und haben ständig bei ihren Eltern gewohnt.

Wenn man diese Erwartungen der Eltern an ihre Kinder im Blickfeld behält, kann man sich das Ausmaß der tiefen Enttäuschungen vorstellen, welche die beiden trafen, als ihre Tochter einen Deutschbolivianer heiratete und ihnen kurz vor der Heirat bekannt gab, sie beabsichtige mit ihrem Mann nach Abschluß der Ausbildung nach Bolivien auszuwandern.

Diese Mitteilung reichte eigentlich schon aus, um die Eltern den Eindruck gewinnen zu lassen, ihnen würde der Boden unter den Füßen weggezogen.

Der Lebensweg führte jedoch genau zu diesem Zeitpunkt Ulrich und mich über die vorher schon erwähnte Initiativgruppe Leben mit Behinderten in eine Beziehung zueinander. Wir konnten ihnen nicht lange unser Verhältnis verschweigen, weil ich kurz entschlossen acht Tage nach unserer Entdeckung füreinander in eine Kinderfreizeit mitfuhr, zu der sich Ulrich ein halbes Jahr vorher als Betreuer gemeldet hatte. Diese startete von Ulrichs Heimatort aus.

Als die Eltern bemerkten, das Verhältnis zwischen Ulrich und mir könnte sich zu einer festen Beziehung entwickeln, entstand ein mehrere Jahre lang anhaltendes Familiendrama.

Ihre Argumente gegen die Beziehung zwischen Ulrich und mir waren derart diskriminierend, daß damals für mich feststand: Ich würde vermutlich niemals in ihrem Beisein ihr Haus betreten bzw. befahren. Wie sehr sich das Blatt einmal wenden sollte, hätte ich nicht für möglich gehalten. Aber das an anderer Stelle.

Einige der vielen Argumente möchte ich zur Veranschaulichung hier erwähnen:

- Eine solche Ehe müßte vom Staat verboten werden!
- Wer soll uns denn einmal pflegen, wenn wir alt sind?
- Mit einer solchen Frau kannst du doch den Betrieb nicht übernehmen.
- Wenn die mit dem Rollstuhl hier ins Haus kommt, fährt die uns die ganzen Möbel kaputt.
- Du stürzt dich ins Unglück, denn du hast dann nichts mehr vom Leben, kannst nicht mehr reisen usw.
- Die kann doch keine Kinder bekommen. (Als Ulrich erklärte, daß ich meinen Gynäkologen gefragt und eine positive Antwort erhalten hatte, weil bei meiner Behinderung keine Erbkrankheit vorliege): Ach, frage mal lieber selbst nach, denn die wird dir doch nicht die Wahrheit sagen, wenn sie keine Kinder bekommen kann oder wegen ihrer Behinderung nicht darf. (Als knapp zehn Jahre später unser drittes Kind unterwegs war, war es zuviel des Guten. So ändern sich die Zeiten!)
- Sie ist jetzt vielleicht lieb und nett zu dir, aber wenn du sie geheiratet hast, wird sie dich tyrannisieren.
- Behinderte sind egoistisch und falsch!

Solche und noch eine Unmenge anderer Argumente brachten sie gegen mich vor, obwohl sie weder mich, noch sonst je einen behinderten Menschen näher kennengelernt hatten. Ulrich fragte sie einmal, warum sie mir Egoismus und Falschheit vorwerfen würden, wo sie noch kein Wort mit mir gewechselt hätten. Die Antwort: „Wenn die Mary dich wirklich lieben würde, würde sie dir ein Leben mit ihr nicht zumuten, sondern dich freigeben für eine richtige Frau."

Ich war ihrer Ansicht nach nun einmal keine „richtige" Frau. Manchmal äußerten sie auch großzügig: „Ich meine, wir haben ja nichts gegen die Mary persönlich. Die soll ja ruhig einen Mann bekommen. Nicht, daß wir ihr das nicht gönnen, aber warum mußt **gerade du** dich dafür hergeben?"

Als die Mutter merkte, daß sämtliche mir unterstellten Untugenden bei Ulrich wirkungslos blieben, versuchte sie eine andere Taktik:. Sie begann viele weibliche Bekannte aufzuzählen, die doch alle so gut zu Ulrich passen würden. Bei jedem Wiedersehen stand eine andere hoch im Kurs. Auch Ulrichs erste Freundin, die vorher überhaupt nicht gerne von Ulrichs Eltern gesehen wurde, war plötzlich die ideale Lebensgefährtin, und man verstand überhaupt nicht, warum mit ihr Schluß war.

Die Vorgehensweise mit den Frauenangeboten hielt solange an, bis für Ulrich die Geduldsgrenze erreicht war, was eigentlich selten vorkommt, denn er reagiert meist ruhig und besonnen auf Angriffe. Die Mutter hatte ihm gerade versucht, eine Heike schmackhaft zu machen, als er ihr erwiderte: „Die Heike ist jetzt lieb und nett in deinen Augen. Fährt sie jedoch beispielsweise morgen mit einem Auto und erleidet einen Unfall, der sie für immer in den Rollstuhl zwingt, ist sie nicht mehr lieb und nett, sondern genau so wenig wert, wie die Mary es heute für dich ist." Er stand auf und ging weg, was er normalerweise im Konfliktfall nicht tut. Dies zeigte jedoch Wirkung. Die Mutter stellte sofort ihre Werbeaktionen für die verschiedensten Frauen ein. Wählerisch war sie überhaupt nicht mehr in der Frauenauswahl gewesen, nur **laufen** mußten sie können.

Weil Ulrich sich auch der verschiedensten Varianten von Druck durch seine Eltern nicht beugte, stellte der Vater ihn vor die Alternative, entweder solle er die Beziehung zu mir abbrechen, oder er könne den Betrieb nicht übernehmen. Ulrich meinte, dies stelle doch keine Alternative dar. Wenn er ihn jedoch zu einer Entscheidung zwingen würde, entschiede er sich – unabhängig davon, ob wir nun zusammen blieben, oder nicht – für mich und damit gegen die Übernahme des elterlichen Betriebes. Aufgrund dieses und weiterer Gespräche entschloß Ulrich sich nach Abschluß des Ingenieurstudiums 1978 ein

Zweitstudium zum Berufsschullehrer zu absolvieren. Das Fach Maschinenbau behielt er bei.

Die Auseinandersetzungen zwischen Eltern und Sohn zogen sich immer weiter hoch, bis sie in unserem Entschluß, uns zu verloben, ihren Höhepunkt erreichten. Zu diesem Zeitpunkt hatten die Eltern mich nur ein paarmal aus einiger Entfernung (auf einer Kirmes oder in der Kirche) gesehen.

Um Zeit zu gewinnen, ließen sie uns durch den Pastor von Ulrichs Heimatort ausrichten, die Mutter wolle gern der Verlobung beiwohnen, kenne mich jedoch noch gar nicht. Sie ließen uns bitten, doch die Verlobung zu verschieben, um Gelegenheit zu erhalten, meine Bekanntschaft zu machen.

Obwohl wir die Verlobungsanzeigen schon hatten drucken lassen, sowie die Feier organisiert war, entschieden wir uns knapp drei Wochen vor dem festgelegten Termin, die Feier um einen Monat zu verschieben, um ihnen entgegenzukommen. Wir verbanden dies mit der Hoffnung, daß sie nun langsam ihren massiven Widerstand abbauen würden.

Es stellte sich jedoch heraus: Sie wollten die Zeit bis zum zweiten Termin noch einmal nutzen, um die Verlobung nach Kräften zu verhindern. Der zweite Termin kam und wir verlobten uns nun in kleiner Runde ohne Ulrichs Eltern.

Bis zu unserer Verlobung war Ulrich seiner zehnjährigen Verpflichtung bei der Freiwilligen Feuerwehr in seinem Heimatort nachgekommen. Diese Pflichterfüllung führte dazu, daß er alle 14 Tage das ganze Wochenende nach Hause fuhr und dort jedes Mal bearbeitet wurde, sich von mir zu trennen. Um dieser Dauerbelastung ein Ende zu setzen und das ständige Hin- und Herfahren zu vermeiden, führte Ulrich seinen Feuerwehrdienst in Dortmund fort.

Dieser Wechsel mag bei Ulrichs Eltern einen Schrecken ausgelöst haben, weil ihr Sohn nun nicht mehr gezwungen war, regelmäßig zu ihnen zu kommen, sondern fortbleiben konnte, wenn er wollte.

Ulrich hatte ihnen gegenüber nie geäußert, daß er sie nicht mehr besuche, wenn sie ihm meinetwegen nur das ganze Wochenende Vorwürfe machen würden. Anscheinend glaubten sie jedoch, sie müßten mich nun akzeptieren lernen, um ihren Sohn nicht auch noch zu verlieren, wie sie es einmal verlauten ließen. Ulrich hätte niemals den Versuch unternommen, sie zum Akzeptieren meiner Person zu zwingen, sondern hätte sie auch ohne mich hin und wieder besucht. Vielleicht glaubten sie auch, sie sähen ihren Sohn öfter, wenn ich mitkäme.

Den Entwicklungsprozeß, wie sich das Verhältnis zwischen meinen Schwiegereltern und uns normalisiert hat, möchte ich später beschreiben, da ich mich in diesen Kapiteln ausschließlich mit den belastenden Reaktionsweisen der Umwelt auf eine Partnerschaft zwischen einem behinderten und einem nichtbehinderten Menschen auseinandersetzen möchte.

Und was wird aus uns?

Erinnert man sich an die vorher schon beschriebene Erziehung, welche Behinderte durch ihre Eltern und Umgebung erfahren, wird es verständlich, daß viele Eltern grundsätzlich gegen eine Zweierbeziehung ihrer behinderten Kinder sind.

Wenn sich eine Beziehung zwischen zwei Behinderten entwickelt, wird dies zwar von der Umwelt als Notlösung toleriert, aber das Entsetzen der Eltern beider Partner ist deshalb so groß, weil keiner der Eltern auch noch ein behindertes Schwiegerkind in die Familie aufnehmen möchte. Dieser Wunsch ist aus der Sicht der Eltern recht verständlich, obwohl ich ihnen das Recht abspreche, mit allen nur erdenklichen Mitteln eine beginnende oder bestehende Partnerschaft zu verhindern. Die beiden behinderten Partner müssen allerdings Wege finden, ihre benötigten Hilfeleistungen anderweitig zu organisieren, damit keinem der Eltern die Pflege zweier Behinderter obliegt. Neuere Entwicklungen von Wohnmodellen berücksichtigen auch dieses Problem.

Die Eltern Behinderter sind jedoch meist auch gegen eine Partnerschaft ihrer Kinder mit einem Nichtbehinderten. Auf dem ersten Blick mag dies unlogisch erscheinen, weil angenommen werden könnte, die Eltern seien froh, weil ihnen ein großes Stück an Arbeit und Verantwortung abgenommen wird und die Zukunft ihrer Kinder voraussichtlich gesichert scheint.

Den Grund, weshalb die meisten Eltern Behinderter jedoch eben nicht so reagieren, wie man vielleicht erwartet hätte, sehe ich im folgenden:

Weil die Eltern jahrzehntelang die alleinige Pflege ihrer behinderten Kinder übernommen haben, sind sie in den meisten Fällen ebenso abhängig von ihnen geworden, wie diese von den Eltern abhängig gemacht worden sind. Die Eltern Behinderter betrachten ihren Sohn bzw. ihre Tochter als Eigentum, genau wie die meisten Eltern Nichtbehinderter sich dieser Versuchung oft nicht erwehren können.

Beim Nichtbehinderten vollzieht sich der Ablösungsprozeß von den Eltern früher oder später automatisch. Mit zunehmendem Alter und zunehmender Selbständigkeit verlassen die Kinder das Elternhaus immer häufiger, und die Dauer ihrer Abwesenheit verlängert sich.

In der Regel ist beispielsweise der Säugling und das Kleinkind bis zum Kindergarteneintritt Tag und Nacht in der elterlichen Obhut. Ist das Kind im Kindergarten untergebracht, verläßt es mindestens für den Vormittag die Eltern. Am Ende der Kindergartenzeit und zum Beginn der Schulzeit wird das Kind in der Lage sein, Spielgefährten seines Alters zu finden und einen immer größeren Teil seiner Freizeit mit diesen verbringen wollen. Es ist also nun schon morgens und häufig auch nachmittags von den Eltern getrennt.

Während Kinder bis zum 14. Lebensjahr im Normalfall noch abends zu Hause verweilen, drängen Jugendliche mit zunehmendem Alter danach, auch abends die Erlaubnis der Eltern zum Ausgehen zu erhalten, um mit Freunden Unternehmungen zu starten.

In dieser Zeit bis die Tochter oder der Sohn als junge Erwachsene aus dem Elternhaus fortzieht, haben die Eltern lange Jahre Gelegenheit, sich selbst Stück für Stück aus ihrer Abhängigkeit dem Kind gegenüber zu befreien und wieder eigene Interessen wahrzunehmen.

Doch nicht nur die immer länger werdende Abwesenheit der Kinder von den Eltern bewirken den Ablösungsprozeß, sondern auch die stetig geringer werdende Hilfs- und Pflegebedürftigkeit mindern die Abhängigkeit der Kinder von den Eltern. Ein Säugling benötigt die totale Hilfe der Eltern, während der Jugendliche sich vollkommen allein versorgen kann und nur noch hin und wieder den helfenden Rat seiner Eltern braucht.

Trotz dieser Fakten zeigt die Realität, daß der Ablösungsprozeß von Seiten der Eltern häufig sehr schmerzhaft empfunden wird. Man spricht deshalb auch von einem zweiten Abnabeln!

Eltern behinderter Menschen haben die zuvor beschriebene Gelegenheit zum langsamen Ablösungsprozeß meistens nicht. Je mehr Hilfe der Behinderte benötigt, um so intensiver ist die Abhängigkeit der Eltern, vor allem der Mutter, von ihrem behinderten Kind. Eltern, welche ihren zwanzigjährigen Sohn oder ihre zwanzigjährige Tochter noch ankleiden, auskleiden, waschen, baden, zur Toilette bringen und vielleicht auch füttern müssen, verfallen schnell unbewußt dem Glauben, das Kind gehe im wahrsten Sinne des Wortes ein, wenn sie ihm nicht ständig beistehen. Es ist daher nicht verwunderlich, wenn solche Eltern ihren erwachsenen Sohn oder ihre erwachsene Tochter nicht als Erwachsene registrieren, sondern als Kleinkind.

Welche Eltern würden von einem Kleinkind erwarten, daß dieses selbständig ist und eine partnerschaftliche Beziehung eingeht?

Als weiteres Phänomen kann man bei vielen Eltern Behinderter beobachten: Sie glauben, ihre Art den Behinderten zu pflegen sei die beste. Ich bin der Meinung, diese Annahme ist für die Eltern verständlicherweise psychisch aufbauend, weil sie für ihren großen Verzicht auf Unternehmungen wenigstens die Gewißheit haben möchten, für ihre behinderten Kinder unentbehrlich geworden zu sein. Die Erfüllung der notwendigen Hilfeleistungen für ihr Kind sind für diese Eltern oft genug der einzige Lebenssinn.

Wenn diese Beobachtungen auch in gewisser Weise bei Eltern Nichtbehinderter gemacht werden können, so ist das Problem Behinderter, den Eltern zu zeigen, daß die Hilfe anderer auch sehr wertvoll ist, viel gravierender.

Eltern, welche zwanzig Jahre und oft noch viel länger ihren Lebensrhythmus nach dem ihres behinderten Kindes gerichtet haben, wird es vermutlich schier unmöglich sein, ihr restliches Leben ohne die Anwesenheit ihres behinderten Kindes einzurichten. Wie jeder ältere Mensch versuchen auch sie, möglichst alle Einflüsse abzuwehren, die sie zu einer Umstellung ihres bisherigen Lebensstils zwingen könnten.

Vor diesem Hintergrund läßt es sich erklären, weshalb viele Eltern Behinderter sich vor dem Selbständigwerden ihrer Söhne oder Töchter fürchten und es deshalb nach besten Kräften verhindern wollen.

Abgesehen davon, daß sie in ihren erwachsenen Kindern im Grunde noch Kleinkinder sehen, die zu keiner Partnerschaft fähig sind und denen Sexualität fremd ist (und bleiben soll), bangen diese Eltern um ihre eigene Zukunft, die ihnen ohne ihre Tochter oder ohne ihren Sohn sinnlos erscheint. Sie werden deshalb Ausbruchsversuche ihrer behinderten Kinder mit massivem Widerstand zum Scheitern bringen.

Ich persönlich habe glücklicherweise in dieser Beziehung keinen Widerstand erlebt, weil ich, wie beschrieben, von meiner Mutter als Erwachsene auch wie eine Erwachsene behandelt wurde.

Mein Vater starb 1966 an einem Krebsleiden, als ich gerade dreizehn Jahre alt geworden war. Da ich jedoch beobachten konnte, mit welcher Energie er sich vergewisserte, ob meine damals siebzehnjährige Schwester nur mit einem für ihn akzeptablen Mann ein Verhältnis einging, kann ich nur vermuten, daß er mir jede Männerbekanntschaft unterbunden hätte, aus Angst, ich würde ausgenutzt. Diese Vermutung möchte ich jedoch nicht weiter vertiefen. Vielleicht hätte er im Laufe der Zeit doch noch gelernt, mich nicht mehr nur als den hilfsbedürftigen Menschen zu sehen, den es mit allen Mitteln zu schützen gilt.

Von einem mir bekannten Ehepaar weiß ich, daß nicht nur die Eltern der nichtbehinderten Frau die Beziehung mit ihrem Widerstand belasteten, sondern auch die Eltern des behinderten Mannes mit allen ihnen zur Verfügung stehenden Mitteln versuchten, ihren Sohn zu Hause zu behalten. Fast vierzig Jahre hatten die Eltern ihren schwer spastisch gelähmten Sohn gepflegt, der für sie auch heute noch ein „Kind" ist. Dieser hatte sich zumindest derart selbständig gemacht, sich auf eine Zeitungsanzeige, welche die nichtbehinderte Frau aufgegeben hatte, zu melden und ein Treffen mit ihr zu vereinbaren. Der Widerstand der Eltern dieses Mannes führte über das Hausverbot für Sohn und Schwiegertochter bis hin zur Enterbungsdrohungen, da die Eltern über Vermögen verfügen. Um diese Drohungen zu unterstreichen, versuchten sie, ihren Sohn sogar entmündigen zu lassen.

Mir sind die Probleme vieler Behinderter, die bei ihren Eltern leben, bekannt. Diese Eltern bringen enorme Energien auf, um ihre Kinder am Selbständigwerden zu hindern und sie weiterhin bevormunden zu können. Böse Absichten kann ich ihnen trotzdem nicht unterstellen, denn den Eltern ist die Tatsache, daß sie ihren Kindern ein Stück Leben nehmen, sicher unbewußt. Es muß jedoch daran gearbeitet werden, daß Eltern behinderter Menschen lernen, daß ihre Kinder ebenso wie die Nichtbehinderten gleichen Alters schon längst den Kinderschuhen entwachsen sind.

Leider bringen nur wenige Behinderte die Kraft auf, dies ihren Eltern Stück für Stück zu vermitteln. Um die notwendige Kraft zum Durchsetzen gegenüber den Eltern zu gewinnen, könnte es nützlich sein, innerhalb einer Selbsthilfegruppe etwa mit mehreren Behinderten in ähnlicher Lage ein solidarisches Verhalten einzuüben, wenn es darum geht, den Eltern klar zu machen, daß man beispielsweise auch als Behinderter einen Haustürschlüssel benötigt, um ins Haus bzw. in die Wohnung hineinzukommen, wann immer man will, ohne ihren Dienst als Pförtner in Anspruch nehmen zu müssen.

Gleichzeitig muß der Behinderte immer wieder zum zwar liebevoll respektierenden, aber konsequenten Widerstand gegen die Bevormundung seiner Eltern motiviert werden, damit er nicht aufgibt, wenn er seinen Eltern doch mal wieder nachgegeben hat. Die Aufgabe einer Selbsthilfegruppe oder Freundes/Freundin kann sich jedoch nur darauf beschränken, den Behinderten aus seiner vermeintlichen Unmündigkeit herauszuholen und ihn zu motivieren seine Aufgabe, den Ablösungsprozeß von den Eltern ins Rollen zu bringen, zu erfüllen. Trete ich als Außenstehende bei den Eltern für die Mündigkeit der Tochter oder des Sohnes ein, stimmten die Eltern meinen Erklärungen vielleicht zu, jedoch ihre Kinder würden sie, wenn ich nicht anwesend bin, weiterhin bevormunden. Der Nichtbehinderte hat den Vorteil, daß er sich nach Abschluß einer Ausbildung bzw. mit Eintritt ins Berufsleben eine Wohnung nehmen kann, der Behinderte hat ihn in der Regel nicht.

Fazit: **Die wichtigsten Probleme im Leben muß man immer selbst lösen!**

Das ist u. a. bei der Integration so, genau wie bei der Erhaltung oder Wiedererlangung der Gesundheit. Es gibt viele Menschen, welche einem mit guten Rat zur Seite stehen können, aber umsetzen muß es der Einzelne immer selber!

Der Pfarrer: Ob sie wohl „kann"?

Die Erziehung behinderter Kinder und Jugendlicher während meiner Kinder- und Jugendzeit in kircheneigenen Heimen habe ich schon beschrieben.

Wenn man die Geschichte der Behindertenarbeit und der Vorurteile gegenüber dieser Personengruppe verfolgt, wird deutlich sichtbar: Auch die Kirche war nicht die letzte, welche behinderte Menschen verachtete und als „Aussaat des Teufels" bezeichnete. Es wurde und wird auch heute noch oft gesagt: Er (sie) oder die Eltern müssen schwer gesündigt haben, wenn der liebe Gott sie mit diesem Leiden derart bestraft. Die Kirche stellt sich ohnehin oft als unfehlbar und über den anderen stehend dar. Eine solche Grundeinstellung macht Partnerschaft unmöglich.

Viele kirchliche Funktionäre benutzen Behinderte, wie ebenfalls schon beschrieben, als „Waschlappen" zur Säuberung ihres schmutzigen Gewissens und hoffen, wenn sie Behinderte versorgen, einen Freifahrtschein in den Himmel zu erhalten. Wird die Freifahrt jedoch zu unbequem – nämlich dann, wenn Behinderte ihren eigenen Willen zeigen –, steigen sie lieber wieder aus und warten auf die nächsten unmündig gehaltenen Behinderten, welche eine bequemere Freifahrt versprechen.

Wie wenig die Kirche den Behinderten als eigenständigen Menschen ansieht, habe ich aus mehreren Erlebnissen selbst erfahren, die ich für typisch halte.

Ich möchte jedoch nicht weiter in allgemeinen Ausführungen verweilen. Vielmehr ziele ich in diesem Buch auf die konkrete Beschreibung einiger Reaktionsweisen von Seiten mehrerer Kirchenvertreter gegenüber Partnerschaften zwischen Behinderten und Nichtbehinderten ab.

Mehrmals habe ich gehört, daß Priester sich weigerten, die Trauung eines behinderten und eines nichtbehinderten Menschen durchzuführen. Der Trauungswunsch etwa zweier behinderter Menschen würde vermutlich ebenfalls wegen angenommener Unfähigkeit zum Geschlechtsakt abgelehnt. Aber mit welchem Recht?

Anscheinend hat der Herrgott die Liebe und Ehe nur für Nichtbehinderte geschaffen. Es ist auch gerade die Kirche, welche einerseits Sexualität, speziell Geschlechtsverkehr, vor der Ehe verpönt, andererseits vom Behinderten jedoch dieses Verpönte geradezu erwartet, wovon ich mich zweimal persönlich überzeugen mußte.

Meine nun folgenden Schilderungen kann ich nur auf die katholische Kirche beziehen, weil Ulrich und ich dieser Religionsgemeinschaft angehören, also nur Erfahrungen mit dieser Kirche haben. Ich schätze die evangelische Kirche in diesem Punkte liberaler ein, lasse mich aber gerne meines Vorurteils entledigen.

Das erste Mal kam ein Gespräch zwischen dem Pastor in Ulrichs Heimatort und mir zustande, weil Ulrichs Vater diesen Pastor gebeten hatte, Ulrich wieder „auf die rechte Bahn" zu lenken. Der Pastor sah u. a. zur Erreichung dieses Ziels die Möglichkeit in einem Gespräch mit mir.

Dieses Gespräch fand im Dezember 1976 (wenige Monate nach Beginn unserer Beziehung) bei einer Familie statt, welche ich in der Kinderfreizeit näher kennen gelernt hatte. Bei dieser Familie übernachtete ich gelegentlich, wenn Ulrich nach Hause zum Feuerwehrdienst fuhr.

Ulrich war während des Gespräches die meiste Zeit nicht anwesend, weil er seinen Dienst erfüllen mußte. Die Tatsache, allein ohne Ulrich die Stellung dem mir noch fremden Pastor gegenüber halten zu müssen, löste bei mir eine enorme Kampfbereitschaft aus. Mein Wissen um vorher stattgefundene Unterredungen zwischen dem Pastor und Ulrich trugen ein Weiteres dazu bei, weil dieser Pastor immer wieder die „berechtigten Interessen" des Vaters innerhalb dieser Unterredungen vertreten hatte. Trotzdem bin ich diesem Gespräch nicht ausgewichen, weil ich damals schon der Meinung war, daß ich keinen Grund zur Flucht habe und ihm schon meine Ansichten vortragen würde.

Gleich zu Beginn des Gespräches fühlte ich mich in meinen Erwartungen bestätigt, denn er begann sofort, mich darüber zu informieren, wie viel Verständnis er für das berechtigte Interesse meines jetzigen Schwiegervaters hätte, daß Ulrich eine Frau heirate, die auch im Betrieb anpacken könne. Dies sei jedoch bei einer „gesunden" Frau eher gegeben als bei mir. (Als ich zwanzig Jahre später die Buchhaltung des Betriebes übernahm, meinte der Schwiegervater immer wieder, ich hätte es doch nicht nötig, berufstätig zu sein. Wie man es anpackt, es ist nie passend!)

An dieser Stelle muß ich doch einmal meiner Verwunderung darüber Ausdruck verleihen, daß zu einem so frühen Zeitpunkt unserer Beziehung für die Eltern schon von Heirat die Rede war.

Ich fragte den um die Interessen meines Schwiegervaters besorgten Pfarrer, ob er vielleicht auch schon einmal in Erwägung gezogen habe, daß bei Ulrich und mir auch bestimmte Interessen vorliegen könnten, für die er als Pastor auch einmal Verständnis aufbringen müsse. Des weiteren bat ich ihn, er solle das nächste Mal bei einer entsprechenden Predigt von der Kanzel das Recht und die Pflicht zur Nächstenliebe ausdrücklich nur als Privileg unter Nichtbehinderten bekannt geben.

Er war etwas überrascht, ging aber nicht auf meine Frage und Bitte ein, sondern stellte nun ganz ungeniert die offensichtlich in diesen Kreisen alles entscheidende Frage: Haben Sie mit Ulrich schon geschlechtlich verkehrt? Da wir jedoch zu diesem Zeitpunkt erst fünf Monate eine engere Beziehung miteinander hatten, war dies noch nicht der Fall. Als ich dies zugab, hob er seinen „mahnenden" Zeigefinger und erinnerte mich daran, ich wüßte ja, daß dies dazugehöre.

Auf solch eine Antwort aus dem Munde eines kath. Pfarrers war ich nun doch nicht vorbereitet gewesen. Anstatt unsere Anständigkeit! zu loben, wie ich es aufgrund meiner katholischen Erziehung gelernt hatte, rügte er uns praktisch, daß wir auf diesem Gebiet noch nicht gegen katholische Ethik verstoßen hatten.

Heute lache ich darüber, da die Kirchenvertreter anscheinend vom Behinderten erwarten, daß sie es vorher „probieren". Der Grund, weshalb ich darüber lache, liegt im folgenden: Ich sehe dies als eines der wenigen Privilegien an, die ein Behinderter in katholischen Kreisen dem Nichtbehinderten gegenüber genießt: Nichtbehinderte dürfen es offiziell nicht vorher – Behinderte dürfen es, sie müssen es sogar! Da verstehe noch jemand die Moraltheologie.

Das Gespräch mit dem Pastor verlief folgendermaßen weiter: Er erklärte mir, Ulrichs Vater befürchte, daß Ulrich mich aus sozialem Engagement heiraten würde und zu spät eine „gesunde" Frau dann mit dem Po „wackeln" sehen würde. Hierauf entgegnete ich: „Abgesehen davon, daß wir noch gar nicht ernsthafte Heiratsabsichten haben, bin ich nicht demütig genug gegenüber meinen Mitmenschen, als daß jemand Spaß daran haben könnte, mich aus Mitleid oder sozialem

Engagement zu heiraten. Ulrich würde mir schrecklich leid tun, denn ich ließe mich nicht als Beweisobjekt sozialen Engagements benutzen. Ich würde ihn das ganz bestimmt spüren lassen, weil ich weder Freude noch Wut unterdrücke, schon gar nicht aufgrund dessen, daß wir seit Wochen fast ständig in einem kleinen Zimmer im Studentenwohnheim zusammenleben. Ich nehme an, eine Mitleidsbeziehung wäre in Anbetracht dieser Situation schon längst auseinander gegangen, denn Mitleid vergeht bei Konflikten wie eine Seifenblase."

Tiefe Demut empfinde ich nur zu Gott. Die Mitmenschen sind in meinen Augen nicht besser oder schlechter als ich. Nur Gott ist mir, aber wieder allen anderen Menschen gegenüber, allmächtig.

Nun stellte Herr Pfarrer noch die Frage, was ich denn täte, wenn der Ulrich mal „fremdginge". Es schien für ihn selbstverständlich, daß dies einer Frau wie mir passieren würde. Hier konnte offensichtlich das sechste Gebot außer acht gelassen werden. Ich ließ mich durch diese provokatorische Frage nicht beirren und entgegnete: „Und was macht wohl der Ulrich, wenn ich „fremdginge"?" Sein betroffenes Gesicht erfreute mich, wie ich ehrlicherweise zugeben muß, und ich fuhr fort: „Ulrich hat zwar äußerlich gesehen mehr Chancen, sich einen Seitensprung zu leisten, aber ich weiß von mir, ich verfüge über so viel Ausstrahlungskraft, daß ich es auch schaffen könnte, legte ich es darauf an. Doch was soll das? Glauben Sie, daß Ulrich mit mir angefangen und die Schwierigkeiten mit seinen Eltern in Kauf genommen hätte, wenn er scharf auf Frauen mit langen Beinen, Superbusen und wippenden Hintern wäre? Vor Männern, welche die Frauen nur wegen ihrer schönen Schale „knacken" wollen, bin ich als so stark Behinderte wahrscheinlich verschont. Sie wissen auch, daß Ulrichs Eltern, mit denen Ulrich stets ein gutes Verhältnis hatte, massiven Widerstand wegen unserer Beziehung leisten. Wenn Ulrich die partnerschaftliche Beziehung zu mir trotzdem nicht löst, bin ich zumindest sicher, daß ihn eine ziemlich enge Freundschaft mit mir verbindet, welche gewiß wie jede andere Beziehung enden kann, aber nicht deshalb, weil neues Fleisch lockt."

Das Gespräch fand endlich ein Ende. Ulrich war mittlerweile dazu gekommen. Der Pastor lud uns beide für den nächsten Tag zum Kaffeetrinken ein. Wenn ich auch von dem überzeugt war, was ich gesagt hatte, so hatte mich die Unterredung doch sehr belastet, weil ich das praktiziert habe, was ich nicht nötig hatte, nämlich eine Verteidigungshaltung für das Recht auf die Liebe, welches den Behinderten allgemein, aber auch mir persönlich immer wieder abgesprochen wurde und auch heute noch hin und wieder in Frage gestellt wird.

Ulrich und ich haben die Einladung des Pastors zum Kaffeetrinken wahrgenommen. Das Verhältnis zu ihm hat sich bald danach normalisiert. Schon bei dieser ersten Einladung meinte er, er habe am Vorabend viel gelernt. Einige Zeit später erklärte er uns: „Ich habe durch Sie gelernt, Behinderte zunächst als Menschen und dann als Behinderte anzusehen." Dieser Pastor, der noch unser drittes Kind taufte, ist leider kurz danach an Lymphdrüsenkrebs gestorben.

Ich empfinde es als ein Armutszeugnis der Kirche, daß viele ihrer Vertreter angeblich unter dem Deckmantel der Barmherzigkeit behinderte und kranke Menschen zu Menschen zweiter Klasse erklären.

Als Ulrich und ich heirateten, benötigten wir eine Überweisung des Pfarramtes, welches für den Wohnsitz der Braut zuständig ist, um uns von einem Pfarrer trauen zu lassen, den wir gut kennen. Ulrich rief am frühen Nachmittag den Pfarrer an, welcher uns nicht kannte. Dieser schien erfreut, daß sich wieder einmal zwei junge Leute zum Stand der Ehe entschlossen hatten. (Er ahnte ja nicht, wer da den Entschluß gefaßt hatte!) 1979 ging der Trend eher zur wilden Ehe hin. Man legte sich allgemein nicht gerne fest. Heute, 1999, scheint es eher so zu sein, daß man von lebenslanger Bindung träumt und sich unter den Segen der Kirche stellt, aber die vielen gescheiterten Ehen beweisen, daß es für viele ehemals Bindungswillige nicht durchführbar ist.

Wir erschienen pünktlich zum vereinbarten Termin. Froh gelaunt öffnete der Priester die Tür. Uns gewahr werdend sagte er sofort: „Es tut mir leid, jetzt keine Zeit für Sie zu haben, aber ich habe gleich ein Traugespräch." Als wir ihm erklärten, wir seien die Entschlossenen, nahm sein Gesicht einen derart entsetzen Ausdruck an, als hätten wir ihm gestanden, seine Kirche in Brand gesteckt zu haben. Fassungslos fragte er dreimal: „Sie wollen heiraten?" Ulrich ernst. „Ja." Er fragte nochmals: „Sie wollen heiraten?" Ulrich etwas lauter „Ja!" Scheinbar konnte er das soeben Gehörte immer noch nicht fassen. Deshalb fragte er wohl lieber noch ein drittes Mal: „Sie wollen wirklich heiraten?" Ulrich konnte sich nun ein Grinsen nicht mehr verkneifen und sagte auch diesmal laut: „Ja!" Erst hinterher wurde mir bewußt, daß

Ulrich schon dreimal „Ja" gesagt hatte, bevor ich es überhaupt einmal gesagt hatte. Welche Frau hat so etwas schon erlebt?!

Die Fassungslosigkeit des Pastors hatte mich sprachlos gemacht. Nachdem er nun keinen Zweifel mehr über unsere – oder besser Ulrichs – Heiratsabsichten haben konnte, erklärte er uns: „Wenn dem wirklich so ist, muß ich gleich auf die zentrale Frage zu sprechen kommen: Stehen der Eheschließung geistige, seelische oder körperliche Gebrechen entgegen?" Er unterrichtete uns darüber, daß er diese Frage des Brautexamensprotokolls normalerweise immer automatisch verneinen würde, weil er davon ausginge, daß der eheliche Verkehr vollzogen werden könne, aber bei uns müsse er danach fragen. War denn das zu fassen? Woher wollte der eigentlich wissen, daß es bei nicht so offensichtlich Behinderten klappte?

Wir erklärten ihm, daß wir seit drei Jahren zusammenleben würden und „es" ganz normal abliefe, woraufhin er antwortete: „Nun, dann will ich es Ihnen mal glauben." Mir ist allerdings heute noch nicht klar, in welcher Form wir hätten Beweise erbringen müssen, wenn er nicht so leichtgläubig gewesen wäre.

Ich fragte den Pastor noch, ob er denn auch zwei Menschen mit einer derart schweren Behinderung trauen würde, obwohl man davon ausgehen könnte, sie seien aufgrund ihrer Lähmungen nicht in der Lage ohne Hilfe Dritter den ehelichen Verkehr durchzuführen? Er erwiderte mir: „Nein, in solch einem Fall müßte ich erst beim Generalvikariat fragen, ob ich die beiden trauen dürfte. Auf meine Frage, warum er nur Leute trauen dürfte, die wahrscheinlich den Geschlechtsverkehr ausüben können, meinte er: „Das liegt eben in der Natur!" Auf gut deutsch: Schwerstbehinderte liegen nun einmal nicht in der Natur! Und aufgrund welcher Kriterien das Generalvikariat eine Entscheidung hätte treffen sollen, blieb ebenfalls unbeantwortet.

Erst später habe ich erfahren, daß nach katholischer Lehre die physische Unfähigkeit zum Geschlechtsverkehr zu den sogenannten Ehehindernissen zählt, aufgrund deren der Priester die kirchliche Trauung versagen muß, weil dann die Ehe – weil unnatürlich – auch ungültig ist. Aha, bei der Eheschließung wird sich nach der Natur gerichtet. Bei der Ernährung und Gesundheit ist sie zweit- oder gar drittrangig. Warum ich das so sehe, folgt im dritten Teil dieses Buches.

Wenn ich auch einige sehr menschliche Priester kenne (Ulrich und ich haben uns von einem solchen trauen lassen), so bin ich doch wegen meiner vielfältigen Erfahrungen damals mit der Kirche zu der Überzeugung gelangt, daß kirchliche Behindertenarbeit fast nur unter dem karitativen Grundsatz der Demut und der Dankbarkeit von Seiten der Behinderten geleistet wird. Dieser Grundsatz verhindert jedoch die partnerschaftliche Achtung vor den behinderten Menschen, sowie deren wahrhafte Integration.

Inzwischen habe ich feststellen können, daß in meiner jetzigen Gemeinde derzeit ein behindertenfreundlicheres Klima herrscht. Hier sieht man wieder einmal mehr, wie sehr auch die Gemeinde von den in ihr lebenden Menschen abhängt. Deshalb sehe ich es neben den jeweiligen Zielen als wichtig an, im Gemeindeleben aktiv zu sein, damit die Anwesenheit Behinderter ins normale Bild gehört.

Zu unserer Gemeinde gehört auch eine inzwischen junge Frau, welche geistig nicht dem entspricht, was als normal gilt. Auch sie ist aufgrund traumatischer Geburtsgeschehen spastisch gelähmt. Nur sind eben andere Hirnregionen von der Behinderung betroffen. Beim sonntäglichen Gottesdienst, den sie oft mit ihrer Mutter besucht, betet sie bisweilen die Liturgie mit dem Pfarrer um die Wette. Meist ist sie schneller! Bisher habe ich noch nicht gehört, daß sich Gemeindeglieder gegen die Anwesenheit der jungen Frau aufgelehnt haben. Sollte dies passieren, werde auch ich dagegen öffentlich mobil machen. Wehrt den Anfängen! Der Herr wird mit Sicherheit ihr Gebet mindestens ebenso annehmen, wie unsere vermeintlich wohl formulierten. Davon bin ich zutiefst überzeugt.

Entweder heilig oder blöd, jedenfalls nicht normal!

Die Meinung der Öffentlichkeit zur Unterbringung Behinderter in Heimen ist durch die Untersuchungen von Jansen u. a. hinreichend belegt. Die meisten unserer Mitbürger sind für die Aussonderung behinderter, alter und kranker Menschen in Behindertenpflegeheimen, Altenheimen und Krankenhäusern.

Wer sterben muß, soll möglichst rechtzeitig in die dafür zuständigen Institutionen (Sterbekliniken, Krankenhäuser) eingewiesen werden, denn dafür sind die Kliniken da, und es werden schließlich genug Steuern bezahlt! Man will nur die angenehmen Seiten des Lebens genießen. Alles Belastende, Verantwortung und Zeit Fordernde wird an dafür bezahltes Personal delegiert. Kaum jemand bedenkt, was denn wohl wird, wenn er oder sie selbst einmal in eine ähnliche Situation kommt. Es wird nur im Jetzt gelebt und gedacht.

Ist es wirklich erstrebenswert, ja überhaupt möglich, als Behinderter in diese Öffentlichkeit hinein integriert zu werden? Meiner Meinung nach: **N e i n !**

Ich bin der Überzeugung, es ist möglich, einige offene Nichtbehinderte in unser Leben zu integrieren, ebenso, wie diese uns in ihr Leben integrieren können. Doch die große Integration in diese Gesellschaft mit ihren z. Zt. gültigen Normen und Wertvorstellungen wird nicht durch Gesetze, weder durch sogenannte Behindertenwochen, oder gar durch ein UNO-Jahr des Behinderten, wie es 1981 stattfand, vollzogen.

Bevor die Integration Behinderter in die Gesellschaft Realität wird und nicht Lüge und Verschleierung bleibt, müssen sich einige Wertvorstellungen, Normen und Rollenfestschreibungen lockern.

Aus diesen Ausführungen folgt, jeder, der die wahre Integration behinderter Menschen anstrebt, ist ein Gesellschaftsveränderer. Gesellschaftsveränderer sind jedoch in der Öffentlichkeit unerwünscht. Infolgedessen sind Nichtbehinderte, welche die Integration Behinderter praktizieren, oft recht unbequem für solche, die ihren Willen dazu nur vorlügen, oder für solche, die alles Leid verdrängen wollen.

Ich werde später auch hier wieder eine Brücke zum Thema Rohköstler, welche die Eßgewohnheiten der Menschen durch Information beeinflussen möchten, schlagen.

Auch diese Leute sind für Normalmediziner, Pharmaunternehmen, Milch- und Viehwirtschaft, Nahrungsmittelhersteller und viele andere Wirtschaftszweige recht unbequem.

Wenn auch das oben Beschriebene den Eindruck erweckt, es habe nichts mit den Reaktionen von Seiten der Öffentlichkeit auf die Partnerschaft zwischen einem behinderten und einem nichtbehinderten Menschen zu tun, so wird man auf dem zweiten Blick erkennen, daß gerade dieses die Grundlage für die oft erniedrigenden Reaktionen der Öffentlichkeit auf eine solche Partnerschaft ist.

Es gibt nämlich zwei verschiedene Reaktionsweisen:

1. Ausgliederung des Nichtbehinderten durch Infragestellung seiner Fähigkeiten.

2. Ausgliederung des Nichtbehinderten durch Aufsetzen eines Heiligenscheins.

Zunächst gehe ich auf die „Ausgliederung des Nichtbehinderten durch Infragestellung seiner Fähigkeiten" ein:

Immer wieder wurde uns über recht komplizierte Umwege kenntlich gemacht, diese oder jene Person frage sich, ob Ulrich wohl impotent sei oder ob sonst etwas nicht mit ihm stimme.

Jeder Dozent oder Student des Fachbereiches Sozialpädagogik, Sozialarbeit, Heilpädagogik usw., welcher dieses Buch liest, wird vielleicht sagen, daß vermutlich nur Leute mit einem niedrigen Bildungsniveau solche Überlegungen anstellen würden. Ich muß an dieser Stelle jedoch meine Erfahrungen diesem entgegenstellen, denn es kam häufig vor, daß Studenten ihre Verwunderung darüber nicht verbergen konnten, als sich mein Freund und später mein Mann als Nichtbehinderter herausstellte.

Eine Kommilitonin, welche ich zu unserem Polterabend eingeladen hatte, erzählte mir, eine andere, die von der Einladung erfuhr, habe gesagt: Was muß das doch für ein komischer Typ sein, der die als Frau nimmt? Leider verriet sie mir nicht, wer sich diese Frage stellte. Vielleicht hätte in einem Gespräch zumindest meine Frage an sie beantwortet werden können, wie sie eine derartig diskriminierende Fragestellung mit dem von ihr angestrebten Beruf vereinbaren könne.

Zweifellos kann man selbstverständlich auch von einem/einer Sozialpädagogen/pädagogin nicht erwarten, daß er/sie vorurteilsfrei ist. Ich hätte allerdings wenigstens von einem Menschen erwartet, der sich ehrlich mit den Problemen von Menschen auseinandersetzen will

– und dies sehe ich als ein Grundmotiv für das Studium der Sozialpädagogik oder der Sozialarbeit an, sich selbst fragt, warum er beispielsweise Schwierigkeiten hat, einen Nichtbehinderten zu verstehen, der einen behinderten Menschen zum Partner nimmt. Einem/einer Sozialpädagogen/pädagogin, der/die zum Selbsthinterfragen nicht fähig ist, spreche ich jegliche Kompetenz sozialpädagogischen Handelns ab.

Diese Sozialpädagogen können nur ihre Klienten verwalten und so gefügig machen, daß die Öffentlichkeit ihre Ruhe und sie ihr Gehalt haben. Um dieses Ergebnis zu erzielen, bedarf es jedoch keines Studiums, sondern das Erlernen von Techniken, wie man am besten das Selbstwertgefühl der Klienten (Alten, Ausländern, Behinderten) zerstört läßt, oder, wenn es wider Erwarten in einem oder anderem Fall vorhanden ist, zerstört.

Ich bin nicht der Auffassung, Sozialpädagogen und in anderen menschlich konzentrierten Berufen Stehende müßten sich grundsätzlich mit jeden Menschen identifizieren können, aber ich erwarte von ihnen, daß sie wenigstens fähig sind, das positive Handeln anderer zu akzeptieren.

Selbstverständlich gehe ich auch nicht davon aus, Sozialpädagogen müßten bevorzugte Partner für Behinderte sein – auch wenn häufig vermutet wurde, Ulrich studiere ebenfalls Sozialpädagogik. Aber einen Nichtbehinderten fast zum Idioten zu degradieren, weil dieser zu etwas fähig ist, was ich nicht verstehen kann (oder will), zeugt nicht gerade von Menschenfreundlichkeit, die man mit dem Begriff Sozialpädagogik verbindet. Leider habe ich schon damals am Fachbereich mehrmals feststellen können, daß viele Studenten und Dozenten zwar den Unterschied zwischen einer spastischen Lähmung und einer Querschnittlähmung lernen, aber nicht im Geringsten zur Kenntnis nehmen wollen oder können, daß sie über **Menschen** mit zufällig einer Behinderung informiert werden. Für sie sind wir später in der Praxis statt dessen **Behinderte**, die eventuell zufällig auch Menschen sein könnten.

Ich sehe lediglich den Unterschied zwischen manchen Sozialpädagogen, Sozialarbeitern, Heilpädagogen oder Ärzten und den nichtstudierten Passanten darin, daß der Studierte weiß, welche Nervenbahnen oder Knochenverbindungen bei dem einen oder anderen Menschen gestört sind, was Laien in der Regel nicht wissen. Im

Grunde sind nicht selten Mitglieder beider Personengruppen – ob mit oder ohne Behindertenstudium – unfähig, die Behinderten als Menschen und somit auch als liebenswürdige und liebesfähige Partner anzusehen. Aus dieser Sicht heraus können sie einen Menschen, der einen – ihrer Meinung nach – nicht ernst zu nehmenden Menschen liebt, auch nicht ernst nehmen, sondern nur als Idioten bezeichnen.

Ich möchte nun auf das Problem der Ausgliederung durch Aufsetzen eines Heiligenscheins beim Nichtbehinderten eingehen, was viel häufiger zum Tragen kommt und ebenso, wenn nicht noch schwieriger zu verarbeiten ist, weil es versteckter die Verachtung ausdrückt als das zuvor Erwähnte:

Die Frage nach der Impotenz und sonstiger Unfähigkeiten des Nichtbehinderten läuft unterschwellig ab und wird nie direkt gestellt. Wir bekamen diese Botschaft immer über Dritte zugeführt. Elende Feiglinge, kann ich dazu nur sagen!

Eine viel häufiger mir schamlos zugemutete Diskriminierung lag in der Tatsache, wenn Ulrich bewundert wurde, wie aufopferungsbereit doch dieser junge Mann sei. Ob nun gesagt wird: „Ist das aber ein aufopferungsbereiter Mann! Da muß man ja den Hut (den man sowieso nicht trägt) ziehen! Nein, also ich könnte so eine Last nicht ertragen!", oder ob gesagt wird: „Irgendwas stimmt mit dem nicht!", es bedeutet immer tiefste Verachtung.

In den Augen derer, die den nichtbehinderten Partner als den Helden darstellen, ist der Behinderte wie ein gefüllter Mülleimer und der Nichtbehinderte wie der Mann von der Müllabfuhr, denn es wird nicht selten hinzugefügt: „Es ist ja nur gut, daß es auch noch solche aufopferungsbereite Leute gibt!" Bei der Müllabfuhr Beschäftigte werden auch immer als die Letzten angesehen. Die wenigsten machen sich darüber Gedanken, wie wertvoll diese Menschen sind. Solange der Müll weggekarrt wird, ist alles in Ordnung und man kann sie fast als Halbmenschen betrachten. Aber wehe, wenn die Müllabfuhr streikt!

Der Nichtbehinderte wird als unendlich Gebender und der Behinderte als immerzu Nehmender angesehen. Fast bei jeder Begegnung mit mehr oder weniger fremden Personen, die erfahren, daß Ulrich mit mir verheiratet ist, wird mir gesagt: „Ach, was haben Sie doch für einen lieben und guten Mann!" Sie brauchen mit Ulrich noch kein

Wort gewechselt zu haben, allein seine Anwesenheit bei mir könnte ihm ein Verdienstkreuz für Güte und Aufopferungsbereitschaft einbringen. Gäbe es einen Nobelpreis für soziales Engagement, so würde ich mich nicht wundern, wenn Ulrich ihn für die Eheschließung mit mir erhalten hätte!

Sein vermuteter Verzicht auf Vergnügen jeglicher Art wird immer wieder bestaunt, und man würde einen Seitensprung seinerseits selbstverständlich verstehen, wenn nicht sogar erwarten, denn schließlich muß er dann und wann auch mal sein Vergnügen haben, bei einer solchen Frau wie mir.

Auffallend dabei ist die Tatsache, daß dem Ulrich noch nie gesagt wurde: „Ach, was haben Sie doch für eine liebe Frau!"

Folgendes Beispiel verdeutlicht, daß selbst liebevollstes und bemühtes Handeln meinerseits mich nicht in den Ruf einer lieben, umsorgenden Ehefrau zu bringen vermag:

Ulrich und ich unternahmen vor mehreren Jahren, als wir noch kinderlos waren, im Sommer eine Campingtour durch Spanien und Portugal. Plötzlich bekam mein lieber Mann eine Magen- und Darminfektion und wußte nicht, wo er es zuerst herauslassen sollte, ob oben vorne oder unten hinten. Jedenfalls konnte er kaum aufstehen. Ich konnte mich jedoch auch nur mühsam mit meinem Rollstuhl auf dem sandig-steinigen Boden des Campingplatzes fortbewegen. Trotzdem bemühte ich mich, uns weitestgehend selbst zu versorgen und bin auf allen Vieren gerutscht. Die von uns mitgenommenen Medikamente nutzten Ulrich nichts, und so fuhr ich mühsam ein Stück über den Campingplatz zum nächsten Wohnwagen und fragte dort nach wirksameren Medikamenten. Die Leute gaben mir einige und ich fuhr, nachdem ich mich bedankt hatte, zu unserem Zelt allein zurück. Als Ulrich wieder aufstehen konnte, brachten wir zusammen die Medikamente zu den Leuten zurück. Prompt sagte die Frau zu mir: „Sie können ja froh sein, einen so lieben und guten Mann zu haben!" Dabei war ich doch in diesem Fall diejenige, die für ihn gesorgt hatte. Mit meinem heutigen Wissen über Krankheiten hätte ich eher um Wasser als um Medikamente gebettelt. Aber davon später.

Ich bezweifele ja nicht, daß Ulrich lieb und gut ist, denn schließlich hatte ich mir auch nicht vorgenommen, einen bösen und schlechten Mann zu heiraten. Die lieben Mitmenschen überlegen scheinbar nicht, daß Ulrich nicht vom Gericht dazu verurteilt wurde, mich zu heiraten. Die Gründe dafür, daß er sich trotz der meist negativen Reaktionen von außen für eine Ehe mit mir entschieden hat, sind also auch bei mir zu suchen.

Es geht mir nicht darum, in den Himmel gelobt zu werden. Ich empfinde es jedoch als sehr diskriminierend und verachtend, wenn immer nur die Gutmütigkeit Ulrichs hervorgehoben wird und ich schweigend oder offen als Last bezeichnet werde. Ulrich ist für mich der beste Mann, den ich mir wünschen könnte. Aber heilig ist er deswegen noch lange nicht.

Vielleicht will man mir auch erklären, daß ich einen so wertvollen Menschen nicht verdiene. Hin und wieder höre ich jemanden die Meinung vertreten, Ulrich verdiene doch nun wirklich eine bessere Frau. Wenn Ulrich sagt: „Ich habe aber auch eine liebe Frau", bemerkt man an den verwirrten Blicken und dem mitleidigen Lächeln, wie sehr an Ulrichs Verstand gezweifelt wird. Ebenso kann man dies beobachten, wenn Ulrich auf die Feststellung: „Du könntest doch nun wirklich eine Schönere haben", die Gegenfrage stellt: „Ist die Mary denn nicht schön?"

Auch nach 24 Jahren hat noch keiner von uns beiden Ausschau nach was Schönerem gehalten, im Gegensatz zu vielen anderen uns bekannten oder gar befreundeten Paaren, wo die Frau nach landläufiger Meinung tatsächlich attraktiver aussieht. Ich überlasse es Ihnen, diese Tatsache zu bewerten.

Weh uns, wenn sie selbständig werden...

Beruhigenderweise gab und gibt es auch normale Reaktionsweisen auf eine Partnerschaft zwischen einem behinderten und einem nichtbehinderten Menschen.

Ich habe mich jedoch in diesem Teil des Buches auf die Beschreibung der negativen Reaktionsweisen beschränkt, weil ich die sehr verbreiteten Illusionen über den angeblichen Fortschritt in den Integrationsbemühungen etwas ins rechte Licht rücken will. Ich bin mir dessen bewußt, daß einige „Interpretationskünstler" mir Selbstmitleid unterstellen werden, weil sie glauben, ich vergesse, daß viele der angesprochenen Probleme bei Nichtbehinderten auch vorhanden seien. Ich möchte mich ausdrücklich gegen ein unterstelltes Selbstmitleid wenden. Dazu besteht für mich kein Grund. Habe ich doch viele Dinge im Leben, die andere nicht haben.

Ebenso soll das Beschriebene nicht als Anklage verstanden werden, sondern der Bewußtseinsbildung dienen. Wie beschrieben, gibt es immer wieder Leute, die ihre erste Meinung ändern, wenn man ihnen klar macht, was sie eigentlich da tun. Und dafür lohnt es sich dieses Buch zu schreiben.

Ich bewundere Ulrich und die mir bekannten nichtbehinderten Partner aus Mischehen nicht deshalb, weil sie einen behinderten Menschen lieben und achten, sondern weil sie gelernt haben, gegen den Strom zu schwimmen. Sie lassen sich nicht bei jeder Sanktion von außen in ihrem Handeln hindern.

Ich kenne viele Freunde und Bekannte, die eine Partnerschaft zwischen einem behinderten und einem nichtbehinderten Menschen akzeptieren, wie sie Partnerschaften zwischen zwei Nichtbehinderten akzeptieren. Dies bedeutet keinesfalls, daß sie immer der Meinung sind bzw. sein müssen, nun sei ausgerechnet die Zusammensetzung dieser Charaktere gelungen. Vielmehr wende ich mich gegen ein Nichtakzeptieren der Partnerschaft, nur weil einer der Partner oder beide von einer Behinderung betroffen sind.

Die Nichtbehinderten, welche in der Lage sind, eine Zweierbeziehung zwischen Behinderten und Nichtbehinderten nicht als soziales Engagement oder Dummheit zu registrieren, sehen den behinderten Menschen allgemein als gleichberechtigt an. Sie werden nicht zu bestimmten Anlässen, wie Tagen, Wochen oder Jahren des Behinderten, in Festreden schwelgen müssen.

Im Gegenteil: Sie werden mit den Behinderten zusammen, wo immer es möglich ist, Integrationslügen aufdecken. Integrationsfeste, wie beispielsweise das UNO-Jahr des Behinderten sind in meinen Augen Onanie am zum Objekt gemachten Menschen, nämlich Selbstbefriedigung unter Benutzung der Behinderten.

Ich betrachte dieses aus dem Grunde als Onanie, weil die Leute, welche ein solches Fest als notwendig erachten, sich vermutlich selbst wundern, daß sie die Behinderten leben lassen können. Und diese Fähigkeit muß gefeiert werden!

Wenn diese Fähigkeit jedoch als Integrationsfreundlichkeit gewertet wird, so ist dies äußerst fragwürdig, weil der behinderte Mensch zwar am Leben gehalten wird, aber wie dieses Leben durch ihre eigenen Vorurteile aussieht, interessiert diese Leute nicht.

Ich bin davon überzeugt, daß die Behindertenfunktionäre, welche bei Behindertenfesten das große Selbstlob auf ihre vermeintlichen Integrationserfolge von Kanzeln und Tribünen herab predigen, noch nicht einmal einen behinderten Menschen so gut kennen, wie der Hundezüchter, der über den Erfolg der Züchtung einer bestimmten Hunderasse doziert. Von dem Augenblick an, wo ein Nichtbehinderter den behinderten Menschen als gleichwertig ansieht, braucht er sich nicht mehr seiner Barmherzigkeit rühmen, sondern er wird die Behinderung als gegeben zur Kenntnis nehmen. Nicht mehr und nicht weniger. So einfach könnte es sein!

Oben erwähnte Behindertenfunktionäre kennen zumindest keinen emanzipierten Behinderten, wahrscheinlich fürchten sie sich auch vor diesen, weil er ihre bisher verstandene Funktionalität in Frage stellt.

Auch Behindertenfunktionäre, welche behinderte Menschen als ihr Fachgebiet ansehen, haben mir gegenüber schon Vermutungen geäußert, daß eine Partnerschaft zwischen einem behinderten und einem nichtbehinderten Menschen mit viel mehr Problemen belastet sein muß als die Partnerschaft zweier Nichtbehinderter. An dieser Tatsache wird ersichtlich, sie messen und beurteilen den Behinderten in seinen Reaktionsweisen und in seinem Verhalten nach einem Raster, welches keine Individualität zuläßt. Für sie ist es unvorstellbar, daß die Behinderung die Partnerschaft nicht oder kaum belastet.

Ein Dozent, der seine Doktorarbeit über Behinderte verfaßte und an der Pädagogischen Hochschule Ruhr, Fachbereich Heilpädagogik unterrichtete, äußerte mir gegenüber einmal die Vermutung, ein Liebesspiel mit Spastikern berge wahrscheinlich Verletzungsgefahren für den Partner in sich, weil Spastiker ihre Motorik nicht kontrollieren könnten. Er brachte diese Äußerung natürlich vor dem Hintergrund einer Belustigung. Ich jedoch kann mich nicht des Gefühles erwehren, daß dieser Mann diesbezüglich eben Vorurteile, um nicht zu schreiben eine perverse Phantasie hatte.

Wenn er auch nur ein wenig die behinderten Menschen – in diesem Fall die Spastiker und die anderen Cerebralparetiker – im lebenspraktischen Sinne und als Menschen kennen gelernt hätte, wäre ihm erstens klar, daß nicht alle Spastiker, Athetotiker und Ataktiker gleich viel oder wenig Kontrolle über ihren Körper haben, und zweitens, die Spasmen (Verkrampfungen) eines einzelnen von dieser Behinderung Betroffenen in jeder Situation unterschiedlich kontrollierbar sind. Es ist meines Erachtens überhaupt nicht begründet, sich vorzustellen, daß ein ausschlagender Spastiker nicht zärtlich streicheln kann.

Mir ist jedenfalls – um es ironisch auszudrücken, sonst hielte man soviel gele(e)hrte Borniertheit überhaupt nicht aus – noch keine Frau und kein Mann bekannt, auch meiner nicht, welche von ihren spastisch gelähmten Partnern blaue Augen oder Bißwunden davon getragen haben, weil der Behinderte im Liebesspiel die Kontrolle über seine Motorik verloren hat. Außerdem möchte ich betonen, daß der Partner des spastisch Gelähmten im Laufe der Zeit die Bedingungen kennt, unter denen der Partner möglicherweise die Kontrolle über bestimmte Körperfunktionen verliert und wird sich darauf einzustellen wissen.

Trotzdem unterstelle ich diesem Behindertenfachmann keine Böswilligkeit, da er, wie viele Fachleute, die glauben, Behinderte wissenschaftlich definieren zu können, in meinen Augen keine wirkliche Ahnung vom Menschsein des Behinderten hat. Und Ahnungslosen kann man keine Böswilligkeit unterstellen. **Aber wehe, wenn man sich von ihnen abhängig machen läßt!**

Genau wie der nur in seinem Fachgebiet denkende Mediziner nur Krankheiten, Medikamente und andere für den Patienten unangenehme Behandlungsmethoden kennt, aber nicht weiß bzw. wissen will, wie sie zu vermeiden wären.

Das einzig Schlimme ist eigentlich nur, daß viele Behinderte, wie Patienten, glauben, die Fachleute hätten immer Recht, weil sie doch schließlich Heil-, Behindertenpädagogik bzw. Medizin studiert haben, und sie kommen sich schlecht oder dumm vor, wenn sie spüren oder wissen: Eigentlich ist es ja ganz anders mit mir/uns, aber der/die müssen es ja besser wissen, sie haben schließlich studiert. Studiert JA! Aber in der Praxis durchlebt NEIN! Und solche Besserwisser werden auf die Menschheit losgelassen!

Was geht die Leute überhaupt unsere Intimsphäre an? Würde generell jedes Paar gefragt, wie es im Bette klappt, wäre diese Frage normal. Aber so! Sie tun gerade, als liefe man normalerweise dabei Jogging. Wir haben schon unsere eigenen Wege, auch im sexuellen Bereich.

Nicht groß darüber reden, sondern vorleben!

Es ist recht schwierig, mich festzulegen, wie Behinderte und ihre nichtbehinderten Freunde, Eltern, Geschwister, Kinder und Partner gegen Integrationslügen und -lügner vorgehen sollten. Da die Leute und die Reaktionsweisen so unterschiedlich sind, möchte ich keine Verhaltensmuster im Sinne von Rezepten aufbauen, praktisch nach dem Motto: „Wenn – dann..." Ebenso, wie es falsch wäre, jedem Nichtbehinderten, der nicht weiß, wie er sich beim Auftauchen eines Behinderten verhalten soll, Böswilligkeit zu unterstellen und folglich nur noch aggressiv zu reagieren, wäre es auch nicht richtig, unterstellte man ihnen nur Wohlwollen.

Uns ist es zum Beispiel mit der Zeit gelungen, meine Schwiegereltern davon zu überzeugen, daß Ulrich glücklich mit mir ist.

Dies geschah nicht in großartigen Theorien und Gesprächen über die Tatsache, daß ich auch ein Mensch und eine Frau bin, sondern einfach durch Besuche, auch wenn wir uns dessen bewußt waren, es wäre den Eltern lieber gewesen, wenn Ulrich ohne mich gekommen wäre.

Ausschlaggebend für den Wandel war nicht zuletzt, daß Ulrich eine Zusatzausbildung durchlief, damit der Vater die Erlaubnis zur Herstellung bestimmter Produkte erhielt. Die Eltern hatten befürchtet, Ulrich könne – auch wenn er wollte – die Ausbildung nicht machen, weil er meine Pflege sicherstellen müsse.

Ulrich durchlief jedoch die Ausbildung und nahm sich für die Dauer von zehn Wochen in der anderen Stadt ein Zimmer, während ich in Dortmund blieb. Die wenigen Hilfeleistungen, welche ich benötigte, z. B. wenn Dinge für mich unerreichbar waren, organisierte ich über andere Personen.

Auf diese Weise gelang es uns, den Schwiegereltern zu zeigen, es ist eben nicht so, daß Ulrich durch meine Behinderung daran gehindert wird, Berufschancen wahrzunehmen.

Ferner haben sie sich inzwischen überzeugen können, daß Ulrich im Haushalt nicht alles allein bewerkstelligen muß, weil auch ich vieles erledige. Hier ist ebenfalls zu unterstreichen, wie sinnlos es war, ihnen zu erzählen, was ich alles allein kann, viel mehr haben wir dadurch erreicht, indem wir sie gelegentlich für ein Wochenende in unsere Dortmunder Wohnung eingeladen hatten.

Das Verhältnis zu meinen Schwiegereltern hat sich mit der Zeit um 180 Grad gewandelt. Zunächst berichtete meine Schwiegermutter u.a. kurz nach unserer Hochzeit meiner Schwägerin in Bolivien, daß wir beide bei der Hochzeit sehr glücklich gewesen seien. Außerdem erzählte meine Schwägerin uns beim ersten Besuch nach unserer Hochzeit, Ulrichs Vater habe zu ihr gesagt, ich passe charakterlich gut zu Ulrich. Einige Monate zuvor hatte er ihr noch erklärt, er verstehe ja, wenn sie ihren Mann liebe, aber daß Ulrich mich liebe, könne er sich überhaupt nicht vorstellen.

Meine Schwiegermutter unterschätzte mich zu Anfang unserer Ehe zwar häufig in dem, was ich konnte, aber je öfter sie mich erlebte, lernte sie, daß ich einiges mehr schaffte, als sie mir zutraute.

Die Differenzen im Sauberkeitsempfinden, in den politischen Auffassungen und später in der Kindererziehung zwischen meinen Schwiegereltern und uns sehe ich als normal an, weil Unterschiede diesbezüglich zwischen den Generationen immer wieder vorkommen.

Während ich mit dem ersten Kind 1981 schwanger war, fragte Ulrichs Vater bei einem seiner Besuche in Dortmund, ob Ulrich sich nicht doch vorstellen könne, den Betrieb weiterzuführen. Wir könnten ja in Ulrichs Heimatort nahe bei Bielefeld ein Haus bauen, wie es für uns nötig wäre. Er hätte noch ein unbebautes Grundstück, es sei also Platz genug da.

Unter der Prämisse, daß sie uns so leben ließen, wie wir es für richtig hielten, willigten wir nach gründlicher Überlegung ein. Ich vertraute darauf, notfalls wieder wegzuziehen, wenn das Verhältnis mit ihnen sich als nicht erträglich erweise. Daß mein Mann sich aus ihrer Abhängigkeit längst gelöst hatte, wußte ich aus der Vergangenheit.

So änderten sich die Zeiten! Knapp fünf Jahre vorher war ich in den Augen der Schwiegereltern das Schlimmste, was ihrem Sohn zustoßen konnte. Nun holten sie uns in ihren Wohnort und stellten uns ein Grundstück zur Verfügung.

Da wir erst in den Ort ziehen konnten, wenn das Haus bezugsfertig war, erstellte Ulrich einen genauen Bauplan und sein Vater übernahm die Bauleitung. Denn eine Wohnung für den Übergang, wo meine Selbständigkeit gewahrt bliebe, gab es nicht. Abgesehen davon, daß wir unter keinen Umständen bei den Eltern wohnen wollten, wäre es auch völlig unmöglich gewesen, da dieses Haus vor Treppen und Stufen nur so wimmelt.

Während dieser Bauphase wollte der Leiter des Bauamtes, daß unser Dach sehr weit heruntergezogen werden sollte. Somit hätte ein Kinderzimmer völlig im Dunkeln gelegen. Wir kamen von Dortmund, und ich sagte diesem Menschen ohne große Umschweife auf dem Kopf zu: Das kommt überhaupt nicht in Frage, denn... Ich verfehlte meine Wirkung nicht. Der Bürohengst gab nach.

Noch heute, fast achtzehn Jahre später erzählt mein Schwiegervater gelegentlich: Da habe ich den Herrn X mit Engelszungen erfolglos versucht zu überzeugen, aber Mary sagt ganz einfach: Das kommt überhaupt nicht in Frage, und schon spurte der.

Inzwischen haben sich Ulrichs Eltern so sehr mit mir identifiziert, daß sie ständig über unnötige Stufen schimpfen. Wenn die Stadtverwaltung etwas mit Stufen baut, sagt der Schwiegervater prompt: Mary, da mußt Du sofort einen Beschwerdebrief schreiben. Da kommt doch kein Behinderter rein!

Selbst wenn sie mal wieder auf Reisen sind, beurteilen Sie die Gegebenheiten vor Ort danach, ob man mit dem Rollstuhl zurecht käme oder nicht. Ist es ihrer Meinung nach für Rollstuhlfahrer geeignet, empfehlen sie es uns weiter. Seit neuesten fügen sie noch hinzu: ...Und Grünfutter für Mary gibt es auch reichlich!

Kürzlich unternahmen meine Schwiegereltern eine Chinarundreise. Hier in Deutschland wieder angekommen erzählte meine Schwiegermutter gleich: Es gab dort so leckere Mangos, daß Papa nur noch täglich an Mary gedacht hat. Immer wenn er diese Mangos aß, sagte er: Wenn jetzt die Mary hier wäre... Ich war nach der Beschreibung meiner Schwiegermutter die von meinem Schwiegervater in diesem Urlaub am meisten bedachteste Person. Na, wenn das nicht Liebe ist...!

Im vorletzten Sommer, 1998, nahmen sie ausnahmsweise alle drei Kinder für 14 Tage zu einem Badeurlaub in die Karibik mit. Hinterher erzählten die Kinder uns u. a.: Wenn Opa sich beim Büfett zum dritten Male etwas nahm, schimpfte die Oma mit ihm: Wenn das Mary sähe, die würde Dir was erzählen! Das stimmt zwar nicht, weil ich mir nicht herausnähme, ihnen Vorschriften zu machen, zeigt mir jedoch, wie sehr ich mittlerweile als Person von ihnen respektiert werde. Auch ich habe sie inzwischen liebgewonnen.

Konfrontierte man sie heute mit ihren Worten von damals, würden sie mit fester Überzeugung sagen: Wir waren erst nicht begeistert, das mußt Du verstehen. Aber so etwas haben wir ganz bestimmt nicht gesagt!

Rückblickend bin ich zu der Auffassung gelangt, nur Ulrichs konsequentes Handeln hat über die Jahre einen Umwandlungsprozeß von der totalen Ablehnung zunächst in ein Akzeptieren und schließlich in echte Sympathie bewirkt. Er hatte nie den Versuch unternommen, ihnen in Gesprächen über die Integration den Anstoß zum Akzeptieren meiner Person zu geben. Wir haben uns ihnen so gezeigt, wie wir sind.

Echte Integration vollzieht sich im Herzen, nicht im Kopf! Dies gilt ebenfalls für die dauerhafte Rohesserei. Natürlich muß zunächst der Verstand den Anstoß zum Umdenken geben, aber was nutzt es Integration betreiben zu wollen, aber alles Gefühl in mir sträubt sich dagegen? Und die herrlichsten Früchte können keinen dauerhaften Rohköstler aus jemanden machen, der sich emotional dagegen sperrt.

Wenn beispielsweise anfangs Situationen kamen, wo die Eltern mich vor anderen Leuten verstecken wollten, haben wir nie versucht, ihnen zu erklären, ich müsse nun unbedingt dabei sein. Allerdings ist Ulrich hart im Standpunkt darüber geblieben, indem er dann auch nicht zu den Leuten ging, vor denen sie mich verstecken wollten, obwohl sie ihn gern dabei haben wollten.

Kurz vor der Hochzeit hatten die Eltern vor, mit den Nachbarn ohne unsere Anwesenheit zu kränzen. Dies ist ein ländlicher Brauch, der folgendermaßen vonstatten geht: Die Nachbarn der Eltern der Braut oder des Bräutigams schmücken das Haus mit Tannengrün und streuen Blumen auf die Treppe und den Weg. Das Brautpaar geht mit einer Flasche Korn umher, schenkt ihnen ein und prostet ihnen zu. In der Regel wird auch auf Haus oder Garage ein Puppenwagen mit einer Puppe und einem gebastelten Mann aufgebaut, um den Kinderwunsch zu demonstrieren.

Weil das Kränzen jedoch unmittelbar mit den Brautleuten zusammenhängt, also bei unserer Hochzeit mit uns, ließen wir uns auf keinen Kompromiß ein, sondern stellten den Eltern die Alternative, entweder würde in unserem Beisein gekränzt, oder aber das Kränzen solle unterbleiben. Ulrich erklärte ihnen, daß wir auf keinen Fall den

Eindruck entstehen lassen wollten, wir müßten uns vor den Nachbarn verstecken.

Es wurde mit uns gekränzt. Allerdings „vergaßen" die Nachbarn den Kinderwagen aufzustellen. Sie brauchten sich nun aber nicht mehr die Hälse hinter den Gardinen fast auszurenken, wenn wir zu Besuch kamen, sondern haben mich, das Raubtier, aus der Nähe betrachten können.

Sicherlich war die konsequente Haltung unsererseits sehr unangenehm für meine Schwiegereltern, aber verbale Überzeugungsversuche wären mit hoher Wahrscheinlichkeit ergebnislos geblieben, weil gefühlsmäßige Ablehnung, welche auf tiefsitzende Vorurteile beruht, sich nicht weg diskutieren läßt. Nur ein verändertes – offenes – Verhalten verändert – öffnet – (auf lange Sicht) das Verständnis füreinander.

Das Vertrauen von meinen Schwiegereltern geht teilweise schon so weit, daß sie mit mir über Dinge sprechen, wovon Ulrich nie etwas gehört hat. Geschäftsbezogene Sachen bespricht mein Schwiegervater immer nur mit Ulrich, private fast eher noch mit mir. Das hätte ich mir vor 23 Jahren – noch nicht einmal vor 20 Jahren – in den kühnsten Träumen nicht einfallen lassen!

Den Pfarrer aus Ulrichs Heimatort hatte ich durch kritische Fragen und durch mein gezeigtes Selbstvertrauen zum Nachdenken bringen können. Wäre ich nicht innerlich davon überzeugt gewesen, daß ich im Grunde durch mein Auftreten auf einige Leute anziehend wirke, hätte der Pastor mich davon überzeugen können, daß ich nicht für die Liebe geeignet sei.

Mir ist völlig klar: Ich bin nicht als Mannequin zu vermarkten, ebenso, wie ich mit meiner produktiven Leistungsfähigkeit nicht für den normalen Arbeitsmarkt verwertbar bin. Ich weiß jedoch, daß ich als Mensch gefragt bin. Und als Mensch gefragt zu sein, ist meiner Ansicht nach das Wichtigste im Leben. Ich möchte nicht mit den Menschen tauschen, die als Arbeitskraft mehr gefragt sind denn als Mensch!

Wir werden das Kindchen schon schaukeln

Bei unserer Hochzeit 1979 waren wir der Meinung kinderlos zu bleiben, weil wir uns die Bewältigung der damit zu erwartenden Aufgaben nicht zutrauten. Doch etwa ein Jahr später kam in uns beiden der Wunsch nach Kindern, bzw. erst einmal einem Kind auf.

Um möglichst viele Risiken auszuschließen, fuhren wir zu einem Beratungsgespräch ins Human-genetische Institut nach Münster mit dem Ziel eine mögliche Veranlagung, ein behindertes Kind zu gebären, abzuklären. Hier teilte man uns mit, daß meine Behinderung offensichtlich die Folge eines Geburtstraumata meiner Mutter war, also als Unfall zu bewerten sei. Dieses Risiko könne durch einen Kaiserschnitt ausgeschlossen werden.

Also war schon einmal klar, wir würden unser Kind per Kaiserschnitt bekommen.

Ebenso sah es auch mein damaliger Gynäkologe in Dortmund. Er hatte unter dieser Voraussetzung überhaupt keine Bedenken.

Nun wollte ich dieses Vorhaben auch noch aus der Sicht meines Orthopäden, der mir immer Krankengymnastik aufschrieb, klären. Ich wollte ganz einfach wissen, ob irgendwelche Gefahren für meine Wirbelsäule oder Hüftgelenke beständen. Wir ließen diesbezüglich keine Fragen offen. Denn was nutzte es, wenn ich danach das Kind nicht mehr versorgen konnte, weil ich aufgrund irgendwelcher möglicher Schäden zu starke Schmerzen bekäme?

Die Antwort des Orthopäden bestätigte meine Vorbehalte aus der Kindheit und Jugend gegen diese Facharztgruppe, denn es war der Nachfolger vom Folterknecht. Er bestätigte zunächst, unter der Voraussetzung, das Kind würde per Kaiserschnitt geholt, aus medizinischer Sicht keine Bedenken vorhanden wären, aber: Wie wollen Sie das Kind denn erziehen? Wie wollen Sie es zur Räson bringen? Da muß man schließlich zupacken können. Dabei machte er eine schlagende Bewegung in die Luft. Wir entgegneten ihm, wir hätten nur nach seiner medizinischen Meinung gefragt. Außerdem würden sich Erziehungsfragen zur gegebenen Zeit klären.

Beim nächsten Termin erzählte uns der Gynäkologe, der Orthopäde habe ganz entrüstet angerufen. Er, der Gynäkologe, sollte uns doch auch mal klar machen, daß ein Kind zu bekommen, nicht nur eine medizinische, sondern auch eine erzieherische Frage sei. Schließlich sei es eine große Verantwortung. Darauf habe er dem Orthopäden geantwortet, daß er keine der anderen schwangeren Frauen frage, ob sie in der Lage seien, ein Kind zu erziehen, wozu also sollte er es beim Ehepaar Brickenkamp anders handhaben? Frau Brickenkamp habe ihm medizinische Fragen gestellt, und er habe nach bestem Wissen geantwortet. Nicht mehr und nicht weniger. Daraufhin hatte der Orthopäde das Gespräch beendet.

Endlich mal ein Arzt, der den Mut hatte, Behinderte wie Nichtbehinderte gleich zu behandeln. Denn das kommt äußerst selten vor, wie ich in meinen weiteren Erlebnissen mit Ärzten feststellen konnte. Als Patient(in) wird man schon entmündigt, als behinderte(r) Patient(in) wird man doppelt entmündigt. Gut, daß ich mich dieser Situation voraussichtlich nur noch stellen muß, wenn ich einen Unfall erleide.

Einige Tage später berichtete ich die Geschichte mit dem Orthopäden meiner Krankengymnastin. Diese meinte nur kopfschüttelnd: Gerade der muß große Töne spucken. Ist den ganzen Tag bis spät abends in der Praxis. Seine Frau ebenfalls. Für die Kinder haben sie eine Perle. Hat man da noch Worte? Da erdreistet sich einer, der seine eigenen Kinder kaum kennt, mir einen Vortrag über verantwortungsvolle Erziehung zu halten, zu der ich seiner Meinung nach nicht fähig wäre!

Jemand machte uns mit einer Familie bekannt, in der die Mutter behindert war. Diese Frau, das spürten wir sofort, hatte sehr wenig Selbstvertrauen. Sie beklagte sich bitter darüber, daß die zwei Kinder überhaupt nicht auf sie hörten. Sie riet uns dringend ab, unseren Kinderwunsch zu realisieren. Aus ihren Äußerungen hörten wir jedoch heraus, daß im Zusammenspiel des Ehepaares hinsichtlich der Kindererziehung sich vieles nicht so optimal gestaltete. Deshalb nahmen wir die Warnung dankend zur Kenntnis, wußten wir doch nun, wie es nicht laufen konnte, wenn Familienleben gelingen sollte.

Wir legten den Zeitpunkt, ab den ich schwanger werden durfte so, daß ich meine staatliche Anerkennung noch erhielt. Lange brauchten wir nicht zu warten. Die Schwangerschaft verlief ohne Komplikationen. Ich las Bücher über Kinderpflege, Stillen, Kleinkind-Erziehung, Kaiserschnitt etc. Nur über eine normale Geburt informierten wir uns nicht. Wozu auch? Es stand ja fest, daß ein Kaiserschnitt gemacht würde. Einen Schwangerschaftskurs absolvierten wir ebenfalls. Wir konnten dem Ereignis freudig und bestens informiert entgegen sehen, glaubten wir...

Der Mensch denkt, doch Gott lenkt!

Etwa vier Wochen vor dem errechneten Termin suchten wir den Arzt im Krankenhaus auf, welcher den Kaiserschnitt durchführen sollte. Er hatte die Vorstellung, das Kind drei Tage vor dem errechneten Termin zu holen. Ich sollte also vier Tage vor dem Termin ins Krankenhaus kommen. Dies schien mir damals ganz vernünftig.

Doch dann kam wieder die ärztliche Logik, die oft einfach wirklich umwerfend ist:

Fast schon beim Verabschieden sagte der Mediziner, als sei es die selbstverständlichste Sache der Welt: Ja, und dann machen wir die Sterilisation gleich mit.

Wumm! Wenn ich nicht sowieso gesessen hätte, wäre ich fassungslos, wie ich war, umgefallen. Ich muß ihn wohl so entsetzt angesehen haben, denn er beeilte sich zu sagen: Sie wollen noch mehr Kinder? Dann machen wir natürlich nur den Kaiserschnitt. Ich antwortete ihm: Ob es bei einem Kind bleibt oder nicht, das wird die Zeit bringen. Wir müssen schließlich erst einmal dieses Kind bekommen. Wenn wir damit gut zurecht kommen, kann durchaus noch ein zweites kommen. Auf keinem Fall möchte ich, daß Sie mir die Möglichkeit der Entscheidung nehmen!

Er entschuldigte sich vielmals und versicherte, daß er meinen Wunsch selbstverständlich respektiere. Er habe eben nur gedacht, man könne dann alles in einem machen. Aber ich könne ganz beruhigt sein, er hole nur das Baby.

Total verunsichert und mißtrauisch fuhr ich mit Ulrich nach Hause. So einfach das Krankenhaus wechseln, war auch nicht die Lösung, denn wahrscheinlich erwarteten mich in den anderen Krankenhäusern bei Behinderten ähnlich rational denkende Ärzte, die möglicherweise ihr Vorhaben noch nicht einmal offen legten, sondern einfach handelten. Ulrich meinte zu mir: Du hast ihm ja eindeutig gesagt, was Du willst, und wir unterschreiben nur, wenn er die Sterilisation schriftlich ausschließt. Ich konnte und wollte einfach mich nicht einerseits intensiv auf ein Baby freuen, andererseits jedoch sagen: Aber nie wieder!

Vier Tage bevor ich ins Krankenhaus sollte, richteten wir die letzten Details für die Ankunft des Kindes. Um ca. 20.00 Uhr aßen wir nach Studentenart ein schönes Essen mit Rouladen und Schokoladenpudding, denn es war Neujahr. (Meine Sinnesänderung bezüglich der Ernährung vollzog sich erst dreizehn Jahre später.)

Um ca. 22.00 Uhr begannen die Wehen, von denen ich natürlich zunächst keine Ahnung hatte, daß sie es waren, weil ich mich auch damit nicht beschäftigt hatte. Doch mit der Zeit merkten wir, daß es Wehen sein mußten. Wir legten uns ins Bett und Ulrich las mir lustige Geschichten vor. Dabei kontrollierte er die Wehenabstände.

Gegen 0.30 Uhr fuhren wir zum Krankenhaus. Dort wurde um ca. 1.15 Uhr von der Hebamme nach der Untersuchung des Muttermundes festgestellt, daß nun zwei Möglichkeiten bestünden: Entweder bekäme ich eine wehenhemmende Spritze, damit der Kaiserschnitt auf den Vormittag verlegt werden könne, oder sie müßten mir den Magen auspumpen, weil ich ja am Abend noch normal gegessen hätte. Bei der Vorstellung des Auspumpens drehte sich mir der Magen so schon herum. Um meine Angst nicht zu zeigen, entschied ich schnell: Dann geben Sie mir lieber die Spritze. Die Rouladen gebe ich nicht her. Die waren teuer genug.

Sichtlich erleichtert mitten in der Nacht nichts Großes organisieren zu müssen, wurde mir die Injektion gegeben. Ich wurde in ein normales Krankenbett gepackt. Mein Mann bekam einen Stuhl. So sollten wir den Morgen im Kreissaal abwarten. Hier sollte ich dann in Ruhe auf den Kaiserschnitt vorbereitet werden. Die Hebamme, eine ältere, offensichtlich berufserfahrene Frau, legte sich ebenfalls in einem Raum zum Schlafen hin. Sie wiegte sich wegen der Spritze in Sicherheit. Ulrich schlummerte ebenfalls vor sich hin. Es herrschte also absolut friedliche Stille.

Nur in meinem Bauch war das tosende Leben! Während ich auf die Wirkung der Spritze wartete, wälzte ich mich vor Wehen von einer Seite auf die andere. Statt weniger wurden die Krämpfe immer intensiver. Schließlich, um 4.00 Uhr, weckte ich Ulrich leise und bat ihn, der Hebamme zu sagen, daß ich sehr starke Schmerzen habe. Er kam zurück, aber es dauerte recht lange, ungefähr ½ Stunde, bis sie kam. Wahrscheinlich hatte sie sich gedacht: Ach, diese Erstgebärenden machen immer viel Wind um nichts. Sie fühlte nichts Dramatisches erwartend nach dem Muttermund, zog blitzschnell die Hand wieder heraus und rannte wortlos davon.

Ehe wir richtig einordnen konnten, was Sache war, standen mehrere Personen um mein Bett. Sie rissen mir die Beine auseinander und waren völlig ratlos. Jemand meinte: Wir müssen sofort einen Sectio machen! Ein anderer hielt dagegen: Dafür ist es doch schon zu spät. Wieder eine andere Person holte ein Ultraschallgerät, welches aber sofort wieder hinausgefahren wurde. Ein Mann in karierten Hemdsärmeln (stellte sich später als Oberarzt vor) faßte erneut nach dem Muttermund und meinte: Es kann doch auch so kommen. Aber bereiten Sie zur Vorsicht auch den Kaiserschnitt vor. Mir wurden die Elektroden fürs EKG an Brust und Armen angebracht. Doch kaum waren diese plaziert, kam die nächste Wehe. Ich riß mich dann jedes Mal herum, und die Dame am EKG-Gerät schüttelte nur den Kopf, weil es total chaotische Kurven hervorbrachte. Ulrich registrierte eine Anästhesistin, die man gerufen hatte und wieder unverrichteter Dinge nach Hause schickte. Ich spürte die Geburtsschmerzen weniger als die Angst von diesen total ratlosen Göttern in Weiß – oder jetzt – in Kariert mit unserem Kind abhängig zu sein. Dies war auch für Ulrich, der sich noch redlich darum bemühte, daß sie mir nicht die Beine weiter als nötig auseinander bogen, das Schlimmste.

Gegen 5.00 Uhr platzte die Fruchtblase. Auch das konnte ich nicht einordnen, schließlich hatte ich keine Ahnung von der normalen Geburt. Nun nahm mich der karierte Typ auf die Arme und trug mich zum Kreisbett. Unterwegs stolperte er mit mir über einen Mülleimer, fing sich jedoch wieder. Irgendwie schnallte ich die Situation, in der ich mich befand, immer noch nicht ganz, denn ich fragte, wann denn endlich die Narkose käme. Der ägyptische Oberarzt, er hatte sich inzwischen seinen weißen Kittel übergeworfen, antwortete: Nix Narkose, Sie müssen pressen! Entsetzt rief ich: Das geht nicht! Ich habe doch gar nicht geübt! Doch es ging automatisch. Zur Vorsicht setzten sie eine Saugglocke an, die sie jedoch nicht betätigen mußten, denn die Preßwehen waren stark genug.

Am 2. Jan. 1982 um 5.34 Uhr wurde unser erstes Kind Eva geboren. Aus dem Kaiserschnitt war nur ein Dammschnitt geworden. Die Hebamme sagte zu Ulrich, wir hätten sie ganz schön hinters Licht geführt. Normalerweise machten die Frauen, wenn sie so weit waren wie ich, ordentlich Krach. Nun, sie konnte ja nicht wissen, daß ich selber nicht wußte, wie mir geschah. Mein Körper hatte die wehenhemmende Spritze offensichtlich ignoriert.

Aus heutiger Sicht verstehe ich das überhaupt nicht, denn als ich noch bei auftretenden Symptomen Medikamente nahm, neigte mein Körper stets zur Überreaktion, aber davon später.

Ich denke mir, nur der Herr weiß wirklich, warum mein Körper auf Medikamente mal gar nicht und mal überreagierte. Jedenfalls bin ich Ihm für beides zutiefst dankbar, denn: Im Falle der Geburt entkam ich dem Kaiserschnitt und im Falle der Überreaktion auf die anderen Medikamente blieb mir gar nichts anderes übrig, als über meine Ernährungs- und Lebensweise nachzudenken, wenn ich weiterhin selbständig bleiben wollte.

Überglücklich, weil doch noch alles in Ordnung gegangen war, hielt ich unsere Eva im Arm und stillte sie. Auch das ging problemlos vonstatten. Wir dankten Gott für dieses lebendige Geschenk und für seinen Schutz während der letzten chaotischen Stunden.

Nachdem ich in meinem Zimmer auf der Wöchnerinnenstation untergebracht war, fuhr Ulrich nach Hause. Von dort rief er seine Eltern an und erzählte, daß es ein Mädchen sei und wie lang und schwer sie sei. Sofort fragte der Vater: Kann sie denn laufen? Nein, antwortete Ulrich. Betretenes Schweigen herrschte am anderen Ende der Leitung. Ulrich brach es, indem er hinzufügte: Von den anderen Neugeborenen läuft ebenfalls keines. Das Kind ist völlig normal, wenn Du das wissen willst.

Zu Hause mußten wir uns, wie alle frisch gebackenen Eltern, erst einmal an das Leben zu dritt gewöhnen. Ich konnte Eva sehr gut allein versorgen. Schließlich ist ihr Vater Ingenieur, der bei technischen Problemen immer eine Lösung findet. Wenn Ulrich anwesend war, versorgte er oft seine Tochter. Nur das Stillen blieb mein Privileg. So entwickelte sich ein harmonisches Leben zu dritt.

Neues Haus – neues Kind!

Im Okt. 1982 zogen wir mit unserer zehn Monate alten Eva in unser neues Haus. Ulrich mußte Anfang Nov. für 18 Monate sein Referendariat als Berufsschullehrer antreten. Er wollte zunächst sofort in den väterlichen Betrieb einsteigen, doch sein Vater riet ihn, er solle sehen, daß er das zweite Staatsexamen noch absolviere, damit das zweite Studium nicht verfalle. Man wüßte ja nie, wie die Wirtschaft sich entwickeln würde.

Einige Tage nach Evas erstem Geburtstag stellte ich fest, daß ein zweites Kind bei uns unterwegs war. Anscheinend hatten wir in der Adventszeit zu laut gesungen: Ihr Kinderlein kommet!

Ich hatte Eva ein halbes Jahr voll gestillt und dann alle zwei Monate eine Mahlzeit durch Brei ersetzt. Heute weiß ich, daß ich länger hätte stillen sollen, aber man ist immer das Kind seiner Zeit, bzw. seines Informationsstandes. Natürlich freuten wir uns auch sehr auf unser zweites Kind.

An Vorbereitungen war nun nichts mehr zu bedenken. Vom Kaiserschnitt war auch keine Rede mehr. Nur um eventuell Kontakt zu bekommen, besuchte ich eine Stillgruppe, denn ich kannte ja niemanden am neuen Wohnort außerhalb der Familie. Ich lernte dort eine Frau kennen, zu der ich auch heute noch guten Kontakt habe. Durch sie bekam ich wieder langsam zu anderen Menschen Kontakt. Aber es dauerte seine Zeit. Recht lange habe ich meinen Kontakten in Dortmund nachgetrauert. Es lag natürlich auch an unserer Situation. Wenn ein Kleinkind zu versorgen und im Haus an einem fremden Ort noch vieles zu erledigen ist, vergeht eben viel Zeit, bis man sich eingewöhnt.

Die zweite Schwangerschaft verlief zwar auch zunächst ohne Probleme, jedoch nach acht Monaten begann sich der Muttermund zu öffnen und ich bekam leichte Wehen. Der Arzt verordnete viel Ruhe im Liegen und ein wehenhemmendes Medikament. Deshalb beantragten wir bei der Krankenkasse eine Familienpflegerin, damit Eva und der Haushalt versorgt waren, während Ulrich seine beruflichen Aufgaben wahrnam.

Eine Woche vor der Geburt mußte ich mir einen entzündeten Bakkenzahn ziehen lassen. Weil Ulrich mich zum Zahnarzt begleiten mußte, konnte er an diesen Tag nicht sein Seminar in Osnabrück besuchen.

Diese Tatsache bewog mich, meinem Mann genau eine Woche später nichts von den leichten Wehen zu sagen, welche ich ab 7.00 Uhr hatte. Er konnte doch nicht schon wieder im Seminar fehlen, dachte ich. Außerdem war ich mir sicher, daß es bis zu seiner Rückkehr um 12.00 Uhr immer noch früh genug sei, ins Krankenhaus zu fahren.

Doch die Zeit bis die Familienpflegerin um 9.00 Uhr kam, sollte noch lang werden. Eva spürte, daß sich irgend etwas anbahnte, denn sie wollte nur noch auf meinen Schoß sitzen, was sonst nicht besonders oft vorkam. Normalerweise liebte sie das Schmusen nicht sehr. Viel Aufmerksamkeit wollte sie schon, aber nicht die enge körperliche Nähe, auch eine Erfahrung, die ich erst machen mußte. Hatte ich doch in allen Büchern gelesen und wußte ich es ja sowieso, wie wichtig der ständige körperliche Kontakt für Babys sei. Bei den beiden anderen Kindern war es auch so, bei Eva jedoch nicht.

Ausgerechnet an diesem Tag war es anders. Zweimal machte sie die Windeln voll, so daß ich das mittlerweile zwanzig Monate alte Kind auf den Wickeltisch hochheben mußte. Dadurch wurden vermutlich die Wehen gefördert. Als endlich die Familienpflegerin, Frau M., kam, rief ich meine Schwiegermutter an, damit sie sich der Eva annehme, während Frau M. mich ins Krankenhaus brachte. Bis ich um 10.30 Uhr angekleidet und in Bielefeld war, konnte ich kaum noch sitzen. Frau M. fuhr wieder zurück zu uns nach Hause.

Um 10.45 Uhr wurde mir die Fruchtblase gesprengt. Das Kind, ein Junge, kam am 25. August 1983 um 11.10 Uhr zur Welt. Die Geburt war diesmal recht unkompliziert und blitzschnell verlaufen. Die Hebamme und Ärzte brauchten fast nichts zu tun bis auf den Dammschnitt. Und wieder einmal legte ich dem Herrn dankend in glücklicher Zufriedenheit unseren Sohn an meine Brust.

Frau M. kam zu unserem Haus und wurde sofort darüber informiert, daß Daniel schon da war. Im nachhinein bekam diese noch einen Schrecken, was alles hätte im Auto passieren können.

Als Ulrich um 13.00 Uhr bei mir ankam, wurde ich gerade ins Zimmer gebracht. Es war bei Daniels Geburt der einzige Wermutstropfen, daß sein Vater nicht dabei war.

Viele der Anfangsprobleme, welche nach dem ersten Kind kommen, sahen wir beim zweiten Kind kaum noch. Dafür ergaben sich andere, wie beispielsweise der Eifersucht des ersten Kindes, zwei Kinder wickeln zu müssen usw. Tiefen Dank empfinde sich dafür, daß ich noch etwa ein Jahr halbtags die Unterstützung durch eine andere Familienpflegerin hatte. Danach stellten wir eine Haushaltshilfe dreimal die Woche für vier Stunden ein.

Frau S. half, wo es nötig war. Wer zwei kleine Kinder hatte, weiß, was alles an Arbeit anfällt. Bedenkt man dann noch, daß ich die groben Putzarbeiten und die Wäsche nicht erledigen kann, wird klar, was diese Frau leisten mußte. Ich konzentrierte mich auf die Beschäftigung mit den Kindern, das Einkaufen und das Kochen. Wenn die Kinder krank waren, kam Frau S. auch öfter.

Diese treue Seele blieb neun Jahre und gehörte fast schon zur Familie. Die Beschäftigung mußte wegen einer schweren Polyarthritis der Frau S. leider beendet werden. Wenn ich sie, nachdem ich meine Ernährung umgestellt hatte, bisweilen in der Stadt traf, habe ich ihr versucht, meine Ernährungsweise nahe zu bringen, damit es ihr besser ginge, aber sie ist nicht empfänglich dafür. Schade!

Autorität muß sein

Oft werde ich gefragt, wie ich mit der Erziehung der Kinder zurecht gekommen bin. Deshalb beschreibe ich hier nur Erfahrungen, die meine Behinderung tangieren. Ansonsten ist die Erziehung nicht mehr und nicht weniger problematisch verlaufen als in Elternhäusern unserer Bekannten mit gleichaltrigen Kindern. Unsere Kinder, vornehmlich Eva, meinen zwar bisweilen, wir seien die strengsten, geizigsten und spießigsten Eltern weit und breit, aber das bekommen die uns bekannten Eltern auch hin und wieder zu hören, wenn diese nicht so spuren, wie die Kinder wollen.

Allgemein kann ich berichten, daß Ulrich und mir Folgendes klar war: Die Kinder mußten so erzogen werden, daß wenig körperlicher Einsatz zum Disziplinieren nötig war. Die Kinder erhielten klare Regeln und richteten sich auch meist danach. Dies möchte ich an einem kleinen Beispiel erklären:

Wie alle Kinder, so wollten auch unsere immer gerne mit zum Einkaufen. Ich nahm ein Kind im Elektrorollstuhl auf den Schoß, sicherte es mit einem Sicherheitsgurt vor meinem Bauch und fuhr los. Ulrich hatte mir eine Vorrichtung hinten an den Rollstuhl gebaut, wo das größere Kind sich darauf stellen konnte und die Einkaufstasche ebenfalls Platz hatte.

Wenn nun eines der Kinder auf der Straße oder im Geschäft nicht auf mich hörte, habe ich diesem Kind vor dem nächsten Einkauf erklärt: Ich würde dich ja gerne mitnehmen, aber es ist mir zu gefährlich, wenn Du nicht auf mich hörst. Zu Hause kann ich mal darüber hinwegsehen, aber auf der Straße und im Geschäft nicht. Dann ließ ich das Kind konsequent zu Hause entweder bei Ulrich, Frau S. oder meiner Schwiegermutter, auch wenn es noch so weinte. Beim nächsten Einkauf klappte es dann gut. Auf ähnliche Art setzte ich auch andere Dinge durch.

Doch die größte Hilfe bei der Erziehung war und ist die Tatsache, daß mein Mann und ich an einem Strang zogen. Es gelang den Kindern selten, uns gegenseitig auszutricksen. Grundsätzlich galt, was der erste entschieden hat. Im Zweifelsfalle wurde und wird sich auch heute noch abgesprochen.

Einen grundlegenden Autoritätskampf, bei dem meine Behinderung im Vordergrund stand, mußte ich mit Eva, die als Erstgeborene, wie die meisten ersten Kinder vieles erkämpfen mußte, austragen:

Eva mochte dreieinhalb oder vier Jahre gewesen sein als sie schnurstracks vom Sandkasten mit ihren Gummistiefeln in Daniels Kinderbett kletterte. Der/die Leser(in) kann sich lebhaft meine aufflammende Wut vorstellen. Entsprechend schrie ich das Kind an: Eva, komm da sofort raus! Doch das Mädchen antwortete mir ganz gelassen: Nein. Und du kannst mich hier auch nicht heraus holen, wenn ich nicht will. Womit sie zweifelsohne recht hatte, denn ein Kind dieser Größe konnte ich nicht ohne seine aktive Hilfe aus einem vergitterten Kinderbett herausheben, geschweige denn, wenn es Widerstand leistete.

Mein erster Gedanke war natürlich, Ulrich aus dem Büro kommen zu lassen. Aber dann hätte ich für immer den Respekt Evas und damit der anderen beiden Kinder verloren. Beate war zu diesem Zeitpunkt zwar noch nicht, aber so wäre es gewesen. Also mußte ich mir blitzschnell etwas einfallen lassen. Sekunden später stand ich vor dem Kinderbett und hatte einen Teil von Evas Haaren ergriffen. Ihr ganz ernst in die Augen blickend sagte ich zu ihr: So, Eva, wenn du nicht sofort aus diesem Bett kommst, ziehe ich dich an den Haaren heraus! Ich zähle jetzt bis drei, dann fange ich zu ziehen an. Das Kind ließ es drauf ankommen, bis ich leicht zu ziehen begann. Schnell stieg sie aus dem Bett. Damit waren die Fronten, wer hier etwas zu sagen hatte, fürs erste geklärt.

Bei Daniel und später bei Beate gab es solche Kämpfe nicht, weil Eva sie gleich ein Stück mit erzog.

Daniel beispielsweise war ein friedlicher Geselle, solange ich ihm nicht an die Windeln wollte. Ulrich oder sonst eine Person konnten ihn problemlos wickeln, wahrscheinlich, weil er dann Blickkontakt mit der wickelnden Person hatte. Ich hingegen saß ja mit dem Rollstuhl vor dem Wickeltisch und er sah mich dann nicht. Wie auch immer es gewesen sein mag: Daniel strampelte wie wild um sich, stand auf und suchte nicht selten mit nacktem Hintern das Weite. Deshalb organisierte ich immer jemanden, wenn die Windel gewechselt werden mußte. Nur wenn ich gar nicht dran vorbeikam, wickelte ich ihn unter strengen Sicherheitsvorkehrungen, indem ich Eva als Wächterin beorderte, die ihn wieder einfing, wenn er mir doch entkommen war.

Eva war natürlich stolz darauf, ihre Autorität an Daniel ausspielen zu können.

Beate wurde als drittes Kind mehr von den Geschwistern als durch die Eltern erzogen, weil die beiden älteren Kinder die bei uns bestehenden Regeln an sie weitergaben, wie es wohl in den meisten Familien mit mehreren Kindern läuft.

Aller guten Dinge sind drei

Eva war vier und ein halb, und Daniel wurde drei Jahre, als Ulrich und ich uns entschieden, noch ein Kind zu bekommen. Als wir meinen Schwiegereltern mitteilten, daß sie ein viertes Mal Großeltern würden – in Bolivien wohnt ebenfalls ein Enkel –, erklärten sie uns für nicht ganz gescheit. Sie meinten, sie könnten es verstehen, wenn wir bisher zwei Jungen oder zwei Mädchen hätten, aber so, wo wir von jeden eines hätten, das wäre ja fast asozial. Heute bekäme man normal nur zwei Kinder. Zeitgleich mit mir war auch die Frau eines uns bekannten Apothekers schwanger. Deshalb entgegnete ich ihnen: Dann ist der Apotheker P. wohl ebenfalls asozial, denn sie bekommen auch ihr drittes Kind. Ihre Antwort: Das ist doch etwas anderes.

Meine Schwiegermutter war dermaßen entrüstet, daß sie Beate nach der Geburt wochenlang nicht besuchte. Mein Schwiegervater hingegen kam fast jeden Tag kurz zu uns ins Haus und besuchte seine neue Enkelin. Das ist u. a. ein Unterschied zwischen meinen Schwiegereltern: Mein Schwiegervater findet sich mit unabänderlichen Tatsachen schnell ab und macht das Beste daraus. Die Schwiegermutter gibt nicht so schnell ihren Widerstand auf.

Ungefähr sechs Wochen schmollte sie. Seit sie jedoch Beate kennen gelernt hat, ist dieses Kind ihr ein und alles.

Jedenfalls verlief die Schwangerschaft ähnlich wie die vom Daniel. Die letzten zwei Monate mußte ich liegen. Medikamente nahm ich diesmal nicht. Wir entschieden uns wieder in das Krankenhaus zu gehen, in dem Daniel geboren worden war.

Am 16. März 1987 gegen 10.00 Uhr bemerkte ich erste Wehen. Deshalb rief ich Ulrich im Büro an, damit er keine Termine für nachmittags annahm. Wir fuhren um 13.00 Uhr nach Bielefeld. Dort herrschte Hochbetrieb im Kreissaal. Nachdem wir ein paar Minuten gewartet hatten, sagte ich um 13.30 Uhr zu Ulrich, wenn ich nicht bald ein Bett bekäme, müßte ich mich wegen der starken Wehen auf den Boden legen. Ulrich gab es den Schwestern weiter. Im Nu lag ich auf dem Kreisbett. Bei der Untersuchung sagte man mir, ich dürfe noch nicht so pressen, der Muttermund sei noch zu. Deshalb setzten sie mir einen Wehentropf.

Jede Mutter, welche schon einmal in den „Genuß" dieser Be- oder treffender Mißhandlung gekommen ist, wird nachvollziehen können, was diese für eine Höllenqual ist. Das Medikament zwang mich zu pressen, aber die Ärzte und Schwestern riefen immer, ich solle mit dem Pressen aufhören. Ich empfand dies als häßliche Ironie. Ebenso gut hätten sie mir eine Betäubungsspritze geben und verlangen können, ich dürfe jetzt in keinem Falle einschlafen.

Irgendwann kam eine ältere Ärztin, die endlich erkannte, daß nicht der Muttermund geschlossen war, sondern das Kind mit dem vollen Gesicht zuerst kam. Sofort wurde ein riesiger Dammschnitt gemacht und mir wurden rücksichtslos die Beine auseinandergerissen. Ich mußte nun derart stark pressen, daß ich glaubte, es ginge nichts mehr, aber es ging.

Endlich um 14.10 Uhr kam Beate. Unter dem rein zeitlichen Aspekt war es sicherlich eine rasche Geburt, für mich jedoch von den dreien die schwerste. Als ich Beate sah, hatte sie eine Wunde direkt über dem linken Auge. Diese Verletzung rührte vom Herztonüberwacher her, der normalerweise mit seinem Saugkopf am Hinterkopf des Kindes während der Geburt angebracht wird. Weil, nicht früh genug von den Ärzten erkannt, Beates Gesicht zuerst kam, hatte sich der Saugnapf über dem Auge fest gesaugt. Wir waren unsagbar froh, daß Beates Auge nicht verletzt worden war.

Total erschöpft und von Schmerzen gepeinigt, wie ich war, aber doch sehr glücklich über die Geburt unseres zweiten Mädchens, welches so lebt, wie es geboren ist – immer mit der Nase vorne weg –, dankten wir Gott für dieses dritte Geschenk.

Seit dieser schweren Geburt kam ich knapp acht Jahre lang gesundheitlich nicht wieder hoch. Jede Bekämpfung eines Problems mit Medikamenten beschwor mindestens ein neues hervor. Dies ist der bekannte Tubeneffekt. Wenn man bei einer verschlossenen Tube auf eine Stelle drückt, ist der Inhalt an dieser Stelle zwar weg, ist jedoch an einer anderen Stelle zu finden. Die Beschreibung meines Weges von der Krankheit zur Gesundheit wird einen großen Teil des Teils II in diesem Buch einnehmen. Doch zunächst möchte ich das Thema Beates Geburt beschließen.

Der Dammschnitt entzündete sich und das rechte Hüftgelenk auch, weil meine Hüftgelenke athrotisch verändert sind. Selbst eine Woche nach der Geburt konnte ich noch nicht wieder richtig in meinem Rollstuhl sitzen. Bei Evas und Daniels Geburt habe ich drei bis fünf Stunden später wieder, zwar auf einem Schwimmring, aber immerhin, im Rollstuhl gesessen:

Bei diesem Krankenhausaufenthalt mußte ich leider einmal mehr die Erfahrung machen, daß ständig höchste Wachsamkeit des Patienten im Krankenhaus angebracht ist. Vertrauen ist in diesem Bereich meist fehl am Platze. Kontrolle ist der beste Schutz vor Schaden! So auch hier!

Ich sollte wegen der erwähnten Entzündung der Dammnaht ein Kamillebad nehmen. Die Schwester ließ das Wasser in die Wanne, streute Kamilleextrakt hinein und forderte meinen Mann auf, mich hinein zu setzen. Vorsichtshalber tauchte Ulrich einen Finger in das Wasser, um die Temperatur zu prüfen. Er zog ihn blitzschnell wieder heraus, weil er sich verbrüht hatte. Nicht auszudenken, wenn er mich bedenkenlos hinein gesetzt hätte!

Wie unterschiedlich die Kinder Behinderung sehen und vor anderen damit umgehen

Man sollte nun meinen, daß zumindest meine Kinder, die ja seit ihrer Geburt mit einer behinderten Mutter aufwachsen, in Behinderung nie etwas Außergewöhnliches sahen, aber weit gefeit...

Ein Erlebnis mit einem behinderten Mann und unseren Kindern möchte ich an dieser Stelle schildern:

Ich stand mit Eva und Daniel, sie waren vielleicht acht und sechs Jahre, vor einem Buchladen. Ein spastisch gelähmter Mann im Rollstuhl fuhr auf uns zu und sprach mit mir. Er ist ebenfalls sprachbehindert. Entrüstet bemerkte ich, daß die beiden Kinder sich gegenüber diesem Mann genau so verhielten, wie ich es häufig schon bei Kindern erlebt habe, wenn sie sich über mich lustig machten. Wütend sprach ich die beiden an: Sagt mal, was soll das denn? Der Mann ist nicht betrunken, sondern so behindert wie ich. Eva antwortete: Nein, der spricht so komisch. Das stimmt nicht, entgegnete ich ihr, für die anderen Leute spreche ich auch komisch. Und da wollt ihr doch auch nicht, daß über mich gelacht wird, oder? Die Antwort von beiden: Nein, du sprichst nicht komisch, du sprichst normal. Bis zum heutigen Tag kann ich diese Episode nicht interpretieren. Zu Hause habe ich mit beiden noch einmal ausführlich darüber gesprochen.

Unsere Kinder wurden unterschiedlich intensiv wegen meiner Behinderung von ihren Mitschülern in der Grundschule, es waren meist Jungen, ausgelacht und gehänselt.

Eva, die vom Typ eher kompliziert ist, zog sich den Schuh voll an und äußerte in der Grundschulzeit manchmal, ich sei der Grund, warum sie immer Schwierigkeiten habe, Freunde zu finden. Ulrich und ich versuchten ihr zu erklären, das könne eigentlich nicht sein, weil Daniel und Beate dieselbe Mutter haben und von diesen Probleme offenbar unberührt blieben. Die beiden hatten nie solche Kontaktschwierigkeiten wie Eva. Es wird wohl so sein, daß sie vor anderen nicht damit umgehen konnte, das Kind einer behinderten Mutter zu sein. Einmal rief ich die Mutter eines Jungen wegen solcher Hänseleien an und sagte ihr: Ihr Sohn kann meine Tochter ja ruhig blöd finden, wie diese ihren Sohn blöd findet, aber er sollte bitte meine Behinderung aus dem Spiel lassen. Offenbar war es wirkungslos.

Daniel habe ich erst kürzlich bei den Vorüberlegungen für dieses Buch nach seinen diesbezüglichen Erfahrungen gefragt, weil er nie vorher über ähnliche Erlebnisse klagte. Er hat solche Hänseleien seinen Angaben zufolge nicht erlebt. Vielleicht hat er sie auch einfach ignoriert. Er geht im allgemeinen Konflikten eher aus dem Weg. Sobald wir als Eltern zu seinen Wünschen Widerstand leisten, zieht er sie meist zurück, während Eva und Beate bis zuletzt um die Realisierung ihrer Vorstellungen kämpfen, wenn auch mit unterschiedlichen Mitteln. Daniel ist unkompliziert, sanftmütig und schnell zufrieden zu stellen. Erst in letzter Zeit versucht er uns bisweilen Widerstand zu leisten, wenn es um die Durchsetzung irgendwelcher Ziele geht. Mit fast siebzehn wird es auch langsam Zeit! Vielleicht ähnelt er Ulrich.

Beate erklärte mir auf die Frage, ob sie wegen mir gehänselt wurde oder wird: In der Grundschule waren einzelne blöde Jungs, die das versucht haben. Denen habe ich es aber gegeben! Und beim nächsten Mal habe ich sie schon angefaucht, bevor die überhaupt etwas gesagt haben! (Erinnern Sie sich an ähnliche Reaktionen meiner Mutter, wenn Leute sie bemitleiden wollten?)

Das ist der Unterschied zwischen Eva und Beate: Eva haderte mit ihrem Schicksal, eine behinderte Mutter zu haben. Inzwischen wird sie es mit ihren achtzehn Jahren wohl einordnen können. Beate denkt sich, daß es nun einmal so ist wie es ist, und wer das nicht akzeptiert, ist eben blöd. So einfach ist das für sie. Beate gleicht fast exakt meiner Mutter: Kontaktfreudig, beliebt, charmant, stets gesprächig, aber auch hartnäckig. Sie liebt meine Schwiegermutter, trotz deren distanzierte Wesensart. Und weil sie ihrer Oma dies immer wieder zeigt, liebt diese dieses Kind besonders. Beate versteht es eben das Herz anzusprechen.

Eva hingegen kann man mit meiner Schwiegermutter nicht lange allein lassen. Sie schaukeln sich dann aufgrund ihrer Neigung zur komplizierten Sicht der Dinge gegenseitig hoch. Ulrich und ich lieben Eva selbstverständlich so wie sie nun einmal ist und versuchen sie gegen die ständige Kritik meiner Schwiegereltern in Schutz zu nehmen, denn schließlich kann Eva nichts dafür, daß sie einige Eigenschaften sowohl von Schwiegermutter als auch Schwägerin mitbekommen hat.

Wenn meine Schwägerin aus Bolivien kommt, hängt spätestens nach zwei Tagen der Haussegen bei den Schwiegereltern schief, weil sowohl Schwiegermutter als auch Schwägerin sich um Kleinigkeiten streiten und die Finger in die Wunden legen.

Daniel paßt sich bei meinen Schwiegereltern, wie hier zu Hause, problemlos an. Hauptsache man läßt ihn in Ruhe spielen. Wenn ihn die gelegentliche Nörgelei seiner Oma zuviel wird, zieht er sich von ihr zurück und wendet sich seinem Opa, der sowieso mehr ein Auge für Jungen als für Mädchen hat, zu.

Mit meiner Mutter – für die Kinder ist es die Oma Rheydt, weil sie in Rheydt (etwa 250 km entfernt) wohnt – haben die Kinder leider nur immer kurz zu tun. Wenn wir meine Mutter besuchen oder sie für ein paar Tage zu uns kommt, ist die Freude immer groß, denn meine Mutter spielt und lacht viel mit den Kindern. Sie versteht es auch mit unserer Eva umzugehen, ebenso mit meiner Schwiegermutter.

Soweit ausnahmsweise eine kurze allgemeine Familiencharakteristik, weil damit vielleicht auch das unterschiedliche Empfinden der drei Kinder auf Reaktionen von Mitschülern in der Grundschule bezüglich meiner Behinderung verdeutlicht wird. An der weiterführenden Schule gab es diesbezüglich nach Angaben aller drei Kinder überhaupt keine Probleme mehr.

Ich persönlich sehe die Nachteile meiner Behinderung hinsichtlich der Kinder als sie klein waren, im praktischen Alltagsleben. Wie gerne hätte ich mit ihnen getobt, getanzt und geschwommen. Wenn Arztbesuche mit dem Auto zu bewerkstelligen waren und teilweise heute noch sind, so wie bei sonstigen Unternehmungen muß mein Mann immer fahren. Aber das sind eben Dinge, mit denen wir uns abgefunden haben. Außerdem...

Jede Medaille hat zwei Seiten

So wie ich gelernt habe, auch Vorteile gegenüber den Nichtbehinderten zu sehen, haben die Kinder ebenfalls Vorteile durch meinen Rollstuhl erfahren.

Sie genossen es beispielsweise sich auf die Vorrichtung meines Elektrorollstuhles zu stellen, wenn sie zu bequem zum Laufen waren.

Als die Mädchen Rollerblade-Fahren lernten – Daniel zeigte kein Interesse daran –, ließen sie sich gern von mir mit dem E-Bock, wie wir das Gefährt meist nennen, durch die Stadt ziehen.

Bei einer Familienwanderung im Teutoburger Wald mußten wir einmal eine ziemlich abschüssige Straße hinab. Daniel, vielleicht war er fünf, kletterte hinter mir auf den Rollstuhl und meinte: Mama, jetzt fahr mal so schnell du kannst! Als manchmal gehorsame Mutter hörte ich auf meinen Sohn und gab Gas bzw. Strom. Doch als ich etwas abbremsen wollte, bemerkte ich, daß die Motorbremse nicht mehr funktionierte. Blitzschnell riß ich die Lenkung nach rechts, um durch Drehung in Richtung der Steigung zum Stehen zu kommen. Der Wagen fuhr zunächst auf zwei Rädern, kam dann aber wieder auf seine vier Räder, statt, wie befürchtet, zur Seite zu fallen. Strahlend sah Daniel mich an und lobte meine Fahrweise: Mama, war das eine super Kurve! Das brachte meine Lebensgeister wieder in Schwung, denn das Herz war mir in die große Zehe gerutscht. Die Elektronik war durchgebrannt. Hier muß meiner Vorstellung gemäß noch eine robustere Technik entwickelt werden, die sich den Erfordernissen meines Temperaments anpaßt!

Einige Male sind wir bisher in die USA gereist, um den Urlaub dort zu verbringen. Dabei besuchten wir auch einige der typischen Vergnügungsparks. Man bezahlt einmal Eintritt und kann dann mit allen Karussells (meist gigantischen, wilden Achterbahnen) fahren so oft man es schafft, an die Reihe zu kommen. Oft sind die Warteschlangen derart lang, daß man gut eine Stunde für eine Fahrt anstehen muß. Nur Behinderte dürfen mit ihrer Familie sofort in die Bahn. Sie müssen nur in der Warteschlange der Rollstuhlfahrer warten, die natürlich wesentlich kürzer als die Schlange der Nichtbehinderten ist. Außerdem durften wir meist zweimal mit der entsprechenden Bahn fahren, damit Ulrich mich nicht zweimal hintereinander in den Wagen und wieder zurück in den Rollstuhl heben mußte.

Als Beate dieses Verfahren durchschaute, freute sie sich ohne Arglist, aber laut: Wie gut, daß Mama behindert ist, dann brauchen wir nirgends zu warten! Wenn ich mal nicht mitfahren wollte, war die Familie sauer auf mich. Vorwurfsvoll hieß es dann: Eine Stunde haben wir nun angestanden, nur weil du nicht mitfährst! Nun ja, ehe ich der Familie die gute Laune verderbe, fahre ich dann lieber mit... Abgesehen davon macht es mir auch viel Spaß, durch die Lüfte zu rasen – so ist es ja nicht.

Beate bringt nicht nur die Vorteile des Behindertsein auf den Punkt, sondern auch die der Rohkost. Während eines Picknicks mit einer großen Gruppe Radfahrer – Ulrich hat ein Rad so umgebaut, daß ein Rollstuhl davor geschraubt werden kann –, meinte Beate treffsicher, als die Leute teilweise etwas Schwierigkeiten mit den heißen, gegrillten Würstchen hatten: Meine Mutter kann sich wenigstens nicht den Mund verbrennen!

Ob dem nur beim Essen so ist, wird Ihre Reaktion auf den zweiten und dritten Teil dieses Buches zeigen...

Mein Verständnis zum Funktionieren unserer Partnerbeziehung

Im letzten Kapitel dieses Teils möchte ich den Versuch unternehmen, Ihnen zu verdeutlichen, was unsere Beziehung bisher meiner Ansicht nach dauerhaft gelingen lassen hat.

Abgesehen von der Tatsache, daß nach meiner ganz persönlichen Überzeugung eine gute Ehe oder Beziehung nur dann funktionieren kann, wenn der Herr beide Partner zur wachsenden Liebe, Achtung und Langmut befähigt, habe ich für mich eine ganz simple Erklärung für die Beständigkeit unserer Beziehung gefunden:

In jedem Menschen stecken Talente, aber es fehlen jedem Menschen auch Talente, die wiederum ein anderer mitbekommen hat. Wohl de(r,m)jenigen, der die auf dieser Welt sein ganz persönliches Gegenstück findet, das einige der Fähigkeiten in sich trägt, welche bei ihr/ihm nicht so sehr ausgeprägt sind.

Plakativ ausgedrückt: Der Deckel muß auf dem Topf passen!

In unserer Beziehung sehe ich, daß Ulrich über ein technisches und mathematisch-logisches Verständnis verfügt, was mir weitestgehend nicht gegeben ist. Ich kann zwar nach eingehender Unterweisung Geräte bedienen, so wie z. B. am Computer arbeiten und schreiben, aber nur, wenn alles optimal installiert ist. Sobald ein unbekanntes Bild auf dem Bildschirm erscheint, fühle ich mich verloren im Dschungel der Elektronik.

Andererseits verfüge ich über die Phantasie, welche ein Leben bereichert, beispielsweise in Gesprächskreisen, bei menschlichen Problemen oder aber auch beim Schreiben privater Briefe usw. All diese Seiten des Lebens kann Ulrich nicht so fließend weitergeben.

So ergibt es sich häufig, daß ich Ideen oder Wünsche habe, jedoch nicht recht weiß, wie sie umzusetzen sind. Ulrich wiederum weiß meist die Lösung zur Realisierung dessen, was mir als Ergebnis vorschwebt.

Wie der Strom wirkungslos bleibt, wenn er nicht durch Kabel geleitet wird und andererseits das Kabel nutzlos ist, wenn kein Strom vorhanden ist, so sehe ich etwas überspitzt unsere Beziehung. Ulrich ist in unserer Ehe das ordnende Element, ich hingegen das impulsive. Während ich Neuem gegenüber aufgeschlossen bin, hält Ulrich lieber am Gewohnten fest. Hier eine Balance zu finden, wird in unserer Ehe unser beider Bemühen sein müssen, wenn sie funktionieren soll. Denn wenn ich meine Neigung zu ständigen Veränderungen voll ausspiele, kann Chaos entstehen, weil es immer wieder Neues gibt. Wenn nur Ulrichs Neigung zum Festhalten am Gewohnten gelebt wird, entsteht leicht Stillstand und Langeweile. Auf diese Weise ergänzen wir uns gegenseitig. Jeder von uns ist bestrebt, dem anderen mit seinen Talenten zu dienen, jedoch nicht zu erschlagen.

Die Behinderung wirkt sich beispielsweise schon auf unsere Urlaubsziele und -gestaltung aus. Nach einem Kurzurlaub in den Alpen im Winter 1978 stellten wir doch bald fest, daß diese Art Urlaubsgestaltung mit dem Rollstuhl nicht gerade der Weisheit letzter Schluß war. Also fahren wir entweder ans Meer oder auf Entdeckungstour beispielsweise in die USA.

Auch wenn wir beide gerne einmal einen Skiurlaub, eine Bergwanderung oder Ähnliches unternehmen würden, das ist nun einmal nicht drin. Allein in einen Urlaub dieser Art zu starten, hat Ulrich auch keine Lust. So begnügt er sich damit einmal jährlich eine mehrtägige Radtour durch Deutschland mit einem Freund zu unternehmen.

Hier müssen schon Abstriche und Kompromisse bezüglich der Urlaubsgestaltung und -ziele wegen des Rollstuhles gemacht werden. Bisher konnten wir beide mit dieser für den Alltag nicht gravierenden Einschränkung gut leben und setzen voraus, daß es dabei bleibt.

Vor diesem Hintergrund wird sicher jedem deutlich, daß die Behinderung in unserer Beziehung eine recht untergeordnete Rolle spielt. Nach meiner eingangs formulierten Definition: **Wirklich gelebte (nicht nur erträumte) Integration!**

Teil II
Gefangen im Netz der Medizin und der Weg zur Befreiung daraus

Es nutzt alles nichts...

Liebe Leserin, lieber Leser,

nun möchte ich Ihnen einige meiner praktischen Erlebnisse mit Krankheiten, Ärzten und einer Universitätsklinik schildern, welche die Grundlage meiner Lebens- und Ernährungsumstellung und der im Teil III dargelegten Theorien sind.

Unter therapeutischen Tubeneffekt verstehe ich, daß die Ärzte mit der Behandlung (Unterdrückung) eines Symptoms fast immer mindestens ein neues Symptom bewirken. Vergleichbar ist es etwa mit folgendem Sachverhalt: Wenn ich eine bestimmte Stelle einer geschlossenen Tube drücke, wird sie zwar an dieser gedrückten Stelle dünner, aber dafür an anderer Stelle um so dicker. Der Inhalt schiebt sich hin und her, bleibt jedoch in vollem Umfang erhalten, solange ich keine grundlegende Veränderung vornehme und den Tubenverschluß öffne.

Ähnliches kann immer wieder beobachtet werden, wenn man ein chronisch gesundheitliches Problem mit Hilfe der Medizin in den Griff bekommen will, jedoch nichts an seiner Ernährungs- und Lebensweise ändert. Sie bekommen zwar mit Medikamenten ein bestimmtes Symptom kurzzeitig weg, aber nach einer Weile kommt es in gleichen oder auch wechselnden Gewändern erneut zum Vorschein. Frei nach dem Motto: Einen Beelzebub trieb ich aus. Zehn andere kehrten ein!

Die Natürliche Gesundheitslehre, nach deren Erkenntnissen ich nun seit fünf Jahren lebe, lehrt, daß Krankheit einen Überschuß an Toxinen (Giften) im Körper darstellt. Will ich die Krankheit los werden, muß ich dem Körper über die Ausscheidungswege Darm, Blase, Haut (aktives Schwitzen durch körperliche Betätigung oder Fieber) in der Entgiftung unterstützen und ihm freien Lauf lassen. Ich muß also die Tube öffnen und nicht mit einem Medikament die Krankheit kaschieren, wobei der Verschluß schön geschlossen bleibt.

Sobald beispielsweise jemand zwei- bis dreimal täglich Durchfall hat, wird meist sofort nach stopfenden Diäten und Medikamenten verlangt. Mit meinem heutigen Wissensstand rate ich heute einem solchen Menschen: Freu Dich, dann wirst Du viel los. Trinke nur viel reines Wasser eventuell mit Zitrone – Vitamin C ist ein biologisches Antibakterium – gemischt und bleibe mal im Bett liegen, bis Du Dich wieder fit fühlst. So kann dieser Mensch krankmachende Bakterien und Gifte los werden. Gebe ich ein stopfendes Medikament, bleiben diese Schadstoffe, die der Körper massiv ausscheiden wollte, drin und können zunächst vom Wirt unbemerkt ihr Unwesen treiben. Den Durchfall als solches haben wir gestoppt, aber vielleicht kommen dieselben Schadstoffe bald als Furunkel erneut zum Vorschein. Sie sehen, wie treffend der Begriff des Tubeneffekts auf unsere medizinische Behandlungspraxis paßt.

Im Teil I beschrieb ich die schwierigen Umstände, unter denen unsere Beate geboren wurde. Offensichtlich hatte mein Körper nach dieser Tortur die Nase voll und ließ mir fast acht Jahre keine Ruhe mehr, bis ich zur Vernunft kam.

Weil die Ärzte und Schwestern bei der Geburt unseres dritten Kindes (Gesichtslage) mir die Beine so auseinandergerissen hatten, war meine schon lange vorhandene Hüftarthrose schmerzaktiviert worden. Diese Schmerzen konnte ich im Hinblick auf das Stillen nicht behandeln. Deshalb versuchte ich mir wenigstens Erleichterung zu verschaffen, in dem ich ein dickes Polster in Seitenlage unter das obere Bein legte. Auf diese Weise konnte ich zumindest für etwa drei bis vier Stunden Schlaf pro Nacht finden.

Nach leider nur neun Monaten hatte ich Beate – wegen meiner dauernden massiven Schmerzen früher als die beiden anderen Kinder – abgestillt. Ich glaubte, durch das Einreiben der Hüften mit auf der Haut Wärme erzeugende Salben von den Schmerzen endgültig frei zu kommen. Mein Nervenkostüm war zum Bersten gespannt, zumal ich meiner Aufgabe als Hausfrau und Mutter dreier kleiner Kinder wegen meines schlechten Allgemeinzustandes nicht mehr gerecht werden konnte.

Hier wird die Theorie, welche ich in Teil III zum Thema Streß beschreibe, praktisch untermauert. Wegen der Schmerzen schlief ich schlecht, die Kinder forderten Spiel und Zärtlichkeiten, wie auf den Schoß nehmen usw. All das bewirkte natürlich damals bei mir Schmerzen in den Hüften. Weil ich mich deswegen oft den Kindern in ihren berechtigten Forderungen verweigern mußte, frustrierte auch mich das sehr. Dieser Frust bewirkte dann psychischen Streß, weil ich doch unsere Kinder selber versorgen, mit ihnen spielen, zärtlich sein und sie nach Ulrichs und meinen Vorstellungen erziehen wollte.

Im Januar 1988 begann ich also mit dem Einschmieren meiner Hüften, mit Fangopackungen und all die üblichen Therapieformen, welche bei Hüftschmerzen erfolgen. Die Schmerzen wurden zwar weniger, aber so wie vorher konnte ich mich nicht mehr bewegen.

Im Juni 1988 traten plötzlich akute Schmerzen im Schulter- und Nackenbereich auf. Sie waren so stark, daß ich letztlich nach einer völlig erfolglosen Quaddelbehandlung an unserem damaligen Urlaubsort in ein Krankenhaus gebracht wurde. Hier wurde ich in ein beheiztes Bett gepackt und bekam eine Voltaren-Spritze. Als diese nach 30 Minuten noch nicht wirkte, erhielt ich eine zweite. Ulrich hatte im Vorbeigehen mitbekommen, wie die Schwestern und Ärzte sich berieten, was sie mir als nächstes geben würden, wenn die zweite Voltarenspritze auch nicht wirken sollte. Voll gepumpt mit Voltaren, wie ich war, ließ der Schmerz endlich nach.

Als Begründung für den Schmerz wurde vermutet, daß ich wohl an der Stelle Zug bekommen hätte. Natürlich wußte ich auch sofort, wo ich dem Zug ausgesetzt gewesen sein konnte. Ich war mit der Familie tags zuvor auf der Ostsee mit dem Schlauchboot gefahren. Heute erscheint mir diese Begründung recht komisch, aber damals teilten die Ärzte und Schwestern diese mit mir.

Ich habe als Rohköstlerin in den vergangenen fünf Jahren so oft schon im Zug gesessen, ohne daß ich hinterher bewegungsunfähig wie damals gewesen war. Nicht den leisesten Schmerz habe ich deswegen verspürt. Heute weiß ich, daß Harnkristalle und andere Ablagerungen sich unter der gut bürgerlichen Küche auch im Muskelgewebe befinden. Bei warmer Witterung ist die Muskulatur entspannt und die Kristalle kommen nicht an die Nervenbahnen. Bekommt diese kristalldurchsetzte Muskulatur nun einen Zug, zieht sie sich unwillkürlich zusammen und schon reizen die Kristalle wie Nägel die entsprechenden Nervenstränge. Dies ist schlicht der Hauptgrund, weshalb Wärme in solchen Fällen meist Wunder wirkt. In der Wärme entspannt sich der Muskel und der Abstand zwischen Kristall und Nervenstrang vergrößert sich. Logisch, daß der Schmerz dann etwas nachläßt.

Im August 1988 hatte mich der Schmerz erneut voll im Griff. Ich rief in der nächsten orthopädischen Praxis an. Es fiel mir schwer dort anzurufen, weil dieser Orthopäde, wie alle von mir bisher aufgesuchten Orthopäden, in der Vergangenheit mir gegenüber ein unmögliches

Verhalten gezeigt hatte. Bemerkenswerterweise machen auch andere Bekannte und Freunde immer wieder ähnliche Erfahrungen mit Ärzten dieses Fachbereichs. Mir kommt da schon fast der Verdacht, daß vornehmlich unsensible Menschen sich auf das Fachgebiet der Orthopädie spezialisieren.

Die Dame am Telefon des Orthopäden klagte, daß ich so ungeplant einen Termin und dann noch freitags haben wollte. So ein Schwachsinn! Als ob man akute Schmerzen terminieren könnte! Aber zu einer passenden Antwort war ich wegen der Beschwerden nicht fähig. Ich bat darum, trotzdem kommen zu dürfen. Sie bestellte mich für 10.00 Uhr mit Wartezeit in die Praxis. Um 13.00 Uhr rief man mich herein. Als ich mit dem Elektrorollstuhl in das Sprechzimmer fahren wollte, kam der Arzt auf den Flur und fertigte mich dort folgendermaßen ab: „Können Sie den Arm heben? Aha, das geht also noch. Dann kommen Sie am Montag wieder." Sagte es – und weg war er.

Ich hoffe sehr, daß Sie Verständnis dafür aufbringen, wenn ich Ihnen bei aller grundsätzlichen Abneigung von Gewalt gestehe: Ich hätte den Arzt würgen können! Damit ich diesen Wunsch nicht in die Tat umsetzen konnte, habe ich diese Praxis nie wieder befahren. Sollte ich diese jemals wieder aufsuchen müssen, dann hoffe ich für den Doktor, daß ich derart zugerichtet bin, daß ich mich nicht doch noch vergreifen kann.

Dafür hatte ich nun die drei Stunden gewartet. Vier Stunden mußte ich die Haushaltshilfe für die kleinen Kinder engagieren und hatte nicht die Bohne erreicht. Die eine Stunde zu den drei Stunden Wartezeit berechnete ich wegen des Weges hin und zurück. Damals konnte ich nur 6 km/h mit dem Rollstuhl fahren. Heute fahre ich 10 km/h. Mehr darf man ohne Führerschein zu meinem großen Bedauern nicht mit einem motorbetriebenen Fahrzeug fahren...

Übrigens behaupten fast alle Leute, ich hätte ein ungemein hohes Tempo mit dem Elektrorollstuhl drauf. Das ist zweifelsfrei eine subjektive Täuschung des Beobachters. Es wird eben erwartet, daß Rollstuhlfahrer sich im Zeitlupentempo vorwärts bewegen. Objektiv gesehen werde ich spielend von gemächlich fahrenden Radfahrern überholt. Sie kommen nämlich ohne Anstrengung auf 13 bis 15 km/h.

Bis mein Schwiegervater sich einmal wegen einer Beinverletzung meinen E-Bock auslieh, behauptete er immer, der Rollstuhl dürfte nicht diese Geschwindigkeit erreichen können, weil es zu gefährlich sei. Er fuhr damit durch unser Stadtzentrum. Bei mir wieder angekommen, beschwerte er sich: „Mensch, Mary, der fährt ja furchtbar langsam!" Sie sehen, es ist alles eine Frage des Blickwinkels!

Doch zurück zu meinen medizinischen Erlebnissen:

Ulrich fuhr an diesem Freitagnachmittag mit mir in einem anderen Ort zu einem anderen Orthopäden, welcher Quaddeln setzte. Andere Menschen mögen bei dieser Behandlung Erleichterung verspüren. Mein Körper drehte nun, was die Schmerzen betraf, erst recht völlig durch. Abends suchten wir an diesem Tag den Notdienst, eine Neurologin, auf. Sie setzte mir eine den Wirkstoff Diclofenac enthaltende Spritze in den Hintern und gab mir Tabletten und Zäpfchen gleichen Medikamentes mit.

Mir war schon damals klar, daß dieses Wunder- und Teufelszeug – Wunderzeug, weil es schnell die Schmerzen betäubt, Teufelszeug, weil es Leber, Magen und Nieren angreift – keine Dauerlösung sein konnte.

Einen Orthopäden wollte ich nicht mehr aufsuchen, also versuchte ich es im September 1988 mit einem Facharzt der Neurologie. Dieser zeigte sich erst einmal ganz erstaunt, daß ich mit meinen damals 35 Jahren als Spastikerin noch nicht medikamentös eingestellt war. Er meinte, da seien die Schmerzen nicht verwunderlich. Sie seien durch die Spastik bedingt. Deshalb müsse die Spastik nun mit einem zentralnervlich wirkenden Medikament abgeschwächt werden. Er verordnete mir Tiapridex, welches ich von Woche zu Woche bis auf eine bestimmte Tagesdosis steigern sollte.

In der zweiten Woche bemerkte ich, daß meine Gemütslage sich sehr zum Depressiven veränderte. Zwei Tage später spritzte mir in unserer Sauna Muttermilch aus der Brust, obwohl ich schon neun Monate nicht mehr gestillt hatte. Ich rief den Neurologen an und beschrieb ihn meine Probleme. Forsch herrschte er mich an, das könne nicht an den Medikamenten liegen. Ich wolle nur nicht die Medikamente nehmen, behauptete er. Er warnte mich sogar davor, die Therapie eigenmächtig abzusetzen.

Aus Furcht, mir mit dem sofortigem Absetzen des Medikamentes etwas anzutun, nahm ich es, wie vom Arzt verordnet, weiter und lotste mich damit in eine schwere Depression. Den ganzen Tag saß ich tatenlos herum, interessierte mich nicht einmal mehr für meine Kinder und hatte nur den einen Wunsch: Ich wollte nichts lieber als sterben!

Ulrich suchte unseren damaligen Hausarzt auf, der das Medikament sofort absetzte und leichte Antidepressiva verschrieb. Nun schlief ich den größten Teil des Tages. Dafür lag ich dann nachts wach und sinnierte über eine sanfte Möglichkeit nach, meinem Leben ein Ende zu setzen. Wegen meiner Todessehnsucht und damit der Haushalt und die Kinder betreut wurden, sorgte Ulrich dafür, daß unsere damalige Haushaltshilfe ständig anwesend war, während er arbeitete. Oft sagte ich Ulrich, daß ich so gerne meinem Leben ein Ende setzen würde. Er fragte mich dann immer: Das willst Du den Kindern und mir antun? Mir tat es ja auch weh, aber es hatte alles keinen Sinn mehr für mich. Die Schmerzen im Schulter- Nackenbereich waren jedoch in dieser Zeit vollkommen verschwunden. Tiapridex hatte tatsächlich meine Spastik erheblich gedämpft, jedoch meinen normalerweise ausgeprägten Lebensfrohsinn ebenfalls.

Im November 1988 fuhr Ulrich mit mir zu einer anderen Neurologin. Ich weiß nur noch wenige Einzelheiten aus dem Gespräch. Aber an folgende Aussage von mir erinnere ich mich deutlich: „Ich verstehe mich ja selber nicht, Frau Dr., ich habe einen sehr lieben Mann, drei quicklebendige, gesunde Kinder, ein extra für mich optimal gebautes Haus und trotzdem kann ich keinerlei Freude empfinden." Es war einfach die Hölle in meinem Inneren. Ich hatte vor allem fürchterliche Angstzustände. Wenn Ulrich mir die eine Angst nahm, kam gleich die nächste. Fest stand nur, daß ich nicht mehr ich war. Die Neurologin meinte beschwichtigend, das wäre nur eine vorübergehende akute Depression.

Sie verschrieb mir die altbewährten Stangyl-Tropfen. Verschrieben, genommen. Einige Tage, nachdem ich das Medikament vorschriftsmäßig eingenommen hatte, erwachten meine Lebensgeister wieder etwas. Alles freute sich, daß ich wieder zu lächeln und zu reden begann. Plötzlich, mitten im Gespräch streckte mich ein epileptischer Anfall ohne Vorwarnung und ohne Abwehrreaktionen meinerseits nieder. Ich schlug mit voller Wucht mit dem Gesicht auf den Boden, verdrehte die Augen und es kam Schaum aus meinen Mund. Dies wurde mir später gesagt, als ich das Bewußtsein wieder erlangte. Ein oder zwei Tage später wiederholte sich das gleiche zweimal an einem Tag. Die Ärztin war ganz verblüfft und ordnete eine Computertomographie meines Gehirns an, um einen Tumor auszuschließen, weil wir angaben, daß solche Anfälle vorher noch nie bei mir aufgetreten waren. Hierzu mußte man mir wegen meiner behinderungsbedingten motorischen Unruhe eine Kurznarkose geben. Die Ärztin stellte nichts Außergewöhnliches bei den Schichtaufnahmen fest.

Deshalb fragte die Neurologin bei der Herstellerfirma nach, ob jemals Krampfanfälle unter der Gabe des Medikaments gemeldet worden seien. Die Antwort erschreckt mich heute noch: Ja, das ist schon gemeldet worden, aber so selten, daß es nicht im Beipackzettel aufgeführt werden muß. Ist das nicht schlimm? Da werden möglicherweise Leute, die dieses Medikament nehmen, zu Epileptikern gemacht und dann natürlich als solche behandelt.

Die Ärztin jedenfalls sagte daraufhin zu mir: „Frau Brickenkamp, Sie haben offensichtlich einen Körper, der sehr sensibel auf alle Medikamente reagiert. Ihnen bleibt nichts übrig als ganz ohne Medikamente abzuwarten, bis die Depression wieder weg geht. Es hat bei Ihnen auch keinen Zweck, ein anderes Antidepressiva auszuprobieren. Ihre Depression ist offensichtlich durch das andere Medikament ausgelöst worden. Wenn Ihr Körper dieses ganz abgebaut hat, wird die Depression auch wieder verschwinden."

Nun hieß es abwarten. Sie hatte recht. Im Januar/Februar 1989 begann sich meine Psyche wieder zu stabilisieren. Die Freude darüber wurde jedoch durch erneut auftretende Schulter-, Nacken- und Hüftschmerzen getrübt. Außerdem gesellte sich nun in regelmäßigen Abständen eine akute Nierenbeckenentzündung hinzu. Diese wurde mit Antibiotika bekämpft. Folglich litt ich fast jedes Mal hinterher an einem Scheidenpilz, weil die Scheidenflora durch das Antibiotika zerstört wurde. Natürlich mußte nun ein Antimykothikum von mir geschluckt werden.

Auf diese Weise wurde ich eine Stammpatientin verschiedenster Ärzte. Wegen der Schmerzen versuchte ich alle Therapien, die in meinem Wohnort geboten wurden. Es brachte alles nichts. Oft wachte ich nachts auf, weil beide Arme total taub waren. Dann saß ich eine halbe Stunde im Bett und ruderte mit den Armen, bis wieder Gefühl in sie kam. Ich lebte also mit den Schmerzen und gewöhnte mir an, immer zur Vorsicht ein Diclo-Zäpfchen oder -Tablette bei mir zu haben, wenn diese unerträglich wurden. Trotzdem suchte ich weiter danach, eine Behandlung zu finden, die mich mit weniger Nebenwirkungen von dieser Pein befreite.

Als die Neurologin hier am Ort bei mir alle Register ihrer medizinischen Kunst erfolglos gezogen hatte und ich sie wieder einmal wegen nicht beherrschbarer Schmerzen aufsuchte, war sie am Ende ihrer Geduld und keifte mich an: „Sie jammern mir immer einen vor. Ich weiß doch auch nicht, wie ich Ihnen noch helfen kann." Ich antwortete ihr: „Meinen Sie, ich komme hierher, wenn es mir gut geht?" Damit verschwand ich aus der Praxis.

Wirbelsturm in der Chaos-Klinik

Im Frühjahr 1992 suchte ich erneut die Neurologin auf, mit der ich während der Depressionen zutun gehabt hatte. Ich hatte so lange damit gezögert, weil ich meinem Mann nicht die ständige Fahrerei zumuten wollte. Die am Ort ansässigen Ärzte konnte ich mit dem E-Bock selber aufsuchen oder zu mir nach Hause bestellen. Die Neurologin erklärte uns, daß an einer etwas weiter entfernten Uniklinik ein Professor eine neue Therapie eingeführt habe, die allerdings nur in dieser Klinik zugelassen wäre, weil erst Testphasen genehmigt worden sind. Diese Behandlung hätte den Vorteil, daß der Spasmus nur an den schmerzenden Stellen ausgeschaltet und somit keine Hirnregionen von der Behandlung betroffen würden. Sie versprach sich von dieser Therapie sehr viel und meldete mich dort zu einem Vorstellungsgespräch an.

Um Ihnen zu zeigen mit welchen Erwartungen ich mich im Oktober 92 stationär in diese Klinik aufnehmen ließ, hier meine Notiz des Vorstellungsgesprächs im Sept. 92:

Bericht über unser Vorstellungsgespräch in der Ambulanz der Universitätsklinik zu X, vom 29. 9. 92
 (Namen und Orte müssen aus rechtlichen Gründen unbekannt bleiben.)

Als wir ins Sprechzimmer gerufen werden, begrüßt uns Herr Oberarzt Dr. L.. Er befragt und untersucht mich eingehend.

Als es um die beste Möglichkeit zur Bekämpfung meiner inzwischen chronischen Schmerzen im Nacken und beiden Armen geht, holt Herr Dr. L. Herrn Professor Dr. G. hinzu. Dieser informiert uns mündlich über eine seit sechs Jahren erfolgreich angewandte Injektion des Giftes Botulinum Toxin in kleinsten Dosen. Da Botulinum zeitlich begrenzt eine Lähmung der gespritzten Muskeln bewirkt, ist eine genaue Dosierung dieses Mittels von größter Wichtigkeit. Dies setzt eine intensive Beobachtung des Patienten durch den injizierenden Arzt voraus.

Herr Professor Dr. G., welcher beabsichtigt, die Injektion bei mir selbst vorzunehmen, erklärt uns wörtlich: Sie müssen sich das Ganze wie das Autofahren vorstellen: Fahren Sie zu langsam, fährt Ihnen jemand drauf, fahren Sie zu schnell, haben Sie einen Unfall. Gibt man also zuwenig von dem Botulinum, erzielt man eine zu geringe, vielleicht gar keine Wirkung. Gibt man jedoch zuviel, fördert man das Risiko einer Überdosierung mit Nebenwirkungen, z. B. einer zu starken Lähmung der betreffenden Muskeln. Man ist natürlich bestrebt, nur eine Muskellähmung in dem Maße zu erzielen, daß der Schmerz beseitigt, jedoch eine bestmögliche Bewegung gewährleistet bleibt.

Auf meine Frage, ob mir denn die Kraft zur Erfüllung meiner Pflichten im Haushalt erhalten bliebe, meint er: Diese werden Sie wahrscheinlich noch besser ausführen können. Als mögliche Nebenwirkungen zählt er eine mögliche Allergie und eventuelle Müdigkeit innerhalb der ersten Tage nach der Injektion auf. Ich erkläre ihm, daß ich dies ja wunderschön finde, da ich mit der Einnahme von zentralnervlich wirkenden Medikamenten entweder böse Erfahrung (z. B. schwere depressive Verstimmungen mit Muttermilcheinschuß durch Tiapridex) gemacht hätte oder aber, daß sie ohne durchgreifende Wirkung auf die verspannte Muskulatur, wie Akatinol, welches ich ein Jahr konsequent einnahm, blieben. Herr Professor Dr. G. antwortet mir: Das ist doch klar. Diese Medikamente wirken oben im Gehirn, jedoch nicht auf die Muskulatur, welche bei Ihnen die Schmerzen verursacht. Das Problem liegt nun darin, daß ich nicht weiß, ob Sie eine Woche stationär hierher kommen können, da sie ja drei Kinder zu versorgen haben.

Ulrich fragt: Wie viel Zeit wird denn benötigt? Der Professor rechnet laut: Zwei Tage Beobachtung, Untersuchungen und Kennenlernen. Am dritten Tag die Injektion. Danach auch übers Wochenende Beobachtung auf die genügende Wirksamkeit der Dosis. Eventuell erneutes Nachspritzen. Sagen wir mal fünf Arbeitstage? Wäre das wohl möglich? Unsere Antwort: Natürlich, das ist ein wesentlich geringerer Zeitraum als wir befürchtet hatten. Der Herr Professor verabschiedet sich und bittet seine Sekretärin, uns einen Termin zu geben. Wir werden gebeten am Dienstag, den 13. 10. 92 uns bis spätestens 11.00 h auf Station 22 einzufinden.

Angesichts dieses Vorstellungsgespräches können Sie, liebe(r) LeserIn, sich ausmalen, mit wie viel Vertrauen ich mich von meinen Mann in diese Universitätsklinik bringen ließ. Erst viel später habe ich von einer Krankenschwester in meinem Bekanntenkreis erfahren, daß gerade die menschliche Seite in Kliniken dieser Art sehr zu wünschen übrig läßt. Hier steht offenbar die Forschung, nicht aber die Menschlichkeit im Vordergrund! Noch nicht einmal die Forschung wurde auf der Station, in die ich kam, geordnet betrieben. Sicherlich ist man als Patient/in in einem kleinen Urwaldkrankenhaus besser aufgehoben als dort, wo ich damals gelandet war.

Ich darf gar nicht groß darüber nachdenken, wie viel Leid und wie viel Ärger mir z. B. – vereinfacht beschrieben – mit ein paar Äpfeln, Bananen und Orangen und sonst nichts weiter erspart geblieben wäre. Nun ja, hinterher ist man immer klüger. Ich hoffe nur, daß Sie für sich solche Episoden durch eine gesunde Ernährungs- und Lebensweise verhindern können, denn der nun folgende Bericht über meinen Aufenthalt in dieser Klinik ist in vielerlei Hinsicht kein Einzelfall.

Wenn Leute aus den verschiedensten Krankenhäusern kommen, finden sich immer wieder im dort Erlebten Parallelen, wie ich sie nun beschreibe. Wenn nicht Menschen in Gefahr gewesen wären, würde ich Ihnen zum Lesen dieses Tatsachenkrimis eine Gute Unterhaltung wünschen. Diese Erlebnisse als authentischer Film nach einer wahren Begebenheit gedreht, wäre sicherlich als Klinikschocker Oscar-reif.

Am liebsten hätte ich diesen Bericht damals ohne Änderung der Namen und des Ortes an die Öffentlichkeit gebracht, aber in Deutschland bekommen in der Regel die Ärzte immer recht, wenn ihnen nicht gerade eindeutig schwerwiegende Fahrlässigkeit oder gar ein Mord nachgewiesen werden kann. Und das ist fast unmöglich.

Ich möchte noch einmal darauf hinweisen, daß sich die nun folgende Kritik ausschließlich nur auf diejenigen Ärzte bezieht, die sich Patienten gegenüber etwas zu Schulden kommen lassen. Längst nicht jeder Arzt ist ein Verbrecher. Aber auch längst nicht jeder Arzt ist die Unschuld in Person! Ich bitte die Leser bei allen Angesprochenen immer zu differenzieren.

Bisweilen sehen die Ärzte ihre Behandlungsfehler zwar an Ort und Stelle ein, aber wenn Schadensersatz gefordert wird, behaupten sie einfach, der Patient habe bereits einen Vorschaden gehabt. Meinem Schwiegervater z. B. wurde von einem HNO-Arzt (Hals-Nasen-Ohren-Arzt) ein Untersuchungsgerät dermaßen brutal in den Rachen eingeführt, daß er wochenlang unter den Prellungen und noch heute unter einem knackenden Kiefergelenk leidet. Als mein Schwiegervater während der Untersuchung schon dem Arzt mit Mimik und Gestik den intensiven Schmerz mitteilte, bekam er vom behandelnden Arzt zu hören, er solle sich mal beherrschen und sich nicht so anstellen.

Mit dem geschwollenen Gesicht, nicht in der Lage, den Mund zum Essen zu öffnen, nur mit einem Trinkhalm Flüssigkeit zuzuführen imstande zu sein und dem Attest seiner Hausärztin zeigte sich mein Schwiegervater dem Arzt. Dieser wurde ganz schüchtern und entschuldigte sich bei meinem Schwiegervater. Als mein Schwiegervater dann eine Schmerzensgeldklage auf dem Weg brachte, wollte dieser (Un)Mensch von Arzt nichts mehr von einer geäußerten Entschuldigung seinerseits wissen. Nun behauptete er einfach, mein Schwiegervater hätte schon vor dieser besagten Untersuchung einen Vorschaden im Kieferbereich gehabt.

Gesetzt den Fall, der Mediziner hätte wirklich von einem Vorschaden gewußt: Mit welchem Recht haut der Arzt bei der Untersuchung eigentlich meinem Schwiegervater die Instrumente in den Rachen, als habe er ein totes Schwein und nicht – wie es der Tatsache entsprach – einen lebendigen, älteren Herrn, also einen Achtung und äußerste Sorgfalt gebührenden Menschen vor sich? Ungeheuerlich, was sich die Weißkittel in Deutschland ungestraft herausnehmen können! Er hätte auf jeden Fall zahlen müssen, denn: Entweder hatte mein Schwiegervater einen Vorschaden, dann hätte er noch mehr Sorgfalt walten lassen müssen, als wenn keiner vorliegt, oder mein Schwiegervater hatte, wie es den Tatsachen entsprach, keinen Vorschaden, dann hat er ebenfalls die Untersuchung mehr als unsachgemäß durchgeführt. Folglich hat er ebenfalls für den durch ihn verursachten Schaden aufzukommen.

Gut zu machen ist ein solch unbarmherziges Verhalten, wenn er jemanden den Kiefer bricht oder ausrenkt und dann noch schnoddrig dem schmerzverzehrten Patienten Mimosenhaftigkeit unterstellt, sowieso nicht! Aber bei Gerichtsverfahren mit einem solchen Ausgang steht zu befürchten, daß der Patient sich in Zukunft für Behandlungsschäden auch noch zu bedanken hat.

Schließlich kann mein Mann als Metallfachmann sich auch nicht dreist herausreden, wenn er bei Reparaturarbeiten am Schloß einer Tür diese samt der Zage aus der Wand reißt, indem er zum Kunden sagt: „Was wollen Sie eigentlich? Das Türblatt wies doch schon vorher drei Kratzer auf!" Ich gehe jede Wette ein, daß er damit nirgends durchkäme. Aber: Natürlich verlor mein Schwiegervater den Prozeß.

Und das, obwohl nicht der Arzt selber, sondern seine Haftpflichtversicherung hätte bezahlen müssen. Wozu versichern sich die Ärzte überhaupt, wenn sie doch regulär als gerichtlich unangreifbar behandelt werden?

Wenn ein Arzt seine Untersuchungsinstrumente zur Hand nimmt, kann der Patient einen sachgerechten Umgang damit erwarten. Der Arzt muß sich im Klaren sein, daß er, wie bei meinem Schwiegervater damals, mittels des Hebelgesetzes ganz flink den Kiefer des Betreffenden ausrenken oder brechen kann. Passiert es ihm doch, so muß er oder seine Versicherung dafür aufkommen. Bei fast keinem anderen Schadensfall wird der Geschädigte mit seinen Ersatzforderungen derart im Regen stehen gelassen wie im medizinischem Bereich.

Die Richter sollten sich gesund ernähren und leben, dann hätten sie es auch nicht mehr nötig, vor den Medizinern „kleine Brötchen" zu backen. Solange man mit dem Bewußtsein lebt, ständig wegen Krankheiten von ihnen abhängig zu sein oder werden zu können, ist es doch klar, daß mit Kritik oder gar berechtigten Strafmaßnahmen speziell an dieser Berufsgruppe mehr als gespart wird.

Den Nachbarn zu verklagen, scheuen bekanntlich nur wenige. Den Chef zu verklagen, überlegt man sich lieber drei- als nur zweimal. Den Arzt zu verklagen, hat hierzulande solch geringe Erfolgsaussichten, daß man es lieber läßt. Also: Alle rechtliche Macht den Ärzten!

Irgendwie drehen und wenden sie sich so, daß schließlich der Patient es ist, der wegen Verleumdung angeklagt wird. Wer geht schon, bevor er Beschwerden hat, zum Beispiel einen gebrochenen Arm, hin und läßt prüfen, ob die Nerven in dem Arm auch alle intakt sind? Sollte man aber, denn sonst können Sie nicht mehr beweisen, daß die möglicherweise vom behandelnden Arzt geschädigten Nerven im Arm nicht schon vorher waren. Ich kenne eine Dame, die für den Rest ihres Lebens mit einem gewickelten Arm herumlaufen muß, weil dieser durch einen unsachgemäß angelegten Gips geschädigt wurde. Sie hat eben kein Attest, daß die Nerven des Armes intakt waren, unmittelbar bevor sie sich den Arm brach.

Und das ist nur ein kleiner Bereich, den man vorher untersuchen und bestätigen lassen müßte, wollte man eine Chance auf Schmerzensgeld wegen ärztlicher Kunstfehler haben. Wenn dann die Bescheinigung nicht immer neuesten Datums ist, war selbst das vergebliche Mühe, denn der Vorschaden kann ja nach der letzten Untersuchung, jedoch vor der Behandlung durch den Arzt eingetreten sein. Sie können sich also drehen und wenden, wie Sie wollen: Der Arzt ist fast immer im Recht! Nicht der Arzt steht in der Beweispflicht beste Arbeit geleistet zu haben, sondern der geschädigte Patient, oft seiner Gesundheit lebenslang beraubt, muß beweisen, daß der Arzt Murks gemacht hat. Hier ist dann die Endstation, denn die allerwenigsten Ärzte sagen gegen einen Kollegen aus. Und wie will ein neutraler Arzt im Nachhinein beweisen, daß kein Vorschaden bestanden hat? Sie haben also als geschädigter Patient bei unseren Gerichten so gut wie keine Chance, ihren berechtigten Schmerzensgeldanspruch geltend zu machen.

Wenn ich nun einen großen Teil meines damals Erlebten hier wiedergebe, dann mit dem Ziel, daß Sie, falls Sie zu den Glücklichen zählen, die noch keine Krankenhauserfahrung haben, sich der Illusion entledigen, dort bestens versorgt zu werden, wenn es einmal nötig ist. Weil dies oft nicht der Fall ist, sollte man am besten dafür sorgen, daß man nicht in die Verlegenheit kommt, eine ähnliche Erfahrung wie die folgende machen zu müssen. Es reicht schon, wenn man durch einen Unfall manchmal nicht daran vorbei kommt. **Die meisten Krankenhausbetten sind nun einmal von Zivilisationskost- und nicht von Unfallgeschädigten belegt.**

Den Bericht versehe ich mit einer anderen Schriftart, weil ich einige Ärgernisse von damals heute nicht mehr hätte. So regte ich mich beispielsweise über ein kalt gewordenes Mittagessen auf. Rohkost wird nun einmal nicht kalt. Und Kaffee, der mir vermeintlich damals gut tat, würde heute von mir nicht mehr angerührt. Ach, es ist schlimm, was man alles mitmacht, wenn man's nicht besser weiß...

Bericht meines Aufenthaltes im Hospital in einer
– Universitätsklinik – in Deutschland vom 13. – 16. Oktober 92

Dienstag 13 Oktober 92
10.30 h Ankunft auf der Station 21 statt, wie verabredet, Station 22.
11.30 h Herr Dr. B. beginnt ein Aufnahmegespräch, wird jedoch nach ein paar Sätzen angefunkt und verläßt mit den Worten:

Ich komme dann später noch einmal zu Ihnen, den Raum. An diesem Tag sehe ich weder Dr. B. noch irgend einen anderen Arzt bzw. eine Ärztin.

ca. 18.45 h Als ich am frühen Abend feststelle, daß mein mit 30,00 DM bezahlter Telefonanschluß nicht funktioniert, bitte ich eine Schwester, mir behilflich zu sein, was aber mit den Hinweis, keine Zeit zu haben, abgelehnt wird. Kommentar: Morgen früh wird sicher dafür gesorgt. Zu diesem Zeitpunkt hat mein Mann schon unzählige Male die Zentrale angerufen, als auch zweimal die Schwester auf der Station gebeten, mir bei der Inbetriebnahme des Telefons behilflich zu sein. Bei einer ruppigen Abfuhr dieser Bitte bin ich im Stationszimmer anwesend.

Meine persönliche Meinung zu diesem Tag: Dies ist die Station der defekten Objekte, denn: Ich erhielt den Nachttisch erst abends, weil angeblich mehrere unbrauchbar waren. Das Telefon funktionierte nicht und die Nachtschwester bemühte sich spät abends um eine Fernbedienung für meine Klingel, da auch hiervon offensichtlich mehrere defekt waren. Ich erhielt die Fernbedienung für die Klingel. Wenigstens die Nachtschwester erweist sich als sehr zuvorkommend, freundlich und hilfsbereit. Jeder Mangel für sich ist eine Kleinigkeit, aber aus der Summe dieser ergibt sich eine Problematik, welche mich dazu veranlaßt die Mängel einzeln aufzuführen.

Mittwoch 14. Oktober 92
   ca. 9.30 h Blutabnahme, danach Frühstück
   11.00 h Dr. B. erklärt, daß ehe man die Botulinum-Spritzen injiziert, man erst mit der Gabe von Apomorphin, unter die Bauchdecke gespritzt, versucht, die Muskelbewegungen zu beeinflussen. Des weiteren wird mir erklärt, daß ich vorsorglich ein Medikament erhalten würde, welches die Übelkeit und das Erbrechen verhindern oder vermindern sollte. Ich erhielt auf meine Frage, warum Apomorphin gegeben wird, die Antwort, daß dies Mittel – wenn es bei mir eine positive Wirkung habe – unproblematischer sei als das Botulinum.
   ca. 11.15 Erhalt des Mittagessens.
   ca. 11.30 Eine mir bis dahin unbekannte Ärztin erscheint, fordert mich während der Mahlzeit auf, den Antibrechsaft einzunehmen

und injiziert sofort das Apomorphin, welches, nach Angaben der Ärzte, häufig Übelkeit und Erbrechen nach sich zieht. Deshalb wird vorher der Saft gegeben.

ca. 11.50 Eine plötzliche Hitzewelle durchflutet meinen Körper und ich bin nicht mehr in der Lage zu klingeln, weil ich noch in meinen Rollstuhl am gedeckten Tisch im Zimmer sitze. Zufällig kommt die Praktikantin D. ins Zimmer und ist verdutzt, wie schnell ich nach der Essensabdeckung greife und diese zur Spuckschale umfunktioniere. Sie ist mir behilflich beim Festhalten, da ich mich so intensiv übergebe, daß ich glaube, in Atemnot zu kommen und sekundenlang mit beiden Armen um mich rudere. Die Praktikantin holt einen Pfleger zu Hilfe, als das Erbrechen beendet zu sein scheint. Dieser ist mir beim Zähneputzen behilflich und hebt mich ins Bett. Der vollgespritzten Joggingjacke habe ich mich entledigt. Nach ca. fünf Minuten erfaßt mich erneut das Übergeben. Ich schelle wieder um Hilfe. Der Pfleger kommt und hält mir nun eine Nierenschale vor. Als ich den Brechvorgang beendet habe, bei dem meine Oberbekleidung, sowie die Bettdecke arg in Mitleidenschaft gezogen wurde, bringt der Pfleger die halb gefüllte Spuckschale fort. Mein Warten auf seine Rückkehr um mich zu säubern, entpuppt sich als sinnlos, denn nach einigen Minuten klingele ich, weil mir aufgrund der durchnäßten Oberbekleidung fröstelt. Die uninformierte Frage des hereinkommenden Pflegers: Wer hat geschellt, was wird gewünscht? beweist mir, daß es hier offensichtlich nicht selbstverständlich ist, daß ein sich übergebender Patient bzw. Patientin bis zum vollständigen Wechseln der verschmutzten Bekleidung und Bettwäsche betreut wird.

ca. 14.00 – 14.30 h Aufnahmeuntersuchung durch die Ärztin, welche mir zuvor das Apomorphin gespritzt hatte. Sie begründet die erneute Befragung mit der Tatsache, die am 29. Sept. 92 in der Ambulanz von mir angelegte Akte sei nicht auffindbar.

Meine persönliche Meinung in diesem Punkt: Wie kann diese Ärztin mir eine Spritze verabreichen, bevor sie weder eine Aufnahmeuntersuchung noch eine Akte von mir eingesehen hat? Nach den noch aufzuführenden Erfahrungen der nächsten Tage ist mir klar, es war schlicht beschrieben die nicht durchdachte Ausführung einer Anordnung.

Wenige Wochen nach diesem Erlebnis habe ich erfahren, daß Apomorphin oft gespritzt wird, wenn Menschen wegen geschluckter Gifte zum Erbrechen gebracht werden sollen. Ist es da verwunderlich, daß ich mich so heftig übergab? Irrsinnigerweise machten sich hier die Mediziner eine Nebenwirkung des Apomorphin (Verlangsamung der Muskelbewegungen) zur Hauptwirkung und versuchten die sonst übliche Hauptwirkung (Auslösen des Brechreizes im Gehirn) mit einem Gegenmittel zu unterbinden. Dies wurde mir natürlich nicht in dieser Deutlichkeit gesagt. Ich war doch gekommen, um eine Behandlung zu erfahren, welche nicht über das zentrale Nervensystem wirkte. Da kann man mal sehen, wie weit man sich von den Ärzten hinters Licht führen läßt, wenn man abhängig von ihnen ist. Und so schrieb ich damals weiter:

> *ca. 14.30 h Ich begebe mich zur Telefonzentrale, da es dem Pflegepersonal trotz mehrmaligen Vortragen meines Problems mit dem Telefon – ich kann weder angerufen werden, noch kann ich telefonieren – nicht möglich ist, mir zu helfen.*
>
> *An diesem Tag habe ich das Problem bereits um 7.00 h dem Pflegepersonal geschildert. Mir ist um 14.30 h bekannt, daß innerhalb dieser siebeneinhalb Stunden zweimal die Zentrale vom Pflegepersonal angerufen wurde. Die letzte Information des Pflegepersonals um ca. 9.30 h hatte gelautet, daß wohl der Apparat defekt sei und der Elektriker verständigt würde. An der Zentrale wird mir nun eröffnet, das Nichtfunktionieren meines Anschlusses liege in dem Problem begründet, daß die vorherige Patientin ihre Code-Nr. nicht abgemeldet hatte. Die Dame am Computer in der Telefonzentrale sagt mir eine rasche Beseitigung des Telefonproblems zu. Hoffnungsvoll begebe ich mich wieder zur Station 21.*
>
> *16.10 h Erst jetzt erreicht mich mein Mann an meinem Anschluß, nachdem er aus 150 km Entfernung telefonierend darauf bestand, mich über meinen Anschluß erreichen zu können.*
>
> *Meine persönliche Erkenntnis: Um eine vergessene Code-Nr. zu löschen, bedarf es einer Wartezeit von einundzwanzigeinhalb Stunden und der energischen Einflußnahme Außenstehen-*

der. Dies ist einer von mehreren Punkten, welche mir den Verdacht nahe legen, daß Patienten (vorwiegend von der Neurologischen?) nicht ernst genommen werden.

Donnerstag 15. 10. 92

ca. 9.00 Während ich frühstücke entnimmt die mir nun bekannte Ärztin meiner Zimmernachbarin Blut und unterrichtet mich darüber, daß eventuell noch einmal ein Versuch mit Apomorphin an mir gestartet wird, dann jedoch unter günstigeren Bedingungen, so um ca. 10.00 h. Also lasse ich den Rest meines Frühstücks stehen, nehme den mir servierten Antibrechsaft, dessen Name mir bis jetzt noch unbekannt ist, ziehe mir die etwas bespuckte Jogginghose vom Vortag an und warte der Spritze entgegen.

11.00 h Die Visite erwähnt nichts mehr von einem erneuten Versuch mit Apomorphin. Es werden Röntgenuntersuchungen, vielleicht sogar eine Tomografie in Erwägung gezogen. Euphorisch gestimmt rufe ich meinen Mann an, daß es nun doch offensichtlich losgeht mit den erwarteten Untersuchungen. Immerhin war ich zweieinhalb von fünf vorgesehenen Arbeitstagen da. Professor G. hatte ja für die intensive Untersuchung, Behandlung und Nachbeobachtung fünf Arbeitstage bei unseren Vorstellungsgespräch in Anwesenheit von Dr. L. am 29. 9. 92 veranschlagt.

Nun beginnt ein nervenstrapazierendes Warten auf Untersuchungen, welche nicht durchgeführt werden, wie sich noch herausstellt.

16.30 h Verzweifelt über die Erkenntnis, daß dieser dritte Arbeitstag ohne jegliche Andeutung einer Untersuchung bzw. Behandlung enden wird, fange ich Dr. B. auf dem Flur ab und frage nach den in der Visite besprochenen Untersuchungen, wann diese denn nun vollzogen würden. Zu meinem blanken Entsetzen erhalte ich von ihm die Antwort: Ich denke, daß es wohl Montag klappen wird.

Mit der letzten Kraft meiner noch vorhandenen Beherrschung informiere ich ihn darüber, daß der Montag bereits der fünfte von fünf für mich vorgesehenen Arbeitstagen sei, in denen ich sorgfältig untersucht, das Botulinum-Toxin gespritzt und seine Wirkung beobachtet werden sollte. Herr Dr. B. stutzt und ant-

wortet: Ich war bis jetzt nicht davon unterrichtet, daß Sie terminlich so eingeengt sind.

Fassungslos entschließe ich mich schnell mein Zimmer zu befahren und meinen Mann zu informieren, daß wohl vor Montag nichts, aber auch gar nichts laufen wird. Mein Mann nimmt telefonisch Kontakt zu Herrn Dr. B. auf. Dieser kommt zu mir und informiert mich, daß er nun in Anbetracht meiner terminlichen Beschränktheit von den vorgesehenen Untersuchungen absehen und dafür sorgen wolle, daß ich morgen das Botulinum eingespritzt bekäme.

Um nicht in den Verdacht zu geraten, einer Beruhigungsmedikation zu bedürfen, weil ich in Anbetracht der Tatsache, daß nun aufs Geratewohl das Gift injiziert werden solle, nahe daran bin, in Tränen auszubrechen, ziehe ich es vor, Herrn Dr. B. einen kleinen Brief zu schreiben. Ich informiere ihn, daß ich durchaus bereit bin, meinen Aufenthalt in der Klinik zu verlängern, wenn Untersuchungen und daraus resultierende Behandlungen durchgeführt werden. Ich unterstreiche, daß ich mich lediglich gegen das Absitzen meiner Zeit gewandt habe.

18.30 h Eine aus dem asiatischen Raum stammende Schwester bringt mir den obligatorischen Saft, gegen den ich es vorziehe, mich nicht zu wehren, weil er mir ja nicht schadet. Als ich ihn einnehmen will, stoße ich ihn versehentlich um. Damit mir nicht unterstellt wird, mutwillig vom Arzt verordnete Medikamente zu verweigern, sage ich zu der Schwester: Schwester, mir ist der Saft umgefallen. Können Sie mir neuen bringen? Die Schwester grinst mich an, erhebt wedelnd den Zeigefinger, gießt Tee in das Schnapsgläschen und flößt mir diesen ein. Ein zweites Mal versuche ich an mein mir verordnetes Medikament zu kommen, indem ich nochmals mit den Finger auf den Saft deute und laut, langsam und deutlich spreche: Schwester, haben Sie mich wohl richtig verstanden? Da schwimmt mein Saft! Bringen Sie mir bitte neuen Saft. Ihre lächelnde Antwort: Ja, ich habe Sie gut verstanden. Ich bringe Ihnen gleich neuen Saft. Einen Moment später versuche ich mir bei auf dem Flur anwesenden Patienten erfolglos ein Blatt Papier auszuleihen, um Herrn Dr. B. schreiben zu können. Als ich beabsichtige, wieder in mein Zimmer zu fahren, steht die Schwester mit (hoffentlich!)

meinem Schnapsglas und einer Kanne Tee in den Händen vor mir, schüttet Tee in selbiges und flößt ihn mir erneut ein. Nachdem sich das Gleiche nochmals wiederholt, fragt die lächelnde Schwester: Ist es jetzt gut so? Ja, es ist sehr gut so, habe genug Saft, Schwester, antworte ich schnell und flüchte rasenden Rades in mein Zimmer.

Meine persönlichen Gedanken am Ende dieses Tages: Entweder hält diese Schwester mich für verwirrt, oder sie denkt, ich hätte Spaß daran, aus lauter Langeweile neckische Spielchen mit ihr zu betreiben. Zu meiner Beruhigung kann ich mir noch sagen, daß es mir nicht geschadet hat, das Medikament nicht einnehmen zu können, aber was wäre wohl gewesen, wenn es ein sehr wichtiges Medikament wäre? Die Erlebnisse heute vermitteln mir fast den Eindruck als normal Denkende aufgenommen worden zu sein und höllisch aufpassen zu müssen, nicht durchzudrehen.

Freitag 16. 10. 92

ca. 8.45 h Ich sitze geduscht und im Bademantel vor meinem Frühstück. Zwei Pflegerinnen betreten das Zimmer und holen sowohl meine Zimmernachbarin als auch mich zum Röntgen. Wie ich unterwegs erfahre, ist ein Röntgen der Lungen bei mir vorgesehen. Da es sinnlos ist, den Pflegerinnen zu erklären, daß sicher eine Fehlinformation vorliegt, lasse ich mich durch die Gewölbe zur Radiologie schieben. Nachdem ich die Anwesenden vor den Geräten durch ein Guten Morgen zu einem zögernden Erwidern des Grußes bewegt habe, stelle ich die Frage, wieso denn meine Lungen geröntgt werden sollten. Ich bekomme zur Antwort: Das wissen wir doch nicht. Was angeordnet wird, führen wir durch. Können Sie sich hinstellen? Nein? Auch nicht, wenn Sie sich festhalten? Ich kann nur noch sagen: Es bringt doch nichts! Schon werde ich zur Station zurückgeschickt.

9.30 h Mein Kaffee ist kalt, das nervenraubende Warten beginnt. Drei Versuche über drei verschiedene Pfleger die Durchwahl zum Professor oder seiner Sekretärin zu erhalten werden mit ausweichenden Antworten wie: Der Professor ist erst Montag oder Dienstag wieder im Haus., Da müssen Sie schon selber

mit dem Fahrstuhl hinunter fahren. und: Die Nummer hat der C., aber der telefoniert gerade, zum Scheitern verurteilt.
Mein persönlicher Gedanke zu diesen Erlebnissen: Vielleicht dürfen die Pflegekräfte nicht anders reagieren, genau wie die Herren Radiologen im Falle eines zweifelnden Patienten an der Richtigkeit der zu röntgenden Körperteile, nicht über Sinn bzw. Unsinn der Anordnung nachdenken. Es wird nicht einmal Rücksprache mit dem Stationsarzt genommen. Wenigstens hat mich meine Behinderung in den Vorteil versetzt, nicht unnützen Röntgenstrahlen ausgesetzt zu werden. Ich hatte doch Herrn Dr. B. um das Röntgen meiner Wirbelsäule gebeten! Mir ist unerklärlich, wieso die Lungen geröntgt werden sollten.

11.00 h Erhalte von der Zentrale die Nummer des Sekretariats vom Professor. Ich trage der Sekretärin einige Punkte vor, welche mich an den Rand der Verzweiflung zu bringen drohen. Die Sekretärin informiert mich darüber, daß der Professor am Nachmittag oder am Sonntag nach mir sehen wird. Ich bedanke mich und lege auf.

11.30 h Soeben will ich mein Mittagessen einnehmen, da holt mich eine Schwester zum EMG (eine Muskelspannungsmessung) ab. Von dem erneuten Überfall ohne Absprache mit Dr. B. habe ich mich im EMG-Labor gerade erholt, als ich aufgefordert werde, den Pullover auszuziehen. Es wird mir gesagt, sie als Ärzte hätten die Pflicht, mich über mögliche Schluckbeschwerden zu informieren, die, wenn auch selten, doch eben als eine Nebenwirkung auftreten können. Als die Ärzte mein Zögern zur Zustimmung bemerken, bieten sie mir an, mir die Sache übers Wochenende zu überlegen. Sie überreichen mir ein drei Seiten umfassendes Schriftstück mit Informationen über Botulinum-Toxin, die ich noch nicht erhalten hatte. Auf meine Frage, wieso sie das jetzt so plötzlich spritzen wollen, bekam ich zur Antwort: Weil wir über das Sekretariat erfahren haben, daß Sie keine Zeit mehr zum Verbleib in dieser Klinik haben. Geben Sie uns nun Ihr Einverständnis zum EMG und sofortiger Injektion des Botulinum-Toxins oder wollen Sie es sich noch mal überlegen? Ich entschließe mich für das Überlegen und verlasse an diesem Tag zum zweiten Mal einen Untersuchungsraum ohne die Untersuchung und darauffolgende Behandlung

durchführen zu lassen. Einer der Ärzte, ich nehme an, es ist Herr Dr. D., fährt mich zur Station zurück. Wir reden darüber, ab wann ich wohl über das Wochenende nach Hause darf. Der Arzt informiert mich, daß ich nur eine Nacht beurlaubt werden kann, ansonsten entlassen werden müsse.
Im Zimmer angelangt ruft mein Mann an. Während ich mit ihm spreche, bekommt Herr Dr. B. mit, wie ich die soeben erhaltene Urlaubsregelung an ihn weitergebe. Er bittet darum, mit meinem Mann sprechen zu dürfen und informiert ihn dahin gehend, daß es überhaupt kein Problem sei, wenn ich heute nach Hause führe. Ich würde dann heute von ihm entlassen und selbstverständlich am Montagmorgen um 8.00 h wieder aufgenommen. Er gibt meinem Mann gegenüber zu, daß bei mir schief gelaufen ist, was nur schief laufen kann. Er begründet es damit, daß er nicht über das informiert gewesen sei, was der Professor uns zugesagt habe. Außerdem sei der für meine spezielle Behandlung mit Botulinum zuständige Dr. E. erkrankt, ein weiterer Spezialist sei ebenfalls diese Woche verhindert gewesen.

Meine persönliche Meinung zu diesen Geständnissen: Hätte man mich über die Tatsache der Verhinderung zweier für mich wichtiger Ärzte informiert, wäre alles kein Problem gewesen. Ich hätte die Klinik mit einem neuen Termin verlassen und wäre zum nächsten Termin zurückgekehrt. Außerdem grenzt es schon an Ungeheuerlichkeit ein Informations- und Einverständniserklärungsblatt – über drei Seiten umfassend – ausgehändigt zu bekommen, während ich schon mit halb entblößten Oberkörper und mir gegenüber der Arzt mit der Nadel in der Hand sitzt. Ich hatte zwei Wochen vor Aufnahme in die Station 21 und drei volle Tage auf der Station Zeit, mir die Blätter durchzulesen und eine Entscheidung zu treffen.
ca. 13.30 h Herr Dr. B. setzt meiner Zimmernachbarin eine hirndurchblutungsfördernde Infusion von üblicher Infusionsflaschengröße. Sodann wünscht er ein schönes Wochenende. Etwa 5-10 Minuten später stellen Frau M. und ich fest, daß die Flasche fast leer ist. Mit einer Mischung aus Erstaunen und Entsetzen beobachte ich, wie die Flasche sich in einer Geschwindigkeit entleert, als würde sie auf Ex getrunken. Frau M. klingelt. Ein Pfleger erscheint und fragt erstaunt: Wie, ist der Tropf schon durch? Kritisch frage ich zurück: Ja, geht das

denn mit rechten Dingen zu? Ist das denn normal? Antwort des Pflegers: Ja, das wird schon in Ordnung sein. Frau M. ist ja nicht kollabiert, drum ist auch nichts passiert.
Meine Gedanken zu diesem Punkt: Jetzt setzt's aber ganz aus! Ich beneide die Ärzte, Pfleger und Pflegerinnen um Ihre starken Schutzengel. Hoffentlich bleiben die Schutzengel auch weiterhin bei den Patienten. Ich wäre ja gar nicht stutzig geworden, wenn Frau M. nicht gesagt hätte: Diese Infusion kenne ich. Sie tut mir immer gut. Aber normalerweise dauert es Stunden, bis sie durchgetropft ist. Auch die Reaktion des Pflegers bedarf nur einer klaren Beobachtungsgabe, um das sichere Gefühl zu erhalten, daß hier mal wieder mehr Glück als Verstand zugegen war! Wenn der Tropf absichtlich so schnell durchlaufen soll, muß dem Patienten dies doch gesagt werden, zumal die Frau Erfahrung mit diesem Infusionsinhalt hat. Wenn bei dieser Infusionsgeschwindigkeit auch nur eine geringe Gefahr für ein Kollabieren vorhanden ist, besteht doch wohl die Pflicht zur Beobachtung für die Dauer der Infusion. Ich habe als Laie nicht die Sachkenntnis, um das richtige Handeln von Dr. B. in diesen Fall zu bewerten, aber mein Verstand sagt mir, daß auch in diesem Fall der Patient die Konsequenzen der ungenügenden, um nicht zu sagen – katastrophalen – Kooperation unter den Ärzten und Pflegern zu tragen hat.

Diesen Bericht verfaßte ich zu Hause während des Wochenendurlaubs am Computer. Damals war ich noch nicht die stolze Besitzerin eines Laptops, sondern hatte mir nur wenige Stichpunkte notiert. Zeit zum Schreiben hatte ich dort ja reichlich gehabt, aber handschriftlich ist das leider nicht so einfach für mich. Ich beschloß damals, den Bericht Herrn Dr. B. mit einem Begleitschreiben auszuhändigen. Heute kann ich nur mit den Kopf schütteln, wie viel Geduld man mit Ärzten hat. In vielen anderen Branchen hätte es für nicht eingehaltene Termine für den Unternehmer dicke Konventionalstrafen gesetzt! Ich jedoch, in meiner damals mißlichen Lage, habe an Herrn Dr. B. folgenden Brief geschrieben.

19. Okt. 92

Sehr geehrter Herr Dr. B.,

mir ist klar, daß es Ihnen während der Dienstzeit nicht möglich ist, meinen sieben Seiten umfassenden Erlebnisbericht über vier Tage Aufenthalt in Ihrer Station sich in Ruhe zu Gemüte zu führen.
Obwohl ich zu jedem Tag zunächst den rein faktischen Ablauf und erst danach meine Gedanken und Gefühle beschrieben habe, muß ich Sie bitten, nicht der Versuchung zu unterliegen, der Bericht sei ein Manuskript für ein Drehbuch nach Art des bekannten Films „Einer flog übers Kuckucksnest". Nein, es sind Erlebnisse in Ihrer Station als Station einer Universitätsklinik.
Ich kam am Dienstag, den 13. 10. 92 mit einem derart jungfräulichen Vertrauen in diese Klinik, wie ich es seit meiner Kindheit in keines der von mir aufgesuchten Krankenhäuser weder als Patientin noch als begleitende Mutter bei stationären Aufenthalten meiner drei Kinder mehr aufgebracht habe.
Sachlich betrachtet kann man nun mein Wiederkommen nach Durchlesen des Berichtes unter zwei verschiedenen Gesichtspunkten sehen:
*Entweder unter dem Gesichtspunkt des **wahnwitzigen Leichtsinns** oder unter dem der **ungebrochenen Zuversicht**.*

Mit meinem heutigen Wissensstand (Ende 1999/Anfang 2000) weiß ich, daß es eher den Tatsachen entsprochen hätte, den ersten Gesichtspunkt zu sehen, aber damals schrieb ich in meiner Verzweiflung:

Ich habe beschlossen, den zweiten Gesichtspunkt zu sehen und hoffe nun, die richtige Wahl getroffen zu haben. Ich kann mir nämlich keine Alternative suchen. Mir bleibt offensichtlich entweder das Ertragen chronischer Schmerzen in beiden Armen oder der Versuch mit Botulinum-Toxin diese auszuschalten. Als Mensch sind Sie mir nicht unsympathisch, und wenn es Ihnen nun gelingt mit mir einen neurologisch logischen Untersuchungs- und Behandlungsplan aufzustellen, der dann eingehalten wird, werde ich die erforderliche Zeit auch bleiben. Der Professor hatte, wie beschrieben, eine sehr gründliche Untersuchung meiner Bewegungen über einen Zeitraum von knapp zwei Tagen anberaumt. Was darunter zu verstehen ist, wissen Sie wahrscheinlich besser als ich. Wenn dies nicht der Fall sein sollte, bitte ich Sie, dies beim Herrn Professor G. jetzt gleich zu erfragen und mir heute noch in der Visite mitzuteilen. Die Aufnahmeuntersuchung vom 14. 10. 92 kann doch wohl nicht als gründliche Untersuchung im Sinne des Professors ausreichen. Oder unterliege ich diesbezüglich einem Irrtum?

Was das Röntgen betrifft, teile ich Ihnen mit, daß das normale Röntgen auf einem Tisch liegend bei vollem Bewußtsein möglich ist. Die Narkose hatte ich nur erwähnt, falls eine Tomographie als notwendig angesehen würde.

Bitte, ich möchte dem Untersuchungsplan nicht vorgreifen. Untersuchen Sie, was nötig ist, aber unterlassen Sie unnötige Untersuchungen, wie z. B. Lungenröntgen.

Ich verwehre mich des weiteren gegen das zwangsweise Absitzen meiner Zeit, aber auch gegen überfallartiges Abholen während der Mahlzeiten, nachdem ich vorher Stunden, teilweise Tage vergessen wurde, wie es mir letzte Woche dreimal erging.

Abschließend teile ich Ihnen mit, daß ich in keiner Weise mehr bereit bin, die Folgen des immensen Kooperationsmangels zwischen den Ärzten untereinander, sowie den Ärzten und dem Pflegepersonal, zu ertragen. Die vier Tage sind meinem Mann und mir mehr als genug!

Sie werden verstehen, daß ich heute aufgrund meiner Erfahrungen in Ihrem Hause bzw. in Ihrer Station ein großes Maß an Voreingenommenheit mitgebracht habe. Dies bitte ich nicht als Boshaftigkeit auszulegen, sondern als reine Selbstschutzmaßnahme.

Vielleicht gelingt es Ihnen ja durch konsequent und sorgfältig durchgeführte Untersuchungen, wie Behandlungen und Informationen mir einen Teil meines Mißtrauens in Ihrer, wie in der Arbeit Ihres Kollegiums und des Pflegepersonals zu nehmen. Schön wäre es!

Ich füge Ihnen außer meinem Erlebnisbericht in Ihrer Station noch einen kurzen Bericht des Vorstellungsgespräches mit Herrn Prof. Dr. G. bei, damit Ihnen deutlich wird, mit welcher Erwartung ich aufgrund dessen zu Ihnen kam und wie sehr diese Erwartung durch die Erlebnisse letzte Woche enttäuscht wurde.

Mit freundlichen Grüßen
Ihre an Zuversicht offenbar nicht zu schlagende
Marianne Brickenkamp

Nun folgte ein Wechselbad der Behandlungsweisen. Einerseits versuchte man die beschriebenen Erlebnisse zu leugnen oder als subjektive Sichtweise einer enttäuschten Patientin hinzustellen. Andererseits bemühte man sich zumindest in der ersten Woche viele der im Bericht aufgeführten, aber auch viele von mir nicht aufgeführte Mängel zu beheben. Der ganze Pflegedienst der Station wurde beauftragt, den ersten Bericht zu lesen, erzählte mir abends die schon erwähnte zuvorkommende Nachtschwester. Es hatte richtig Wirbel gegeben. Lesen Sie selbst:

Folgebericht über meinen Aufenthalt in der Universitätsklinik Station 21 vom 19. 10. bis 4. 11. 92

Montag, 19. 10. 92
   8.00 h Ich komme zum vereinbarten Termin in die Station 21 zurück. Meine Zimmernachbarin freut sich, daß ich wieder da bin. Um ca. 9.30 h händigte ich Herrn Dr. B. meinen an ihn gerichteten Brief, sowie einen Bericht über die vier vorher erlebten Tage in der Station und einen Kurzbericht über unser Ambulanzgespräch vom 29. 9.92 aus. Herr Dr. B. liest den Brief und zeigt volles Verständnis für die teilweise Härte meiner Wortwahl.
   ca, 10.30 h Beginn der EMG durch Herrn Dr. Sch., der nun seinen Urlaub beendet hat. Danach die Injektion des Botulinum Toxins durch Herrn Dr. K. in die linke und rechte Nacken- sowie auch in die linke Halsmuskulatur.
Meine persönliche Meinung zu dieser Behandlung: Ich habe das erste Mal das Gefühl wirklich als Patientin – auch als Mensch, der man ja immer noch ist – wahrgenommen zu werden und mich ohne Überrumpelung und Hektik in eine Behandlung zu begeben. Herr Dr. K. nimmt sich wirklich Zeit und beantwortet die Fragen meines Mannes und mir sachlich. Ich bin rundum zufrieden und werde den nächsten vereinbarten ambulanten Termin voller Vertrauen wahrnehmen.
   ca. 18.00 h Oberarzt Herr Dr. E, kommt mit Herrn Dr. B. und C., den Stationspfleger, ins Zimmer. Es wird besprochen, daß man, falls ich an einer weiteren Therapie noch über das Botulinum

hinaus interessiert sei, morgen früh im nüchternen Zustand mit vorheriger Gabe von Motilium, so heißt der Antibrechsaft, doch noch einmal einen Apomorphintest starten wollte. Ich beschließe, diesen für mich nicht gerade angenehmen Test noch einmal zu machen, weil ich ja hierher gekommen bin, um die bestmögliche Therapie zu erhalten. Man erklärt mir, daß, wenn die Muskelspannung unter der Injektion zu beeinflussen ist, man mir diesen Stoff, zunächst in ganz geringen Dosen, dann steigend über eine Pumpe, welche mir um dem Hals gehängt und über einen Schlauch mit kleiner Nadel in der Bauchdecke zuführen wird.
Nach diesen fachlichen Gespräch verläßt Herr Dr. B. das Zimmer, und Herr Oberarzt Dr. E. kommt auf meinen Bericht zu sprechen. Er stellt nichts in Abrede und bezieht auch keine Stellung dazu, sondern bittet mich lediglich darum, Beschwerden entweder an ihn oder, was die Station betrifft, an die Stationspfleger zu richten – und dann, bitte, ganz unbürokratisch. Und ich sollte in meinen Berichten doch bitte keine weiteren Patienten einbeziehen. Alsbald verabschiedet sich auch Herr Dr. E.
C., der Stationspfleger, stellt fest, ich hätte ja nur negative Dinge geschrieben. Warum ich nicht auch etwas Positives geschrieben hätte? Die Antwort darauf verkneife ich mir. Schließlich will ich ja noch in der Klinik zur Therapie bleiben. Als ich nichts sage, gibt er sich die Antwort laut selbst und mich wohlwollend entschuldigend, daß ich wohl durch die negativen Dinge so sehr gefesselt gewesen sei, daß ich die positiven Seiten nicht gesehen hätte. Mit Blick auf die nahe Zukunft widerspreche ich nicht. Nun jedoch beginnt er meinen Bericht über das Liegenlassen in erbrochener Kleidung in Frage zu stellen.
Doch jetzt meldet sich meine Zimmernachbarin zu Wort und sagt: Das stimmt aber, ich habe gesehen, wie man sie in der erbrochenen Kleidung liegen ließ. bis sie schellte. Betretenes Schweigen entsteht. Nun fragt C., wie das Zusammenleben auf der Station weitergehen solle. Ich schlage vor, einen neuen Anfang zu machen und einen Schwamm drüber zu tun. Er erklärt sich damit einverstanden.

Meine persönlichen Gedanken nach diesen Gesprächen: Wenn ich nun richtig behandelt werde, lasse ich die Sache wirklich auf sich beruhen. Der Versuch des Stationspflegers, meinen Bericht in wichtigen Fragen als zweifelhaft hinzustellen, ist zwar keine feine Tour, aber mit Blick nach vorne kann man darüber hinwegsehen, zumal Frau M. meine Aussagen bestätigt. Und was die positiven Dinge der beschriebenen vier Tage anbelangt: Ich wüßte nichts, es sei denn, man betrachtet die Hilfe, welche mir beim Umsteigen vom und ins Bett zuteil wurde, wie beim Umsteigen auf einen Toilettenstuhl zum Duschen und zurück nicht als Selbstverständlichkeit in einem Krankenhaus. Ich wäre nie auf die Idee gekommen, daß diese Hilfen in einem Bericht als positiv heraus zu stellen seien. Wären die Betten in der Höhe verstellbar, hätte ich auch auf diese Hilfeleistung verzichten können. Dem Personal und mir wäre sicherlich der regelmäßige engste Körperkontakt erspart geblieben und die Wirbelsäulen der Pfleger und Pflegerinnen zumindest bei Patienten wie mir geschont. Frau M. sagt in meine Gedanken hinein: Der C. fragt nach Positivem. Ehrlich gesagt, mir würde auch nichts eingefallen sein! Wie gut, wenn man in solchen Situationen eine Bettnachbarin hat, welche gleich empfindet!

Ein weiterer Gedanke beschäftigt mich: Ich habe lediglich meine Bettnachbarin in meinen Bericht einbezogen, weil ich das rasante Durchlaufen des Tropfes nun einmal mit eigenen Augen gesehen habe. Alle unmöglichen Situationen, die Frau M. mir vom Wochenende geschildert hat, an dem ich zu Hause war und Bericht erstattete, erscheinen mir sehr glaubwürdig, aber was ich nicht gesehen habe, kann ich – leider – nicht als Erlebnisbericht niederschreiben. Ich werde bei meinem Entschluß bleiben und Gesehenes, wie Erlebtes berichten. Selbst dazu reicht meine momentane Zeit nicht aus. Im übrigen: Ja, meint das Klinikpersonal wirklich, daß ich meine Vene für eine Infusion hinhalte, wenn so lapidar mit hirndurchblutungsfördernden Infusionen umgegangen wird?
Dienstag, 20.10.92
   7.00 h Wir werden in einem fröhlichen Tonfall ausgerechnet von der eher als wortkarg und unfreundlich kennen gelernten Pflegeperson geweckt und versorgt. Vor dem Servieren des Frühstücks wird erst gefragt, ob wir fertig mit dem Ankleiden seien.

Es fällt auf, daß nicht mehr einfach die Tür auffliegt, das Pflegepersonal herein gestoben kommt, das Essen abgestellt und die Tür mit Schwung wieder geschlossen wird. Nun wird vor Betreten des Zimmers angeklopft, sich erkundigt, in welcher Situation sich der Patient befindet und erst dann wird gefragt, ob man zu diesem oder jenem Unternehmen (Bäderabteilung, Röntgen etc.) bereit sei.

ca. 8.15 h Ich werde zum Röntgen der Hals- und Brustwirbelsäule geholt. Dies vollzieht sich diesmal auf einem Röntgentisch. Offenbar ist es nun doch bis zur Röntgenabteilung durchgedrungen, daß ich steh- und gehunfähig bin. Man beweist heute Geduld mit meiner Schwierigkeit absoluten Ruhigliegens. Auch werden Aufnahmen im Sitzen gemacht. Diese müssen wegen meiner motorischen Unruhe wiederholt werden.

9.00 h Ich komme von der Anspannung erschöpft wieder auf mein Zimmer und nehme den bereitgestellten Motilium-Saft zu mir.

ca. 9.40 h Ein freundlicher Arzt, dessen Name mir unbekannt ist, injiziert mir das Apomorphin in den Oberschenkel, weil ich diesen dem Bauchstich vorziehe. Ich bin noch nüchtern, trotzdem wird heute eine exzellente Vorsorge für mögliches Erbrechen betrieben. Vier Spuckschalen, zwei Handtücher, ein Waschlappen und ein ganzes Paket Papiertücher wird bereit gestellt. Heute erbreche ich nichts. Außerdem bleiben der Arzt und die Schwester im Zimmer. Nach wenigen Minuten kann ich beobachten, wie meine Bewegungen viel ruhiger ablaufen. Dann jedoch schlägt die Wirkung aufgrund der für mich vermutlich zu hohen Dosis ins Negative um. Damit habe ich indes gerechnet, weil dies ja ein Test ist. Mir wird es wieder übel, der Brechreiz überkommt mich und ich verstehe zwar das Gesprochene, bin jedoch nicht fähig zu reagieren. Ich habe das Gefühl, das Bewußtsein zu verlieren. Man legt mich ins Bett, und ich erhole mich relativ schnell wieder. Mein Frühstück mit heißem Kaffee trägt bald dazu bei, daß ich mich wieder wohl fühle. Es wird beschlossen, daß am nächsten Tag die Pumpe mit einer sehr geringen Tagesdosis angelegt wird.

Meine persönlichen Gedanken zu diesem Tag: Hier weht jetzt ein ganz anderer Wind. Viele Dinge, welche ich noch nicht einmal in meinem ersten Bericht erwähnt habe, haben sich geändert. Jedes Bett *wird mit Namen versehen. Die großen Uhren auf dem Stationsflur werden wieder in Gang gesetzt und an der Wand richtig verankert. Das Hereinschießen des Personals in die Zimmer ohne anzuklopfen hat schlagartig ein Ende, und während der Pflege unterhält sich das Pflegepersonal mit uns, was sonst kaum geschah.*

Ausnahmen gab es natürlich, z. B. C. war auch in der ersten Woche oft gesprächsbereit. Offensichtlich hat mein Bericht etwas in Gang gesetzt und ich bin froh, mir die Mühe gemacht zu haben. Nun sind Frau M. und ich von der dritten in die erste Pflegeklasse gekommen!

Die Zeit von Mittwoch, den 21. Okt. bis Donnerstag, den 29. 10.92 verläuft für mich vom therapeutischen Standpunkt aus sehr erfolgreich. Ich erhalte regelmäßig Krankengymnastik, Fango-Packungen und Massagen. Die medikamentöse Therapie über die Pumpe verläuft gut. Einmal, am 27. 10., erreiche ich die Grenze, bei welcher Dosis sich die Medikation ins Negative kehrt. Ich bemerke Gliederschwere und depressive Verstimmungen. Sofort wird dem durch Reduzierung der Pumpendosierung abgeholfen.

Ab Donnerstag, den 29. 10. 92 entwickelt sich jedoch ein derartiges Chaos um die Medikamente, welches es wert ist, genau beschrieben zu werden. Man kann über einige Dinge, wie das häufige achtlose Fallen- und Liegenlassen der Kunststoffhüllen von Injektionsnadeln und dem Nichtvorhandensein von Besen, Handfeger und Kehrblech, wie uns auf Nachfrage gesagt wurde, hinwegsehen, wenn man guten Willens ist. Wenn jedoch diese, wie ich meine, nicht sehr ordentlichen Zustände auch auf die Medikamentenverteilung übergreifen, ist Toleranz und Schweigen fahrlässiges Mitverschulden, wenn dadurch wirklich ein Patient / Patientin zu Schaden kommt.

Donnerstag, 29. 10. 92

ca. 7.15 h Die nicht ausgebildete Pflegekraft A. kommt an mein Bett und reicht mir meinen vermeintlichen Motilium-Saft, der mir die Übelkeit und den Brechreiz bedingt durch das Apomorphin aus der Pumpe nimmt. Ohne genau hinzusehen nehme ich den Saft und bemerke, daß Geschmack und Konsistenz sehr vom Motilium abweichen. Sofort spucke ich den Inhalt ins Dosiergläschen zurück und sage der A.: Dies ist kein Motilium. Sie antwortet: Doch, dies ist Motilium. Ich widerspreche und beharre darauf, daß dies sicher nicht mein Motilium-Saft ist.

Sie kommt mit dem Tablett an mein Bett und sagt: Sehen Sie, der Saft steht auf Ihren Namen. Da steht doch Brickenkamp, Motilium. Ich bestätige dies, weise jedoch darauf hin, daß ich schon seit sechzehn Tagen Motilium-Saft bekomme, also genau wüßte, wie er aussieht und schmeckt. Und dies sei ein anderes Medikament. A. bekommt einen ärgerlichen Ton: Aber dies Medikament stand auf dem Tablett auf Ihren Namen. Nun werde auch ich ungehalten und werfe in einem ähnlichen Ton zurück: Da kann auf meinem Namen ja stehen, was da will, jedenfalls ist dies kein Motilium. Dies ist entweder eine Magenmilch gegen Sodbrennen oder ein Abführmittel, keinesfalls jedoch das mir verordnete Motilium. A. holt sich den Krankenpfleger M. zu Rate und fragt ihn: M., was ist das? Dieser sagt den Namen eines anderen Medikaments. A. läuft laut rufend: Hier stehen heute alle Medikamente durcheinander! hinaus und bringt mir meine richtigen Medikamente, nämlich den Motilium-Saft und die Kreislauftropfen, welche ich tags zuvor verschrieben bekam. Auf eine Entschuldigung warte ich vergebens.

Meine persönlichen Gedanken zu diesem Erlebnis: Wenn alle Medikamente durcheinander stehen, kann das ja heiter werden! Eine Magenmilch hätte mir nicht geschadet, ein Abführmittel wäre auch nicht katastrophal gewesen. Einmal gründlich durchgespült hat u. U. seine Vorteile. Aber speiübel wäre mir geworden, weil das Motilium vielleicht derjenige bekommen hätte, der auf das Medikament gewartet hätte, was ich bekam. Irrtümer dieser Art sind jedoch bei dem mir soeben vorgeführten Tablett vorprogrammiert. Wenn die Gläschen auf einer DIN A4 Namensliste fertig verdünnt auf dem Patientennamen stehen, reicht bloß ein geringes Schräghalten durch die verteilende Person, oder aber ein Beiseiteschieben, um ein Gläschen ergreifen zu können, schon steht das Medikament auf dem Namen eines anderen Patienten. Als mir dies bewußt wird, beschließe ich noch wachsamer als bisher zu sein.

ca. 15.30 h Schwester L. kommt mit meinem Motilium-Saft, den zweiten an diesem Tag. Ich frage die Schwester, ob der Herr Dr. G. das Motilium reduziert habe. Mir geht es ziemlich schlecht. Sie antwortet: Nein, Sie bekommen viermal täglich Motilium und dreimal Gutron-Tropfen. Wie oft haben Sie heute denn Ihre Tropfen bekommen? Es stellt sich heraus, daß die jetzigen Tropfen eigentlich für 17.00 h vorgesehen waren. In Anbetracht meines von Übelkeit beherrschten Zustandes darf ich die Medikamente sofort einnehmen. Als die Nachtschwester B. um ca. 21.00 h in unser Zimmer kommt, habe ich meine Übelkeit noch nicht ganz überwunden. Da die nette Schwester bemerkt, daß es mir nicht gut geht, erzähle ich ihr von dem Durcheinander mit den Medikamenten. Am anderen Tag fragt Stationspfleger C. mich, warum ich das der Nachtschwester und nicht ihm erzählt habe. Dies ist leicht zu beantworten: Weil es mir schlecht ging als er seinen Frühdienst beendet hatte.

Meine persönlichen Gedanken zu den Vorfällen: Möchte ja mal gern wissen, wer der Glückliche ist, der meine Medikamente bekommen hat und dem es nun besonders gut geht. Sein/ihr Brechreiz ist unterbunden und der Kreislauf stabilisiert. Oder hat sowohl der Früh- als auch der Spätdienst eine Medikamentenrunde durch die Station eingespart? Ich weiß ja nun, welche Dosis ich bekommen soll und werde von nun an diese auch fordern. Nochmals wird es mir nicht schlecht gehen, weil ich keine Medikamente bekomme.

Es ist doch wirklich verwunderlich, welche Sichtweise ich mir damals zugelegt hatte. Als ob es jemanden dauerhaft gut ergehen kann, der/die sich so viel Gifte einflößen läßt. Zweieinhalb Jahre später hätte ich einem solchen Gedanken nicht mehr nachgehangen...!
Freitag, 30. 10. 92

7.45 h Auf unserem Tisch liegt die Tablettenschachtel eines anderen Patienten aus einem Nebenzimmer. Da dieser Patient oder Patientin schon morgens einige Tabletten einnehmen muß, schelle ich und sage der Schwester Bescheid.

ca. 11.00 h Bei der Visite teile ich Herrn Dr. M. mit, daß ich gern übers Wochenende nach Hause möchte. Als er meint, daß er mich gern zum Wochenende zur Beobachtung dort behalten möchte, sehe ich ihn wütend an und beabsichtige ihn meine Meinung sagen. Doch mein Blick reicht, und ich darf von Samstagmittag bis Sonntagabend nach Hause. Außerdem hatte der Oberarzt, Herr Dr. E., meinem Mann schon zugesagt, daß er mich übers Wochenende holen könne.

Meine persönliche Meinung zu diesem Punkt: Wenn ich das Wochenende dort bleiben soll, dann bestehe ich auf seine ärztliche Beobach-

tung. In der Woche sieht man die Ärzte in der Regel ja schon nur höchstens zwei Minuten bei der Visite. Die Visite ist auch ein Kapitel für sich: Mal findet sie um 9.00 h, mal um 10.00 h, oft um 11.00 h, selten um 13.00 h oder, was auch vorkommt, überhaupt nicht statt. Nun hatte man mir gestern, am Donnerstag, gesagt, daß erst am Montag die Entscheidung durch den Professor gefällt würde, ob ich bei der Pumpe bliebe oder ob Tabletten eingesetzt würden, welche die Pumpe auf Dauer ersetzen können. Da die Einstellung der Pumpe seit Dienstag, 27. 10., nicht mehr verändert worden ist, besteht für mich kein Grund zur Beobachtung dort zu bleiben. Ich brauche ja nur die Pumpe mittags gut gefüllt zu haben, dann kann ich bis zum Abend des nächsten Tages wegbleiben.

ca. 11.45 h Ich komme von der Massage. Das Mittagessen, aber auch die Tropfen stehen schon auf dem Tisch. Meine sind richtig, aber Frau M. hatte kürzlich noch klare Tropfen bekommen, und nun stehen gelbliche, statt der klaren auf ihrem Tablett. Wir wundern uns beide, denn Herr Dr. M. sagt sonst zumindest, wenn man andere Medikamente erhält. Frau M. schellt und fragt den Pfleger S. nach den Grund für die unbekannten Tropfen. Wortlos bringt er die Tropfen fort und bringt Frau M., die ihr bekannten klaren Tropfen. Offensichtlich meint auch er, der Frau M. kein Wort der Entschuldigung zu schulden, denn schweigend verläßt er den Raum.

Meine Meinung zu dieser Beobachtung: Langsam reicht's mit den Irrtümern und Medikamentenjonglieren. Haben die Pfleger und Pflegerinnen es nur bei fataleren Irrtümern, wie Sonntag, den 25.10., nötig, sich zu entschuldigen, als Frau M. zweimal Insulin zum Frühstück gespritzt bekam? Stationspfleger C. kam nach dem Frühstück herein und eröffnete Frau M. den Irrtum. Er entschuldigte sich vielmals und gab ihr zuckerhaltigen Kakao und Würfelzucker. Es war für alle Beteiligten, der Schwester, welche gespritzt hatte, als auch für Frau M., nicht nachvollziehbar, wer nun welche Spritze gesetzt hatte, da Frau M. ebenfalls eine Injektion gegen Thrombosen bekam.

Ich kann mich auch nicht daran erinnern, wer nun welche Spritze bei Frau M. setzte, aber man gab auch der Frau M. etwas Schuld, weil diese hätte sagen sollen, daß sie schon gespritzt wurde. Fazit: Der Patient hat Mitschuld, wenn er nicht aufpaßt, daß die Pfleger und Pflegerinnen ihm die richtigen Medikamente verabreichen. Frau M.

hatte den ganzen Tag unter den Konsequenzen (ständige Zuckertests) zu leiden und mußte sich dann noch die Hälfte der Schuld daran anlasten lassen. Schuld an diesen Malheur sind jedoch eindeutig entweder fehlerhafte Eintragungen in die Krankenblätter oder Nichtbeachtung dieser von Seiten des Pflegepersonals. Kaum einer weiß vom anderen Kollegen, was dieser dem Patenten X. verabreicht, bez. an pflegerischen Leistungen erledigt hat.

Montag, 2. 11. 92

ca. 8.45 h Ich winke C., aber bitte ganz unbürokratisch (wie von Dr. E. gewünscht) – ins Zimmer und berichte ihn von dem Durcheinander mit der Medikamentengabe. Als ich von den zwei Muskel Tranceopal-Tabletten (ein weiteres die Muskulatur entspannendes Medikament) berichte, weil ich zwei, statt wie bisher einer mitbekommen habe, meint er, dies sei sicherlich die Medikation für das ganze Wochenende gewesen. Als ich erwähne, daß Schwester L. extra nachgefragt hatte, ob die Dosierung erhöht wurde, meint C.: Wissen Sie denn, wen Schwester L. gefragt hat? Ansonsten versteht er meinen Zorn über diese Zustände.

Meine persönliche Meinung: Wenn ich eine Schwester in Ausbildung bitte, für mich etwas zu erfragen, muß ich doch wohl davon ausgehen, daß diese eine kompetente Person aufsucht und meine Frage an diese weitergibt. Oder soll ein Patient nicht nur aufpassen, daß er seine Medikamente überhaupt und wenn, dann auch die Richtigen bekommt, sondern auch noch überprüfen, ob gestellte Fragen auch an die kompetenten Leute weitergeleitet werden?

9.00 h Mein Mann kommt, weil heute die Entscheidung durch Herrn Professor G. gefällt werden soll, ob ich die Pumpe behalten soll, oder ob diese durch langsame Gabe eines Medikaments in Tablettenform ersetzt werden solle. Ich habe meinen Mann extra so früh bestellt, weil ich aus Erfahrung weiß, daß die Visite auch schon um kurz vor zehn stattgefunden hat.

11.30 h Mein Mann fragt Herrn Dr. E. nach der Visite. Herr Dr. E. gibt ihm die Information, daß diese um ungefähr 13.00 h sein werde

ca. 14.00 h Mein Mann spricht Herrn Dr. M. wegen der erwarteten Visite an. Dieser kann ihm die Auskunft nicht geben und wendet sich an Herrn Dr. E.. Herr Oberarzt Dr. E. ist nun auch

nicht mehr in der Lage, eine Auskunft zu geben, ob die von uns so ersehnte Visite nun überhaupt noch heute stattfinden wird. Mein Mann geht nun zur Sekretärin des Herrn Professor G.. Diese sagt ihm ebenfalls, daß sie nicht weiß, wann der Professor zu mir kommen wird. Sie informiert meinen Mann darüber, daß der Professor spätestens morgen früh zu mir käme, weil er morgen Mittag nach Israel fliegen wird. Nun beschließt mein Mann, selber auf den Professor zu warten. Um ca. 14.30 h gelingt es ihm, dem Professor eine Zusage zu entlocken, daß dieser ungefähr um zehn vor halb vier zu mir kommen werde.
Es wird 16.30 h, bis die lang ersehnte Visite endlich stattfindet. Die Entscheidung fällt für die schrittweise Reduzierung der Pumpe und entsprechender Erhöhung der Tablettenzufuhr. Die Ärzte entschließen sich dazu, daß ich diese Umstellung auch zu Hause durchführen könne, so daß ich morgen oder übermorgen die Klinik verlassen könnte und nur noch ambulant dort weiter betreut werde.

Meine persönliche Meinung zu dieser Visite: Auch wenn uns das zermürbende Warten verärgert hat, sind wir doch einen Schritt weitergekommen. Die Aussicht in zwei Tagen spätestens diese durchchaotisierte – nicht, wie es sein sollte, zum Wohle der Patienten durchorganisierte – Station 21 verlassen zu können, läßt mich aufatmen. Es ist nämlich erheblich leichter, zu Hause die volle Verantwortung für die regelmäßige Einnahme von Medikamenten, deren Dosierung man kennt, zu übernehmen, als aufpassen zu müssen, die richtige Dosis, geschweige denn das richtige Medikament zu erhalten und bei Fehlern des Pflegepersonals in diesem Punkt auch die Verantwortung für die fehlerhafte Medikation zugeschrieben zu bekommen.
Dienstag, 3. 11. 92
ca. 7.30 h Frau M. bekommt ihre Insulinspritze, also wird es gleich Frühstück geben.
8.30 h Wir wundern uns, daß noch immer kein Frühstück serviert worden ist, obwohl keine von uns beiden eine Untersuchung vor sich hat, die im nüchternen Zustand erfolgen muß.
8.40 h Ich fahre mit meinen Rollstuhl auf den Flur und erkundige mich bei der Pflegekraft A., wo denn unser Frühstück bliebe. Antwort: Es kommt schon. Innerhalb einer Minute ist das Frühstück auf unserem Tisch. Frau M. fragt A., wieso das Frühstück

> denn so spät gekommen sei. Antwort: Es ist heute allgemein so spät gekommen.
>
> 9.00 h Die Dame, welche hauptsächlich die Organisation des Essens auf der Station leitet, sieht in unser Zimmer, offensichtlich in der Absicht, das Geschirr einzusammeln. Unverrichteter Dinge verläßt sie den Raum.

Meine persönlichen Gedanken: Da paßt doch etwas nicht. Wenn das Essen allgemein so spät kam, kann man doch nicht eine viertel Stunde später abräumen wollen. Die haben uns bestimmt vergessen!

> ca. 9.30 h Visite durch Herrn Dr. M., der mir eröffnet, daß es heute mit der Tablettengabe losgeht. Auf meine Frage, wann ich die erste Tablette erhalte, antwortet er: Ich trage sie in Ihre Akte ein.

Meine Meinung: Welch logische Antwort auf eine einfache Frage! Herr Dr. M. hat mir bisher auch immer zufriedenstellendere Antworten auf meine meist aufgeschriebenen Fragen gegeben.

> ca. 11.00 h Mit dem Mittagessen kommt der Motilium-Saft und ich frage nach meiner in Aussicht gestellten Tablette. Kommentar des Pflegers oder Pflegerin: Die neue Medikamentenverteilung erledigt der Spätdienst. Herr Dr. M. wollte jedoch morgen wissen, wie mir die Tabletten bekommen.
>
> ca. 13.30 h Ich höre vor unserem Zimmer Patientinnen reden und geselle mich hinzu. Nach einer Weile bemerke ich: Seltsam, daß heute das Frühstück so spät kam. Die Frauen sehen mich verdutzt an und sagen: Wieso spät? Es kam doch ganz normal um 7.45 h.

Meine persönliche Meinung: Da kann man mal wieder sehen, wie hier Patienten bewußt für dumm verkauft werden, um mich nicht der allgemein für ein solches Verhalten gebräuchlicheren Redensart zu bedienen! Warum kann man nicht den vergessenen Patienten sagen: Es tut uns leid, aber wir haben Sie im Eifer des Gefechtes vergessen? Oder wäre das nicht schon schlimm genug, wenn zwei Patienten vergessen werden? Zumindest hätte ich als Patientin nicht das Gefühl bekommen, schlicht häufig angelogen zu werden, sondern hätte eine ehrliche, wenn auch schmerzende Antwort erhalten. Ich teile meine Erkenntnis nach dem Gespräch mit den beiden Frauen meiner Zimmernachbarin Frau M. mit. Diese erklärt: Da kann man mal sehen. Ich habe A. auf den Weg in die Bäderabteilung noch einmal nach dem

Grund für das verspätete Frühstück gefragt. Sie gab mir die gleiche Antwort wie zuvor.
- ca. 15.00 h Ich begebe mich ins Schwesterndienstzimmer und erkundige mich bei der Schwester nach der Tabletteneinnahme. Erstaunt fragt diese: Sie bekommen neue Tabletten? Nach einem Blick in meiner Akte: Die nächste Tablette bekommen Sie um 17.00 h. Dann erhalten Sie eine morgens um 8.00 h. Da Herr Dr. M. erst nach neun Uhr Visite bei Ihnen machte, brauchten Sie die morgens nicht zu nehmen.

  Damit auch die zweite Tablette nicht verpaßt wird, sage ich: Ja, dann geben Sie mir die für 17.00 h schon einmal mit. Und, könnte ich bitte den um 14.00 h fälligen Motilium- Saft noch bekommen? Ich erhalte beides. Wieder einmal Dank meiner Wachsamkeit!
- ca. 15.30 h Ich stelle beim Aufsuchen der Toilette fest, daß sich mein Ausschlag in der rechten Leiste vergrößert hat. Ich betätige die Klingel und bitte Schwester E., ob sie mir eine Salbe gegen den Ausschlag geben könne. Sie verspricht mir, daß sie dies Herrn Dr. B. sagen werde, der dann vorbeikäme.
- ca. 17.30 h Uns wird das Abendbrot von Schwester E. serviert. Ich frage sie nach dem Verbleib von Dr. B. Ihre wörtliche Auskunft: Dr. B. hat gesagt, Sie sollen bis morgen warten, wenn Herr Dr. M. wieder da ist. Er wäre nicht mehr für Sie zuständig. Als sie mein entsetztes Gesicht sieht, fügt sie hinzu: Es tut mir leid, aber so hat es Dr. B. gesagt. Als sie gegangen ist, rufe ich wutentbrannt meinen Mann an und teile ihn mit, daß ich keinen weiteren Tag mehr in dieser Station bleiben werde.

Meine persönliche Meinung: Wenn ich zu Hause schneller an einen Arzt herankomme, als in einem Krankenhaus, dann wird es höchste Zeit, dieses zu verlassen. Stelle ich zu Hause an einem Dienstag um 15.30 h fest, daß ich einen Arzt aufsuchen sollte, komme ich auch nach einer Wartezeit dran. Außerdem ist ein diensthabender Arzt auf einer Station doch für alle Patienten derselben zuständig, soweit ich informiert bin. Wenn Herr Dr. B. gerade bei einem ihn nötiger brauchenden Patienten gewesen wäre, hätte er mein volles Verständnis gehabt. Wenn er wegen meines ersten Berichtes die Behandlung meiner Person ablehnt, kann er ja eine andere Ärztin oder einen Arzt schicken. Auch dies könnte ich noch nachvollziehen. Aber mich zwei

Stunden warten lassen und dann so eine Antwort zu erhalten, grenzt schon an mutwillig unterlassener Hilfeleistung
Mittwoch, 4. 11. 92
   ca. 10.45 h Nachdem Schwester L. während der Krankengymnastik Puls und Blutdruck gemessen hat, weil es morgens nicht gemacht wurde, reicht sie mir den Motilium-Saft, den ich sofort trinke.
   ca. 11.15 h Die Pflegeschülerin U. kommt mit Motilium-Saft an mein Bett, sagt: Prost, und reicht ihn mir. Ich bin mit dem Telefon beschäftigt und schlucke ihn ohne Überlegung hinunter. Erst danach wird mir klar, daß ich diesen doch schon vor 20 oder 30 Minuten zu mir genommen habe. Ich sage es der U. U. fragt entsetzt: Wie, war etwa die L. schon herum gegangen? Ihre Mimik und ihr Hinauslaufen verrät, daß sie nicht über die vorher erfolgte Medikamentenausgabe durch Schwester L. informiert war.
   Eine Minute später kommt U. zurück und sagt: Frau Brickenkamp, diesmal sind Sie schuld. Sie wissen doch, daß Sie einmal um 11.00 h und dann erst wieder um 14.00 h den Saft nehmen sollen. Um der U. nicht den Rest ihres Glaubens an sich zu nehmen, sage ich: Ja, Sie haben ja recht, ich habe diesmal nicht aufgepaßt, bin also selber schuld! Befriedigt verläßt U. den Raum.
Meine Meinung: Wenn eine Pflegeperson um 11.15 h die Medikamente für den Nachmittag bringt, ist es eigentlich nicht üblich, sie dem Patienten mit „Prost" in die Hand zu drücken, sondern jeder normal Denkende würde das Medikament auf den Tisch stellen mit dem Hinweis: Frau Brickenkamp, dies ist für 14.00 h.
   Da ich hier auf der Station jedoch schon mehrmals mit Logik zuviel erwartet habe, denn U. wußte offensichtlich nicht, daß sie Medikamente für den späteren Gebrauch verteilte, freue ich mich diese Station in wenigen Stunden verlassen zu können.
   Abschließend möchte ich trotz dieser vielen chaotischen Situationen nicht unerwähnt lassen, daß ich teilweise auch freundlich behandelt wurde, solange ich nicht schellte oder gar ins Dienstzimmer kam, weil etwas mit den Medikamenten zu erledigen war. Schwester E. kam zwischenzeitlich ins Zimmer und erkundigte sich freundlich, ob sie mir beim Kofferpacken behilflich sein sollte. Ich lehnte diese Hilfe

ebenso freundlich ab, weil ich der Meinung war, das könne mein Mann machen. Andere Patienten brauchten sie mit Sicherheit mehr als ich beim Kofferpacken. Ich finde es jedenfalls nett, daß sie mich fragte.

Es gab auch Erlebnisse, die mir ein Schmunzeln entlockten, obwohl sie genau betrachtet auch nicht gerade positiv zu bewerten sind.

Jedes Mal, wenn mich eine Dame der ehrenamtlichen Krankenhaushilfe von der Bäderabteilung abholte, gab es fast einen Senkrechtstarter, weil die Dame unter Aufbietung all ihrer Kraft begann, meinen leicht rollenden Rollstuhl fortzubewegen. Erstaunt bremsend meinte diese Dame dann: „Huch, was fährt Ihr Rollstuhl so leicht? Ist das Ihr eigener?" An meinem letzten Tag konnte ich beobachten, wie der Pfleger S. sich abmühte, einen Mann von stattlicher Größe und Gewicht in einem Rollstuhl fortzubewegen, der mindestens zwei platte Reifen hatte.

Ich verstehe es nicht: Da werden täglich viele Patienten und Patientinnen der Station im Rollstuhl zu den verschiedensten Abteilungen der Klinik geschoben, aber die Rollstühle sind in einem Zustand, als würden sie nur alle paar Wochen für ein oder zwei Patienten benötigt. Warum kommt der/die Stationspfleger/-pflegerin nicht auf die Idee, die Rollstühle mal warten zu lassen? Ich verstehe, wenn das Pflegepersonal nach erledigter Arbeit geschafft ist. Hier jedoch könnte man viel Kraft sparen. Möchte wissen, ob die Stationspfleger, die Stationspflegerinnen selbst regelmäßig einen Patienten mit Rollstühlen aus der Station über weitere Strecken schieben!

Soweit meine Erlebnisse in einer Universitätsklinik. Auch wenn ich damals noch weit entfernt von gesunder Lebensführung war, so sagte ich mir schon zu diesem Zeitpunkt: In diese Klinik kriegt man mich nur noch im bewußtlosen Zustand! Es war ein Klinikschock fürs Leben!

Die Pumpe mit dem Apomorphin mußte ich nach knapp drei Wochen absetzen, weil mein Körper jeden Einstich in die Bauchdecke mit einer Entzündung quittierte. Somit fiel auch das Motilium weg. Die angefangene Tablettentherapie brach ich ebenfalls nach kurzer Zeit ab, weil ich merkte, daß sie keine positive Wirkung hatte. Auch mit diesem Medikament, einer Abstillpille, wie ich zu Hause vom Apotheker erfuhr, versuchten die Künstler der Medizin sich eine die Muskeln beeinflussende Nebenwirkung zu Nutze zu machen.

Offensichtlich bin ich wirklich ganzheitlich rebellisch. Nicht nur mein Geist läßt sich längst nicht alles gefallen, sondern mein Körper setzt sich ebenfalls gegen eine ungeeignete Zufuhr von Stoffen massiv zur Wehr.

Wenn ich dies hier alles mit meinem heutigen geschärften Bewußtsein niederschreibe, habe ich fast keine Worte mehr, für wie dumm man sich in der Not verkaufen läßt. Es wundert mich geradezu, daß mein Körper mir offensichtlich diese vielen Mißhandlungen verziehen hat, zu denen ich in blinder Verzweiflung meine Zustimmung gegeben habe. Der Herr wußte, daß ich lernen würde. Anders kann ich es mir nicht erklären, daß ich trotz allem so unbeschadet davon gekommen bin.

In Unkenntnis der Tragweite dessen, was ich mit meinem geknechteten Körper machen ließ, bedankte ich mich auch noch beim Professor für den Erfolg mit dem Botulinum. Ich übergab ihn jedoch beim nächsten Besuch beide Berichte, damit er wußte, daß ich mich nie wieder stationär in diese Klinik unterbringen lassen würde. Bei dieser Gelegenheit erfuhr ich, daß der erste Bericht nicht bis zum Professor vorgedrungen war. Alle wußten es also, nur der Chef nicht.

Als ich ihn später einmal nach einer Rückmeldung fragte, meinte er nur, das sei eben die Realität: Die qualifizierten Pflegekräfte könne er nicht bezahlen, also müsse er auf unqualifizierte Kräfte zurückgreifen. So sehr mich diese Darstellung damals auch schockierte: Ich bin ihm heute dankbar für diese Ungeschminktheit. Ich unternehme alles in meinen Kräften Stehende, um solchen Leuten nicht mehr wegen der Summe aus den leckeren Pizzas, Pastas, Kuchen, Torten, Puddings, Steaks usw. in die unqualifiziert genutzten Hände zu fallen.

Die Gelder werden schließlich überall knapper, die Menschen immer kranker. Folglich werden auch die lernwilligen Pflegekräfte weder Zeit noch Energie aufbringen können, nach Feierabend noch etwas für ihre Qualifizierung zu leisten. Eigentlich gibt es nur den Weg rechtzeitig durch wirkliche Vorsorge für ein stabiles Immunsystem zu sorgen.

Doch zurück zu meinem weiteren Behandlungskarussell:

Ich beschloß es beim Botulinum-Toxin, alle drei bis vier Monate in die Nacken- und Halsmuskulatur gespritzt, zu belassen. Bei der zweiten Spritzerei traf der Arzt den Schluckmuskel. Wo das Gift hingelangt, löst es zeitlich begrenzte Lähmungen aus. Deshalb war ich nicht mehr in der Lage, auch nur einen Schluck Wasser zu trinken, ohne daß mir dieses – bedingt durch den ausgeschalteten Schluckreflex – in die Luftröhre lief und dramatische Erstickungsanfälle nach sich zog. Mein Mann brachte mich schließlich ins Krankenhaus, damit die Flüssigkeitszufuhr gesichert war.

Dort wurde mir eine Sonde durch die Nase in den Magen geschoben. Über diese erhielt ich die gängige Sondennahrung auf Milchbasis. Es war furchtbar, denn die Menge war einfach zu viel für mich. Als die Pfleger das merkten, beschlossen sie, mir alle zwei Stunden Tag und Nacht eine kleinere Menge zu geben. Sie können sich vielleicht vorstellen, wie lästig es vor allem in der Nacht war, wenn alle zwei Stunden jemand mir das ekelhafte Zeug durch die Nase pumpte.

Gott sei Dank – das schreibe ich nicht nur so dahin, ich meine es so – hatte der Arzt mit seinem Gift nur den Schluckmuskel gestreift, so daß ich nach knapp fünf Tagen aus eigener Kraft wieder flüssige Nahrung schlucken konnte. Dies befreite mich von der Nasensonde und vom weiteren Klinikaufenthalt. Hätte der Arzt den Schluckmuskel voll getroffen, wäre ich über mindestens 3 Monate bei der Sondenkost geblieben, weil erst nach dieser Zeit das Botulinum vom Körper weitgehend abgebaut worden ist.

Zu Hause hatte ich dann die Folgen der Sondennahrung, eine totale Verschleimung, zu tragen. Der Schleim war dermaßen zäh, daß ich ihn nicht ausspucken konnte, sondern ihn mir unter Kraftanstrengung mit den Fingern herausziehen mußte, wenn ich nicht daran ersticken wollte. Also mußte wieder ein schleimlösendes Mittel her.

Trotzdem ließ ich mir 1993 noch weitere zwei Male und 1994 gar fünfmal, aber in geringeren Dosen, das Gift spritzen. Seit dem 13. März 1995 bin ich nicht mehr dort aufgetaucht und habe mir das Zeug auch nicht mehr in einer anderen Klinik spritzen lassen. Inzwischen ist diese Therapie zur allgemeinen Behandlung freigegeben worden. Ich sah damals keine Möglichkeit, dem Risiko zu entgehen, ohne dafür erneut unter starken Schmerzen leiden zu müssen. Heute ist mir klar, daß es so einfach hätte sein können...

Doch ich will nicht bereuen, welchen Wahnsinn ich mitgemacht habe, sondern mich daran erfreuen, daß der Herr mir ein offenes Herz für neue Erkenntnisse und einen starken Willen zur Umsetzung dieser verliehen hat. Vielleicht brauchte ich einfach noch das nachfolgende medizinische Eldorado, um zur Einsicht zu gelangen.

Ungefähr ein halbes Jahr nach der ersten Giftspritze, etwa ab Mai 1993 litt ich an einem übel riechenden und juckenden Ausfluß und an einem ebenso unangenehmen Leistenekzem. Ich konnte noch so sehr auf sorgfältigste Hygiene achten, es hatte alles keinen Effekt. Zunächst suchte ich bei meinem Hausarzt Hilfe. Als die von ihm verschriebene Salbe nach der zweiten Tube immer noch nicht half, suchte ich den Hautarzt auf.

Dieser verschrieb mir eine cortisonhaltige Salbe, um das Ekzem zu bekämpfen. Wie freute ich mich, als nach drei Tagen der Spuk vorbei zu sein schien. Das böse Erwachen kam dann einige Tage nach Absetzen der Salbe. Es war nämlich alles wie vorher. Der Hautarzt forderte mich auf, die Stellen mit Harnstoffsalbe zu pflegen. Mein Körper jedoch in seiner ihn eigenen Weisheit protestierte massiv, indem er die eingeschmierten Stellen feuerrot und brennend anschwellen ließ.

Ich versuchte Abhilfe über meinen Gynäkologen zu erhalten. Dieser diagnostizierte eine vaginale Infektion, die man nur mit Antibiotika in den Griff bekommen könne. Also schluckte ich 10 Tage Antibiotika. Zehn weitere Tage später fand der Frauenarzt eine Scheidenpilzinfektion bei mir und vermutete, daß dies eine Nebenwirkung der zuvor eingenommenen Antibiotika sei. Also nahm ich nun zehn Tage ein Antimykothikum. Als nach weiteren zwei Wochen es erneut juckte und brannte, fing die nächste Runde beim Hautarzt wieder an. So setzte sich das Spielchen über gut anderthalb Jahre fort.

Zwischendurch kam mir noch die Idee, einen Urologen zu Rate zu ziehen. Ich dachte mir: Vielleicht verliere ich unbemerkt kleine Mengen Urin, und diese Feuchtigkeit ist die Ursache für die Probleme. Schließlich hatte der Hautarzt mir auf meine Frage, warum das Ekzem denn immer wieder käme, geantwortet: Dies ist eine Folge Ihres im Rollstuhl Sitzens. Dieser Bereich wird feucht und durch das Sitzen nicht belüftet. Die gestaute Feuchtigkeit bildet den besten Nährboden für Bakterien und Pilze. Bis hierhin schien mir das einleuchtend. Jedoch als ich ihm erklärte, daß ich schließlich schon mein Leben lang im Rollstuhl sitze und das Problem aber erst seit einem Jahr hätte, meinte er weniger logisch: Irgendwann fängt eben alles einmal an. Wir werden eben alle älter.

Wäre ich damals schon zwischen 70 und 80 gewesen, hätte ich es vielleicht zähneknirschend als altersbedingt hingenommen. Jedoch mit meinen gerade 41 Jahren, die ich war, konnte ich dies nicht akzeptieren. Also begann ich der vermeintlichen Feuchtigkeit zu begegnen, indem ich mir nach jedem täglichen Duschen den fraglichen Bereich mit Heißluft trocknete und außerdem noch Slipeinlagen benutzte. Natürlich ohne Erfolg, denn wie ich jetzt weiß, war **nicht die Feuchtigkeit, das Alter, der Rollstuhl oder sonstige Gegebenheiten die Ursache des Übels, sondern allein die heute allgemein übliche Ernährung.**

Macht diese Behauptung Sie stutzig? Wie soll ich es anders sehen, wenn innerhalb von drei Wochen nach meiner Umstellung auf frische Rohkost die Probleme restlos verschwunden sind? Ich sitze nach wie vor im Rollstuhl, also hat sich an der mangelnden Belüftung nichts geändert. Da ich inzwischen zumindest an Lebensjahren auch nicht jünger, sondern fünf Jahre älter geworden bin, kann noch nicht einmal mehr das allgemein – und von den Ärzten im besonderen – so beliebte Älterwerden als Grund für meine früheren Probleme herhalten. Aber davon später.

Im April 1994 suchte ich also den Urologen auf. Hier erlebte ich mit meinem Mann nach längerer Zeit mal wieder eine recht diskriminierende Begegnung, nur weil ich behindert bin. Dabei sollte man meinen, daß Ärzte eher schon einmal mit Rollstuhlfahrern zu tun haben!

In dem nun folgenden Brief an ihn ließ ich meinem Unmut darüber, wenn auch gedämpft, freien Lauf:

22. 4. 94

Sehr geehrter Herr Dr. U.,
um eine für die erfolgreiche Behandlung notwendige Vertrauensbasis zwischen Arzt und Patient(in) herzustellen, möchte ich folgendes mit Ihnen klären:
Ich hatte bei unserer gestrigen Begegnung den Eindruck, daß Sie durch mein äußeres Erscheinungsbild in Ihrer Reaktion mir gegenüber sehr verunsichert waren.
Dies schließe ich u. a. aus Ihrer beruhigend gemeinten Bemerkung: Wir dürfen Sie einen Moment allein lassen, ja? Es passiert nichts, als Sie meinen Mann zur Untersuchung in den Nebenraum führten.

Des weiteren war ich erstaunt über die Frage Ihrerseits: Leben Sie zusammen? obwohl wir keinen Zweifel darüber gelassen hatten, daß wir verheiratet sind. Mir ist auch nicht entgangen, daß Verheiratete heute längst nicht immer in trauter Zweisamkeit zusammenleben, wie Sie sich ausdrückten. Ist es Ihre Erfahrung, daß Eheleute mit einem gesundheitlichen Problem, wie wir es Ihnen dargelegt haben, gemeinsam zu Ihnen kommen, wenn sie nicht miteinander geschlechtlich verkehren? Ich sehe den Grund Ihrer Frage in der Tatsache, daß Sie Zweifel darüber hegten, ob so etwas mit mir überhaupt möglich ist.

Außer diesen beiden Tatsachen habe ich zur Kenntnis genommen, daß Sie ausschließlich mit meinen Mann zum Thema unseres – eher sogar noch meines – Problems sprachen. Offensichtlich hielten Sie es für zwecklos, mir etwas erklären zu wollen, was ich Ihrer Vermutung nach sowieso nicht verstehen würde.

Auch mein Mann hatte Ihre Unsicherheit registriert, weshalb er Ihnen gleich außer dem Geständnis, daß keine andere Frau im Spiel sei, erklärte, daß wir drei gemeinsame Kinder haben.

Ich kann Sie meinerseits trösten: Ihre Reaktionsweise erleben wir häufiger. Und ich bin Ihnen nicht böse. Irgendwo verstehe ich es auch. Schließlich kommt nicht alle Tage so ein Monster wie ich in Ihre Praxis mit Problemen, die eigentlich nur Menschen haben, welche unter der Kategorie normal bis schön einzuordnen sind.

Ich möchte Sie nun bitten, mich ab heute unter der Kategorie normal einzustufen.

Davon ausgehend, daß man den Titel staatl. geprüfte Dipl.-Soz.-Päd. nicht an wesentlich Minderbegabte ausgibt, sowie der Umstand, daß ich die Versorgung und Erziehung unserer Kinder übernommen habe, dürfte genügen, um als normal zu gelten. Also möchte ich in Zukunft auch von Ihnen als solche behandelt werden.

Nun jedoch zu meinem Problem...

Dieser Brief verfehlte seine Wirkung nicht. Der Urologe entschuldigte sich bei mir und behandelte mich nun menschlich, wenn auch die Untersuchungen sehr unangenehm waren. Aber das sind sie ja wohl für Nichtbehinderte ebenfalls. Der Lösung meines Problems brachte es mich freilich nicht näher.

Im Dezember 1994 wollte der Hautarzt wieder einmal den Cortisonanteil in der Salbe erhöhen, und er schrieb mir zusätzlich ein den Juckreiz stillendes Medikament zur täglichen Einnahme auf. Dieses setzte mich total schachmatt. Verzweifelt fragte ich den Hautarzt bei meinem erneuten Besuch: „Sagen Sie mal, können wir nicht einmal einen Allergietest machen?" Seine Antwort war geradezu umwerfend: „Das ist eine gute Idee! Vielleicht sind Sie ja gegen ein Lebensmittel allergisch." Hat man da noch Worte? Da geht man seit mehr als anderthalb Jahren mit immer demselben Problem mindestens einmal monatlich zu einem Dermatologen, der an der Uni Vorlesungen gibt, und muß als Patientin die Ideen beisteuern!

Ich kann ihn noch nicht einmal Unwissenheit zugute halten, denn daß es Allergietests gibt, weiß er schließlich als Facharzt. Das Material für diesen Test hat er ebenfalls in seiner Praxis. Nein, in diesen Fall unterstelle ich ihm Geldschinderei auf meinem Rücken. Etwa nach dem Motto: Nur mal eben schnell dafür sorgen, daß das Problem vorübergehend verdeckt wird, solange sie meine verordnete Salbe nimmt. Wenn es dann wieder kommt, kommt die Patientin ebenfalls wieder. Schließlich kann sie an ihrer Behinderung nichts ändern, also wird sie eine langjährige Patientin bleiben.

Überhaupt lassen sich die verschiedensten ernährungsbedingten Zivilisationskrankheiten bei Behinderten wunderbar mit der Behinderung und damit für unabänderlich erklären. Mir bindet keiner mehr diesen Bären auf!

Ein an einer Problemlösung interessierter Arzt hätte doch wohl von sich aus zumindest einen Allergietest in Erwägung gezogen. Wie desinteressiert er am Patientenwohl ist, beweist mir seine Reaktion auf meinen Bericht, als mein Mann und ich wegen eines Körperausschlags unserer jüngsten Tochter 1998 bei ihm waren. Ich kam nur deshalb mit, um ihm von meiner glücklichen Heilung zu erzählen. Ich hätte genauso gut einer Wand davon berichten können. Es kam überhaupt keine Reaktion. Er sah mich an, als wisse er überhaupt nicht, von was ich sprach.

Warum ich ihm mein Kind in die Hände gebe? Nun, ich kenne keinen besseren Hautarzt. Das Kind ist an der Beseitigung der Ursache durch eine Ernährungsumstellung und damit einer Selbstheilung nicht interessiert. Weil Ekzeme schulmedizinisch fast immer mit Cortison behandelt werden, ist es letztlich gleich, von welchem Arzt die Salbe verschrieben wird. Wie soll man auch von einem Kind Selbstdisziplin erwarten, wenn es Erwachsenen meist schon auf diesem elementaren Bereich der Ernährung und des Umgangs mit Genußmitteln an der notwendigen Selbstbeherrschung mangelt?

Um so mehr freue ich mich, selber so einem Menschen wie diesem Hautarzt nicht weiter als Existenzgrundlage zu dienen! Die Praxis ist sowieso immer total überfüllt. Von daher merkt der auch kaum, wenn jemand nicht mehr kommt. Zu viele Menschen lassen sich eben wegen ihres Unwissens weiterhin an der Nase herumführen. Leider gibt es ebenfalls viele, die es wissen und sich trotzdem lieber mit der einfachen, wenn auch letztlich erfolglosen schulmedizinischen Behandlung zufrieden geben. Nun, dann sollen sie weiterhin einen großen Teil ihrer kostbaren Zeit in den Wartezimmern der verschiedensten medizinischen Fakultäten verbringen. Schade um die viele verlorene Zeit!

Alles auf den Kopf gestellt

Jedenfalls kam bei dem Test zu Beginn des neuen Jahres 1995 heraus, daß ich beispielsweise gegen Hühnereiweiß allergisch sei. Der ideenarme Dermatologe erklärte mir, daß ich ja nun statt Hühner- eben Enteneier verwenden könne. Ich fragte ihn, ob ich nicht auch gegen Kuheiweiß allergisch sei. Er verneinte es. Ich sollte also nur alles vom Huhn meiden.

Um die Privatsphäre der nun zu erwähnenden Personen zu schützen, habe ich jeder einen anderen Namen gegeben. Nur die Namen meiner Familienmitglieder lasse ich unverändert.

Zwei Tage nach dem Testergebnis rief ich Günter, einen guten Bekannten an, von dem ich wußte, daß er sich nach Dr. M. O. Bruker ernährte und auch unter Allergien gelitten hatte. Ich erzähle ihm von dem Ergebnis des Tests und wie kompliziert nun die Esserei geworden war, da ja auch in fast allen Fertigprodukten, Bindemitteln, Schokolade usw. versteckt Hühnereiweiß enthalten ist. Außerdem hatte ich begonnen, Eiersatz für das Kuchenbacken zu verwenden. Es schmeckte scheußlich.

Günter kam mit seiner Frau Waltraud zu uns. Sie brachten einen Rohkostsalat mit. Nun eröffnete Günter mir, daß es einfach nicht richtig sei, wenn Ärzte bei Patienten mit einer Hühnereiweißallergie meinten, alle anderen tierischen Eiweiße könnten weiterhin verzehrt werden. Er informierte mich über die Tatsache, daß bei einer Allergieneigung alle tierischen Eiweiße Allergien auslösend sind. Des weiteren empfahl er mir so zu leben wie er: Morgens einen Frischkornbrei mit Sahne, mittags Salate und/oder Obst und abends ebenfalls. Nur sollte alles roh gegessen werden. Sahne und Butter seien erlaubt, weil diese hauptsächlich tierische Fette mit einem sehr geringen Eiweißgehalt sind.

Vielleicht können Sie sich denken, wie mir als ehemals leidenschaftliche Kuchenesserin die Haare senkrecht im Nacken standen? Aber nicht nur der Glaube, sondern auch die Verzweiflung versetzt mitunter Berge. Deshalb beschloß ich, es zumindest einmal für zwei oder drei Monate so zu handhaben, wie Günter es mir empfohlen hatte. Wenn es mir dann nicht besser ginge, würde ich eben wieder normal essen und mein Heil in anderen Richtungen suchen.

Ich war sehr erstaunt darüber, wie oft ich in den ersten Tagen die Toilette aufsuchen mußte. Meine Bewegungen fielen mir wesentlich leichter und das Jucken hörte langsam auf. Ich schmierte auch keine Salbe mehr auf die Problemstellen. Trotzdem heilten sie ab. Insgesamt merkte ich, wie mein allgemeines Wohlbefinden stieg, nachdem erst einmal die Entwöhnung vom Kaffee durchgestanden war. Bis Mitte April 1995 trank ich hin und wieder morgens eine Tasse Kaffee, was mir dann natürlich schweres Sodbrennen wegen des Frischkornbreis bescherte.

Im April 1995 flogen wir nach Florida. Ich besorgte mir eine elektrische Kaffeemühle, um dort mein Getreide für den Frischkornbrei mahlen zu können. Eingedeckt mit Literatur über Rohkost, weil ich mehr darüber wissen wollte, ging es los. In Florida gelang es uns nicht, an richtige, ungesüßte Schlagsahne zu kommen. Was wir erhielten, war übersüßer Schlagschaum. Der so angerichtete Frischkornbrei war eine Zumutung. Er war für mich auch sonst schon eher ein Muß als ein Wollen.

Zu diesem Zeitpunkt las ich das Buch „Willst Du gesund sein? Vergiß den Kochtopf!" von Helmut Wandmaker. Was mich daran zunächst am glücklichsten machte, war, daß ich beruhigt den Frischkornbrei vergessen konnte. Mit nur Obst und Gemüse hatte ich auch keine Verdauungsbeschwerden mehr. Den Kaffee gewöhnte ich mir nun ganz ab. Zwei Tage Brummschädel hat mich das gekostet.

Ich spürte jedoch, daß ich in der von Helmut Wandmaker vorgestellten Natürlichen Gesundheitslehre den richtigen Weg gefunden hatte. Die in dem Buch beschriebenen Vorzüge der Monomahlzeiten (nur eine Fruchtart während einer Mahlzeit) und des Meidens auch von den guten kalt gepreßten Ölen schienen mir zunächst etwas übertrieben. Inzwischen habe ich auch das längst begriffen.

Damit Sie nachvollziehen können, was mich u. a., außer der Tatsache, daß das Ekzem und der Ausfluß verschwanden, auf all die bisherigen Genüsse verzichten ließ, muß ich Ihnen folgende Begebenheit schildern:

Im Herbst 1994 (also einige Monate vor der großen Wende) rutschte ich einmal unter der Dusche aus. Weil ich allein zu Hause war, versuchte ich nun wieder selber in den Rollstuhl zu gelangen. Jahre zuvor hatte ich es noch geschafft. Nach einigen mißlungenen Versuchen im Bad rutschte ich mit dem Rollstuhl im Schlepptau in unser Schlafzimmer, weil ich dachte, wäre ich erst einmal auf dem Bett, könnte ich von dort in den Rollstuhl kommen. Doch selbst für das niedrige Bett reichten meine Kräfte in den Armen nicht. Also zog ich die Bettdecken herunter, um mich zunächst auf die Bettdecken, von dort aufs Bett und vom Bett in den Rollstuhl zu bringen. Ohne jeglichen Erfolg! Nach einer knappen Stunde verzweifelten Versuchens blieb mir schließlich keine andere Wahl, als meinen Mann aus dem Büro zu holen, damit er mich aufhob und ich meine Hausarbeiten erledigen konnte. Die Erkenntnis schon jetzt immer mehr körperliche Fähigkeiten zu verlieren, traf mich zutiefst. Ich sah ganz klar meine Selbständigkeit schwinden und in bisher nicht benötigte Abhängigkeiten zu geraten.

Ende April 1995, also etwa drei Monate nach meinem Entschluß, es mit der Rohkost zu versuchen, nahm ich an einer Wochenendfreizeit mit Kommunionkindern teil. Gleich beim nächsten morgendlichen Toilettenaufsuchen zog es mich zu Boden. Ohne lange zu überlegen, versuchte ich selbständig wieder in den Rollstuhl zu kommen, und es klappte auf Anhieb! Können Sie sich vorstellen mit welchen Triumphgefühl ich diese Toilette verließ? Es schien mir wirklich an ein Wunder grenzend: Nachdem ich gut ein halbes Jahr vorher trotz aller Raffinessen nicht in den Rollstuhl kam, war es hier kein Problem für mich, es ohne Hilfsmittel zu schaffen.

Seit diesem Erlebnis besteht für mich überhaupt kein Zweifel mehr an der Richtigkeit der idealen Ernährung durch die frische, ungegarte Kost. Mein Körper hatte all die unnützen 20 Pfunde abgebaut. Richtig dick war ich mit meinen 45 kg Ende 1994 für normale Verhältnisse zwar nie, aber offensichtlich doch, um meiner Behinderung Frau zu werden. Ich habe seit fünf Jahren das Gewicht wieder erreicht, welches ich hatte, als mein Mann sich vor 24 Jahren mit mir auf den gemeinsamen Weg machte. Mein Mann hingegen bringt inzwischen, wie es üblich ist, einige Kilo mehr auf die Waage als 1976.

Meine Bewegungen sind seit 1995 wieder geschmeidiger, weil schmerzfrei. Das selbständige Umsteigen vom Rollstuhl ins Auto, vom Rollstuhl ins Bett und umgekehrt ist alles „peanuts" für mich geworden, was sonst doch ein solch erheblicher Aufwand für mich war, daß ich die Hilfe meines Mannes benötigte.

Die Schmerzen in der Schulter und im Nacken sind ebenfalls nicht wieder aufgetreten. Meine gesamte Spastik hat sich wieder so entwikkelt, wie sie früher war. Ich halte den Kopf einige Tage nach rechts und einige Tage nach links gerichtet. So gleicht sich die Muskelspannung immer aus. Erst seit dies wieder so funktionierte, wurde mir bewußt, daß seit kurz nach Beates Geburt sich mein Spasmus dahingehend verändert hatte, daß der Kopf ständig nur nach rechts gerichtet war. Insofern ist es nicht verwunderlich, wenn diese starre, einseitige Kopfhaltung zu den beschriebenen Schmerzen führte.

Ich kann nur vermuten – wissenschaftlich beweisen kann ich es nicht –, daß massive Ablagerungen aus all der früher geliebten Normalkost an diesen Stellen waren. Diese wurden durch die Rohkost abgebaut. Folglich war der schmerzfreie Zustand auch ohne Medikamente wieder erreicht. Die durch die gekochte, gut bürgerliche Küche entstehenden Ablagerungen sammelten sich vermutlich bei mir ganz langsam im Schulter- und Nackenbereich an. Die schwere Geburt von Beate war nur der Auslöser oder Streßfaktor für die Schmerzen.

Obwohl ich mich darauf eingestellt hatte, möglicherweise für den Rest meines Lebens von den Botulinum-Spritzen abhängig zu sein, habe ich seit März 1995 mir nichts mehr davon spritzen lassen, weil nichts mehr schmerzte. Selbst das letzte Spritzen im März 1995 hätte ich mir wahrscheinlich sparen können. Doch damals reichte es mir schon, daß das Ekzem verschwunden war. Die weitere positive Entwicklung wurde mir erst scheibchenweise klar, als ich immer tiefer auch in die theoretischen Erkenntnisse eindrang, in dem ich mir sehr viel weitere Literatur über die Natürliche Gesundheitslehre zu Gemüte führte. Mit der Zeit mehrte sich mein Vertrauen in die Selbstheilungskräfte des Körpers.

Mitte 1995 kam Waltraud mal wieder zu Besuch. Vorher hatte ich ihr natürlich schon telefonisch immer Bericht über meine Heilung von dem Ekzem und den anderen Problemen erstattet. Als ich Waltraud nun erzählte, daß ich keinen Frischkornbrei, wie überhaupt kein Getreide mehr zu mir nahm, war sie sehr erstaunt. Ich erklärte Waltraud, daß Getreide nicht gut für den Organismus sei und zeigte ihr das Buch von Helmut Wandmaker. Sie bat mich, bloß dem Günter nichts davon zu zeigen. Ihrer Meinung nach übertrieb er mit seiner Rohkost. Man müsse alles in richtigen Maßen essen. Diese Überzeugung behielt sie leider bei. Ihrem traurigen Heimgang werde ich noch ein eigenes Kapitel widmen.

Günter wurde 1995 ziemlich krank. Er hatte Pilze im gesamten Organismus. Über achtzehn Monate hat er sich schulmedizinisch behandeln lassen. Er war ja sicher, mit seinem Frischkornbrei, hin und wieder Vollkornbrote und der vielen Rohkost ernährungsmäßig keine großen Fehler zu machen. Irgendwann lasen Günter und Waltraud das Buch von der Halima Neumann „Stop der Azidose". Hier wird ebenfalls vom Verzehr des Getreides abgeraten, weil das Getreide mit seiner Stärke den Pilzsporen besten Nährstoff liefere.

Nun erst im Herbst 1996 erzählte Waltraud ihrem Mann von dem Buch, das ich ihr über einviertel Jahr zuvor einmal gezeigt hatte. Günter lieh es sich gleich aus. Bis dahin wußte ich gar nichts von Günters Mykosebefall, weil ich mehr Kontakt zu Waltraud hatte. Ich kannte inzwischen Herrn Dr. Probst und gab seine Anschrift sofort an Günter weiter. Herr Dr. Probst konnte ihm eine weitere Hilfe sein. Auf diese Weise hat, wie man so schön sagt, eine Hand die andere gewaschen. Günter hat mich auf einen guten Weg gebracht, und ich habe ihm einen noch besseren zeigen dürfen. Das eine wäre ohne das andere nicht geschehen.

Es ist auch nicht ganz so, daß ich unter der falschen Ernährung von früher überhaupt nicht mehr leide. So sind beispielsweise kranke und behandelte Zähne mir wahrscheinlich immer ein Andenken daran und erfordern wohl weiterhin der zahnärztlichen Kontrolle und Behandlung. Einmal kaputte Zähne lassen sich nun einmal auch mit richtiger Kost nicht mehr reparieren. Was einmal wirklich zerstört ist, bleibt in den allermeisten Fällen zerstört. Die Zähne jedoch, die noch gesund sind, werden wohl auch gesund bleiben.

Deshalb ist es mir ein Anliegen, meinen Mitmenschen diese Informationen weiterzugeben, damit solche Zerstörungen, bedingt durch die bei uns übliche normale Ernährung, so gering wie möglich bleiben, indem man sich mehr und mehr der Frischkost zuwendet.

Vielen sag ich es, nur ganz wenige wollen es verstehen

Ich war und bin immer noch von der Rohkosternährung mit hauptsächlich Früchten als Grundfaktor des ganzheitlichen Wohlergehens dermaßen überzeugt, daß ich einfach nicht schweigen kann, wenn Menschen über ihre gesundheitlichen Probleme berichten. Leider können und/oder wollen die meisten diese Information nicht zur Kenntnis nehmen, schon gar nicht umsetzen und damit ihrem kranken oder kränkelnden Zustand aktiv entgegen treten. Oft wird man noch genervt abgewimmelt, **weil die Mitmenschen einfach alles, nur nicht ihre Ernährung zu ändern gewillt sind.** So mußte ich lernen, auch wenn um mich herum an mit Rohkost vermeidbaren Krankheiten gelitten wird, zu schweigen, wenn ich nicht auf Dauer gemieden werden möchte.

Bei Menschen, welche mir nicht so nahe stehen, ist es etwas leichter, zu denken: Ich habe Dir die Informationen gegeben, richte Dich danach oder laß es bleiben und leide mehr oder weniger an Deiner leckeren, gut bürgerlichen Kost. Viel schwerer ist diese Haltung bei der eigenen Familie zu ertragen und zu bewahren, also bei Menschen, die mir am meisten am Herzen liegen. Wenn diese unnötigerweise leiden, dann macht einem das schon sehr zu schaffen. Doch meine Erfahrung lehrt mich, daß auch die eigenen Familienmitglieder die Freiheit haben und behalten müssen, sich krank oder gesund zu futtern.

Solange mir die Ursachen der Krankheiten nicht klar waren, fiel es mir leichter meinen Mann und meine Kinder, aber auch Freunde und Bekannte, bei Krankheit und Leiden zu bemitleiden und mich geistig in ihr Schicksal hinein zu versetzen. Heute kann ich sie nur noch wegen ihrer Uneinsichtigkeit bemitleiden. Die Krankheit ist für mich nur die Konsequenz aus ihrem ernährungsmäßig fehlerhaften Handeln.

Nun möchte ich Ihnen einige Erlebnisse aus meinen Missionsversuchen schildern, in der Hoffnung, daß Sie zu den wenigen zählen, welche sich durch eine Umsetzung meiner Botschaft eines besseren Wohlbefindens erfreuen können.

Wie sag ich's meiner geliebten Familie?

Bis ich in Florida das schon erwähnte Wandmakerbuch las, glaubte ich, daß es nur für mich sehr gut ist, ausschließlich Rohkost zu essen. Die Kenntnis von der Natürlichen Gesundheitslehre jedoch machte mir so richtig klar, daß es eben für die Gesundheit aller Menschen notwendig wäre, nur frische Rohkost zu verzehren.

Seitdem mir dies bewußt geworden war, plagte mich natürlich bei jedem Einkauf und bei jedem Kochen für die Kinder und den Mann das schlechte Gewissen. Ich kam mir jedes Mal wie eine potentielle Mörderin vor. Es war und ist auch heute noch einfach schlimm, zu wissen, daß ich sie mit jedem Kochen von ihren Leibspeisen kurz- oder langfristig schädige. Jedoch alles Reden und Erklären meinerseits nutzte nichts.

Längere Zeit saß ich mit verärgertem Gesicht am Tisch und sah zu, wie sie sich den von mir servierten Schrott einverleibten. Etwa zwei Jahre lang trug diese Situation hin und wieder zu einer Vergiftung des Familienklimas bei. Als ich dies bemerkte, kam mir die Erkenntnis, daß selbst die teuersten biologisch angebauten Früchte einer seelischen Vergiftung nicht gewachsen sind.

Ich kritisierte ihre Uneinsichtigkeit, und sie bemängelten z. B, daß ich nicht mehr abwechslungsreich kochte. Es ist nun einmal schwierig, sich ein Kochbuch anzusehen, ohne zu fragen: Worauf hätte auch ich denn heute Lust? Ich hatte und habe nun einmal keine Lust zu kochen, weil mir eben klar ist, daß ich mit dieser Tätigkeit nichts Gutes, sondern nur Schädliches vollbringe. Nicht, weil ich selber das nicht mehr essen konnte oder wollte, sondern weil ich meinen Mann und meine Kinder nicht weiterhin und dann noch ganz bewußt schädigen wollte. Wenn ich mich nicht täglich im Verdrängen dieser Tatsachen üben würde, könnte ich die Zumutung, die von mir geliebtesten Menschen um der Liebe willen eigenhändig langsam und schleichend zu vergiften, gar nicht aushalten.

Mit der Zeit bemerkte ich jedoch, daß es so nicht weitergehen konnte. Entweder mußte ich mir bezüglich meines Verantwortungsgefühls ein dickeres Fell anlegen, oder ich würde mir auf Dauer die Familie vergraulen. Wenn sie woanders die Schlechtkost essen, bringt es für ihre Gesundheit das gleiche. Ich möchte, daß sie die rohe Früchtekost essen, damit sie ihr Leben beschwerdefrei leben können und nicht, weil ich ihnen auf Biegen und Brechen meine Meinung oder Ernährungsweise aufzwingen will. **Nicht ich, sondern die physischen Naturgesetze sollen und werden recht haben!** Also sagte ich mir ironisch: Wenn jemand meine Familie vergiftet, dann mache ich es schon selbst. Sie wollen es nicht anders, im Gegenteil, sie wenden sich enttäuscht von mir ab, wenn ich es nicht tue.

Und ich begann wieder mit lächelndem Gesicht, aber zunächst noch weinendem Herzen all ihre kulinarischen Wünsche zu erfüllen. Ulrich hatte mir gesagt, daß ich meiner Verantwortung genüge getan habe, indem ich lange Zeit versuchte, ihnen die Gefährlichkeit der Kochkost zu erklären. Dieses weinende Herz behielt ich noch bis etwa Mitte 1998 bei. Seitdem spüre ich, daß es weder meiner Familie noch mir etwas bringt. Mir bleibt keine andere Wahl als unter dem Aspekt zu leben, die gemeinsame Zeit in Harmonie zu verbringen und nicht allein wegen des Essens Unfrieden entstehen zu lassen.

Wahrscheinlich muß auch bei ihnen der Leidensdruck, was die Ernährung betrifft, erst Vernunft einkehren lassen. Hoffentlich haben sie ebenfalls die Chance, noch rechtzeitig umsteigen zu können. Denn eins steht fest: Ich kann beispielsweise einen Herzinfarkt oder Schlaganfall, sowie sonstige zur Lebensminderung oder gar zum verfrühtem Tode führende Zivilisationskrankheiten nicht mehr als Schicksalsschlag oder Gottes unergründlichen Ratschluß werten. In meinem Herzen wird dann stehen: Dieser geliebte Mann, oder dieses geliebte Kind ist erkrankt oder starb, weil er/es mein Kochen als einen Aspekt der Liebe und Fürsorge verstanden und gefordert hat.

Wenn sich einer ständig mit dem Hammer auf den Daumen schlägt und zum Herrn ruft: Herr, nimm bitte die Schmerzen im Daumen von mir! wird jeder Mensch mit Sachverstand sagen: Bitte den Herrn um Hilfe bei Dingen, die Du aus eigener Kraft und aus eigener Initiative nicht ändern kannst oder die Du nicht zu ändern weißt, weil Dir die Hintergründe nicht sichtbar sind. In diesem Fall jedoch hör einfach auf, mit den Hammer auf Deinen Daumen zu schlagen. Dann wird auch der Schmerz vergehen, wenn sich die Blutergüsse, die Du selbst Dir bisher zugefügt hast, abgebaut haben.

Wäre es wirklich Gottes Wille, daß der Mensch an Herzinfarkt, Schlaganfall usw. stirbt, würde ja jeder medizinische Versuch, das Leben dieses Menschen zu retten, logischerweise als ein Nichtrespektieren des Willens Gottes zu verstehen sein. Wo ein solches Verständnis vom Willen Gottes hinführen kann, wage ich gar nicht zu denken. Aber so ist der Mensch: **Wird er gesund, war es die Kunstfertigkeit der Mediziner. Stirbt er, war es Gottes unergründlicher Ratschluß.**

Sicher ist mir, daß der Herr bestimmt, wie lange ich auf dieser Erde leben darf. Aber so wie wir auch als Christen die Medizin nutzen, um uns das Leben zu retten oder wenigstens erträglich zu machen, so sehe ich es: Mit der richtigen Ernährung, der Rohernährung, könnten wir uns viel Leid ersparen, wenn wir es nur wüßten und wollten. Wenn meine Zeit gekommen ist, dann werde ich sterben, trotz Rohkost, trotz natürlicher Lebensweise. Da gibt es bei mir keinen Zweifel. Aber das ständige Essen der Normalkost ist für mich ein Selbstmord auf kleinsten Raten.

Vielleicht mutet eine solche Ansicht Ihnen übertrieben an. Warum eigentlich? Wir sehen doch z. B. in Bezug auf das Reaktorunglück in Tschernobyl 1986 außer der direkten Gefahr für die dort lebende Bevölkerung die Gefahr der Spätschäden in einigen Jahrzehnten. In diesem Fall vertreten wir ja auch nicht die Meinung: Mich hat es heute nicht weggerafft, also soll es schon nicht so schlimm sein. Nein, es ist den meisten von uns klar, daß die radioaktive Verseuchung ihren Anteil am Ausbrechen bestimmter Krebsarten auch nach Jahrzehnten haben wird. Nur bei der Gefahr durch unsere falschen Ernährungsweise können und wollen die meisten Menschen keinen Zusammenhang zwischen heute und weiterhin verzehrten Hähnchen, Kuchen, Pommes, Brot... und dem Infarkt, Krebs, MS... in vielleicht schon fünf oder auch erst in dreißig Jahren sehen.

Ich kann den Grund für dieses Ignorieren nur darin erkennen, daß heutzutage allgemein nicht gegessen wird, um optimal funktionieren, also leben zu können, sondern wir leben, um zu essen. Oft kriege ich zu hören: Also Mary, das ist doch kein Leben mehr, was Du da ißt. So will ich nicht leben und auf all die schönen Sachen, wie leckere Fleischgerichte, ordentliche Brote, dicke Sahnetorten usw. verzichten. Nun, wenn ich an gute Früchte, die nicht nach Chemie und Wasser schmecken, komme, dann habe auch ich höchste Gaumenfreuden. Verzichten werde ich dann nur auf Beschwerden und Arztbesuche. Müssen Sie da noch überlegen, ob Sie ebenfalls darauf verzichten können oder wollen?

All diese Überlegungen haben mich veranlaßt, die Familie über einen langen Zeitraum auf die Gefahren hinzuweisen. Mit wenig Erfolg.

Mein Mann ißt inzwischen seit knapp drei Jahren bis auf wenige Ausnahmen im Jahr morgens nur Früchte. Wie das kam? Ich habe ihm einen Brief geschrieben. Außerdem setzte sich eine Zeitlang bei ihm immer wieder ein Ohr zu. Ich kommentierte dies mit der Bemerkung: „Siehste, jetzt kommt Dir der Dreck schon laufend zu den Ohren raus!" Vielleicht hat beides dazu beigetragen. Jedenfalls nach dem Sommerurlaub 1997 begann er damit bis mittags nur Früchte zu essen. Sonst bestand sein Frühstück aus einer großen Tasse Pfefferminztee, zwei Scheiben Brot mit Wurst oder Käse und einen großen Fruchtyoghurt. Diese kleine Veränderung hat schon bewirkt, daß er sich weniger räuspert und schon zweimal den Winter ohne Lungenentzündung durchlebt hat. Auch das Ohr setzt sich nicht mehr so häufig zu.

Als ich diese Episode mit dem Ohr einmal Herrn Dr. Probst am Telefon erzählte, meinte er: „Sie sind ja ganz raffiniert. Nun, wenn er morgens nur Früchte ißt, hat er schon die halbe Miete." Meine Antwort: „Für die Gesundheit meiner Familie ist mir jede Raffinesse recht. Mein Ziel ist natürlich auch die zweite halbe Miete bei meinem Mann zu erreichen." Herr Dr. Probst lachte und mahnte mich zur Geduld. Ich übe mich fleißig darin, wenn's auch bisweilen immer noch schwer fällt...! Außerdem: Mein Mann wäre als Vermieter auch nicht gerade auf Dauer mit halben Mieten zufrieden. Aber sobald die Liebe im Spiel ist, sieht die Sache bekanntlich anders aus. Und so will ich denn auch mal nicht so sein...!

Es ist eben schade, wenn die Kinder sich unnötigerweise u. a. mit Hals- oder/und Kopfschmerzen herumschlagen. Was mir bei den Kindern die größte Sorge bereitet, ist die Tatsache, daß die zu beobachtende und mit Katzenversuchen auch nachgewiesene ernährungsbedingte Degeneration offensichtlich von Generation zu Generation schneller fortschreitet. Ganz gravierend kann dies am Knochengerüst der heutigen Kinder und Jugendlichen festgestellt werden. Wie viele Kinder und Teenager plagen schon in jungen Jahren, Knie- und Rückenschmerzen?

Mein Sohn hat doch tatsächlich mit gerade fünfzehn Jahren im Herbst 1998 einen klassischen Ischias-Anfall gehabt. Wenn mein

Schwiegervater mit Mitte Siebzig darüber klagt, kann ich das noch als heutzutage üblich registrieren. Jedoch bei Daniel, der noch nicht einmal die Schule abgeschlossen hat, wird es mir Angst und Bange. Und ich setze ihm unfreiwillig dreimal täglich die Kost vor, die sein Binde- und Knochengewebe noch mehr schwächt und in seiner Muskulatur nervenreizende Ablagerungen bringt. Dazwischen besorgt er sich Eis, Bonbons, Schokolade, Chips und all den anderen die Krankheit fördernden Kram. Es ist einfach zum Heulen! Für die beiden Mädchen, Eva und Beate gilt Ähnliches. Daniel jedoch war und ist schon immer relativ oft, einmal sogar vor etwa acht Jahren, an einer sehr schweren Meningitis (Hirnhautentzündung), erkrankt gewesen.

Haltungsschäden sind seit Jahren als normal angesehen. Junge Menschen mit kaum über dreißig sterben an Schlaganfall oder Herzinfarkt. Und das trotz bester medizinischer Vorsorge, die dreimal tägliche Extra Portion Milch, Fluortabletten vom Säugling an, und was es sonst noch an zivilisatorischen Schnickschnack gibt. Das paßt doch nicht zusammen! Und die Menschen, meine Familie eingeschlossen, können und/oder wollen es nicht verstehen.

Immerhin gelang es mir in den letzten drei Jahren bei den Kindern, wenn sie die normalen grippalen Infekte hatten, eine natürliche Heilung zu fördern. Im Krankheitsfall essen sie von sich aus mehr Obst oder zumindest weniger Milch- und Getreideprodukte. Ich stellte ihnen häufig die Wahl: Entweder begegnen wir der Krankheit mit meiner Methode, oder wir sitzen mindestens zwei Stunden im Wartezimmer. Meist legen sie sich dann ins Bett und lassen sich von mir mit Säften, Obst und Salaten versorgen.

Sobald jedoch eine Besserung eintritt, werden natürlich wieder Schleckersachen und das andere schädliche Zeug verlangt. Es würde mir nicht nur von ihnen als Gefühlskälte angerechnet, gäbe ich diesem Verlangen nicht nach. Bei kleinen Kindern könnte ich mich diesbezüglich noch durchsetzen. Bei Kindern der Altersgruppen, wie der unsrigen, geht es nur über deren Verstand. Alles andere ist vergebene Liebesmühe. Ich kann nur hoffen und beten, daß diese Einsicht irgendwann, aber rechtzeitig, kommt. Ansonsten kann ich ihnen nur das Gesundsein vorleben.

Letztes und dieses Jahr hatte ich zwei Tage einen Schnupfen, bzw. Heuschnupfen. Und das wahrscheinlich auch nur, weil ich mich mal wieder an zu vielen Nüssen und damit zu viel – wenn auch pflanzlichem – Eiweiß vergriffen habe. Früher hatte ich diese allergischen Beschwerden mehr als drei Monate, wenn ich nichts an starken Medikamenten nahm. Außerdem konnte ich dann kaum sprechen, weil die Allergie sich bei mir immer in den Bronchien festsetzte, was zum dauernden Reizhusten führte. Damals haben die Kinder nicht lächelnd gesagt: „Na, hast Du auch einmal Schnupfen?" Heute sagen sie das. Es soll wohl heißen, daß ich nicht so ganz recht haben kann, wenn auch ich gelegentlich einen Schnupfen bekomme. Dabei ist es doch wirklich ein Unterschied, ob ich einmal im Jahr mich zwei Tage an einem Taschentuch festhalte, oder wie sie, alle paar Wochen. Das können sie vielleicht erst später fassen.

Die unterschiedliche Ernährungsweise hat sich ganz gut eingespielt. Wenn sie Kuchen essen, esse ich Obst. Wenn wir manchmal Fondue oder Raclette haben, esse ich Früchte, die mit etwas Puhlerei verbunden sind, wie Litschis oder Pomelos. Auf diese Weise ist die Gemütlichkeit des langsamen Essens auch für mich gewahrt. Morgens esse ich meist Melonen oder Trauben. Zum zweiten Frühstück, schmecken mir zwei bis drei ökologisch angebaute Bananen. Mittags gibt es für mich einen großen Salat, bestehend aus Grünblattsalat, Tomaten, rote Paprika und einer Avocado. Nachmittags und abends esse ich eine Sorte Früchte.

Ich bin froh und dankbar, daß mein Mann es problemlos akzeptiert, daß ich anders esse als die restliche Familie. Offensichtlich ist das nicht selbstverständlich, wie ich gehört habe. Insofern will ich zufrieden sein und fröhlich die hoffentlich noch lange gemeinsame Zeit nutzen.

Meine Schwester, die ehemalige Puddingvegetarierin

Wesentlich erfolgreicher als meine Familie missionierte ich meine vier Jahre ältere Schwester. Wahrscheinlich deshalb, weil es ihr über Jahre hinaus schlecht genug ging. Außerdem ist sie ein Mensch, der schon immer für gesundheitliche Belange sensibilisiert war. Sie scheute keine Versuche, von denen sie glaubte, daß diese sie dem Wohlbefinden näher bringen könnten.

Brigitte war ihr Leben lang aus ethischen Gründen Vegetarierin. Sie hatte mit vier Jahren zufällig von eines unserer Fenster aus die Schlachtung eines Schweins im Hinterhof beobachten können. Seit dem aß sie kein Fleisch mehr. Milch und Milchprodukte, sowie in Nahrungsmitteln verarbeitete Eier nahm sie zu sich. Allerdings kaufte sie später als Erwachsene das meiste im Reformhaus. Da sie nie gerne kochte, waren Vollkornbrote ihre Hauptnahrung. Diese Brote wurden von ihr sehr liebe- und phantasievoll belegt mit Käse, Avocados, Tomaten, Mozzarella oder vegetarischen Pasten aus dem Reformhaus. Ansonsten aß sie u. a. Tortellinis mit Gemüsefüllung, natürlich auch nur aus dem Reformhaus.

Obwohl sie sich offensichtlich schon ein kleines Stück bewußt ernährte, war sie jahrelang ständig kränklich. Vor allem, wenn sie ihre Periode hatte, litt sie häufig unter derart großen Schmerzen, daß sie zu Hause nur noch das Bett aufsuchen konnte. Da wir über zweihundert Kilometer voneinander getrennt leben, telefonierten wir hin und wieder miteinander. Sie erzählte mir immer wieder, wie schlecht es ihr ginge. Mal plagte sie eine eitrige Nebenhöhlenentzündung, mal Blasenentzündung, mal ihre Periode, mal eine schlimme Grippe und wenn es ausnahmsweise mal nichts Bestimmtes war, dann war sie einfach nur groggy, wie sie es nannte.

So war es auch im Juni 1995. Sie klagte mir ihr Leid, daß sie nun schon ein halbes Jahr Antibiotika gegen ihre sich abwechselnden Blasen- und Nebenhöhlenentzündungen nähme und sich immer kranker, statt gesunder fühlte.

Ich hingegen erzählte ihr von den Fortschritten, die ich in gesundheitlicher Hinsicht mit meiner seit sechs Monaten praktizierten neuen Ernährungsweise machte. Voller Eifer empfahl ich ihr außer die Genußgifte, Zucker, Kaffee, Tee, Kakao usw. auch die Getreide- und Milchprodukte wegzulassen. Durch das Telefon konnte ich mir vorstellen, wie ihre ohnehin von Natur aus großen Augen sich vor Entsetzen noch weiteten. Zögernd brachte sie hervor: „Ich soll auf meine schönen Vollkornbrote verzichten? Weißt Du, was Du da von mir verlangst? Und ohne Kaffee komme ich morgens doch gar nicht in die Socken. Das geht nicht." Ich erwiderte ihr: „Nicht ich verlange von Dir die Brote wegzulassen, sondern Dein Körper. Ich kann Dir nur das Buch von Helmut Wandmaker empfehlen. Da steht es alles haarklein begründet. Und ohne Kaffee habe ich nun wesentlich mehr und ausdauernder Energie als vorher. Du wirst Dich nicht nur, wie jetzt, in die Socken schleppen, sondern hinein springen! Probiere es doch wenigstens zwei bis drei Monate aus. Wenn es Dir nichts bringt, kannst Du ja wieder zu Deinen wirklich optisch schönen und wunderbar schmeckenden Broten zurück, aber Du hast es dann wenigstens versucht. Du sagst ja selber, daß Du immer kranker mit all den Medikamenten wirst."

Brigitte besorgte sich das von mir empfohlene Buch und setzte ähnlich, wie ich, alles auf eine Karte. Sie ließ die Medikamente weg, mied die Brote und suchte nach guten Früchten. Schon wenige Tage später teilte sie mir telefonisch mit, daß es aufwärts ginge. Bei einer Untersuchung durch ihre langjährige Hausärztin, auch eine normale Puddingvegetarierin, erzählte meine Schwester von ihrer neuen Ernährungsweise. Die Ärztin schlug die Hände über den Kopf zusammen und meinte sarkastisch: „Dann essen Sie nicht nur wie eine Kuh, sondern machen auch solche Haufen." Brigitte, welche ja am eigenen Körper die Richtigkeit ihres Weges spürte, ließ die Ärztin, welche ihr all die Jahre nicht hatte helfen können, reden.

Meine Schwester konnte ebenfalls die Erfahrung machen, daß ihr Kopf sofort wieder zu ist, wenn sie Brot ißt. Ihre Periodenbeschwerden sind verschwunden. Von Monat zu Monat verflüchtigten sie sich immer mehr. Keiner sieht ihr mehr an, daß sie mal wieder ihre Tage hat, was sonst jeder sah, der sie kennt und ständig mit ihr zu tun hat. Sie fühlte sich immer besser und fühlt sich heute so fit wie schon Jahrzehnte vorher nicht mehr.

Anderthalb Jahre, nachdem die Ärztin meiner Schwester so plump etwas vom Kuhfladen erzählt hatte, ließ Brigitte sich nur aus reiner Neugierde ein Blutbild machen. Anschließend wollte sie die Laborwerte telefonisch bei der Ärztin abfragen. Diese bat jedoch darum, Brigitte persönlich zu sehen. Sie konnte einfach nicht glauben, daß die ihr vorliegenden guten Blutwerte zu dieser ihr seit Jahrzehnten bekannten Dauerkranken gehörten. All die vielen Kranken im Wartezimmer mußten warten, während Brigitte intensiv über ihre Ernährung befragt wurde.

Vor einigen Monaten war meine Schwester wieder einmal bei ihr und stellte fest, daß die Frau Doktor selbst offensichtlich gesundheitliche Probleme hat. Brigitte lieh ihr das Buch von Helmut Wandmaker „Rohkost statt Feuerkost", weil sie meinte, in diesem Buch habe Herr Wandmaker mehr wissenschaftlich geschrieben. Außerdem sei es nicht so umfangreich, was einer gestreßten Ärztin entgegen käme. Einige Zeit später fragte Brigitte sie nach ihrer Meinung. Die Antwort: „Das ist alles gut und richtig, aber ich schaffe das nicht." Nun, dann muß Frau Dr. eben krank bleiben, denn sie würde sicherlich wissen, wie sie ihre eigenen Beschwerden in den Griff bekäme, wenn die medizinischen Methoden greifen könnten.

Es ist für mich nicht recht nachzuvollziehen, daß sie einerseits täglich sieht, wie wenig sie mit ihren Medikamenten den Patienten und sich selbst tatsächlich helfen kann, andererseits nicht die zunächst notwendige Selbstdisziplin hat, allein schon um ihren Patienten einen Schlüssel zur Gesundheit in die Hand zu geben. Auch wenn ich weiß, daß viele Menschen diesen Schlüssel achtlos beiseite legen, wenn einige ihn doch benutzen, dann ist schon etwas erreicht.

An dieser Stelle möchte ich Ihnen den Begriff **notwendig** ins Bewußtsein rufen. Wenn wir ihn normalerweise gebrauchen, meinen wir mit diesen Begriff **zwingend**. Wenn der Arzt ein Medikament oder eine Behandlung für notwendig hält, ist nach meiner Ansicht oft die Not im eigentlichen Sinne nicht vom Patienten gewendet. Denn meist kommen die Symptome nach Absetzen der Behandlung oder der Medikamente früher oder später wieder – also hat sich die Not nicht gewendet. Das Medikament war also nicht notwendig. Oder, wie es z. B. bei Rheuma der Fall ist, die Medikamente und Behandlungen verschlimmern die Not – der Schmerz bleibt, die Nieren werden zerstört –, dann ist die Behandlung notfördernd. Häufig jedoch decken Medikamente die ursprüngliche Not nur zu (scheinbare Notwendigkeit) und bewirken mit ihren Nebenwirkungen eine andere (häufig noch größere) Not. In diesem Fall spreche ich von notwechselnd.

Vor einiger Zeit las ich in der Tageszeitung das Zitat eines Schmerzspezialisten auf einem Schmerztherapiekongreß: „Es gibt kein wirksames Medikament ohne Nebenwirkungen." Dieses Zitat bezog sich auf die Situation, daß bei chronischen Schmerzen, die verabreichten Mittel zwar die Schmerzen weitestgehend ausschalten, jedoch die Betroffenen dann mit Dauermüdigkeit und mehr oder weniger starker Benommenheit leben müssen. In wie fern ist hier die Not des Kranken abgewendet?

Also gibt es logischerweise auch keine wirklich dauerhaft notwendige Medikamenteneinnahme im Sinne von die Not abzuwenden. Daß Medikamente wirksam sind, daran kann niemand ernsthaft zweifeln, schließlich sind die Nebenwirkungen meist nicht zu übersehen.

Wie anders sieht es doch mit der Notwendigkeit einer natürlichen Ernährungs- und Lebensweise aus! Hier kann man immer wieder die Erfahrung machen, wie tatsächlich die Not der kranken Menschen gewendet wird, wenn sie dies als notwendig im wahrsten Sinne des Wortes erkennen und auch umsetzen können. Die Erkenntnis ist eine Voraussetzung für das Handeln. Das Handeln jedoch ist die Voraussetzung für den Heilungserfolg. Viele Menschen, wie beispielsweise diese Ärztin, nehmen die Notwendigkeit einer rohkostbetonten Ernährungsweise zwar zur Kenntnis, scheitern jedoch an der Umsetzung ihrer Erkenntnis.

Deshalb ist es von mir keineswegs verachtend gemeint, wenn ich zuvor oben schrieb: Diese Ärztin hat nicht die notwendige Selbstdisziplin... Ich meine es nicht so, daß ich sage: Die Ärztin muß roh essen, weil ich es schließlich auch tue. Nein, ich sage: Wenn man wirklich die Not, krank zu sein, (ab)wenden will, dann ist die natürliche Rohkost ein wirksamerer Helfer und Garant zum Wohlbefinden als chemische Medikamente und andere Behandlungsmethoden. Die rohe Früchte- und Gemüsekost ist also ***notwendig*** im wahrsten Sinne des Wortes!

Jedenfalls habe ich an meine Schwester immer mehr Informationen das Thema betreffend weitergegeben. Im November 1995 machten wir uns gemeinsam zu unserer ersten Darmspülung bei einem Arzt in Düsseldorf auf. Da wir 200 km voneinander entfernt leben, nahm ich weitere 14 Spülungen an meinem Wohnort wahr.

Weil diese Sitzungen nicht gerade billig sind, fragte ich meinen hiesigen Hausarzt, ob er sie mir wohl verschreiben könne. Seine Antwort lautete: „Wieso spülen? Der Darm wird doch sowieso wieder schmutzig!" Welch unmögliche Antwort! Ich möchte mal wissen, ob

Kassenvertretung meinen Fall an die übergeordnete Hauptstelle weiterleiten.

Die Sachbearbeiter von der Hauptstelle meiner Krankenkasse ließen sich von meinen schriftlich vorgebrachten Argumenten überzeugen und bewilligten diese Therapie als einmalige Maßnahme. Weitere Spülungen zu einem späteren Zeitpunkt würden sie nicht übernehmen. So hatte ich wenigstens eine Grundreinigung in meinen ehemals stark verschlackten Darm gebracht. Den Rest besorgt die konsequente Rohernährung. Diese löst mit der Zeit noch vorhandene alte Schlacken und hinterläßt aufgrund ihrer für die menschliche Verdauung idealen Beschaffenheit keine weiteren Rückstände im Körper.

Es müßte doch eigentlich im Sinne eines jeden solidarischen Gesundheitssystems liegen, wenn Menschen sich erfolgreich vor Krankheiten schützen...! Die Realität sieht leider anders aus: Wenn die Menschen sich durch ihre falsche, krebsfördernde Ernährung beispielsweise einen Darmkrebs angegessen haben, werden horrende Summen für oft erfolglose Behandlungen von der Kasse übernommen. Ein Mitglied, das jedoch kostengünstigere Vorsorgemaßnahmen ergreift, also hauptsächlich bzw. ausschließlich Rohkost ißt und den Darm durch kompetent durchgeführte Darmspülungen von alten Schlacken befreien will und damit dem Darmkrebs die Grundlage entzieht, wird von der Solidargemeinschaft im Regen stehen gelassen!

Seit ich diese Anzahl von Spülungen habe durchführen lassen, kann ich trotz meiner behinderungsbedingten Bewegungsarmut problemlos zwei- bis viermal täglich meinen Stuhlgang lassen. Vorher war es trotz knapp ein Jahr Rohkost eher alle zwei Tage als jeden Tag einmal der Fall. Und darüber war ich schon sehr froh, denn als ich noch normal aß, kam nur zweimal die Woche bei mir Stuhl. Entsprechend konnte ich bei den Spülungen auch viel los werden. Ich kann aus dieser Tatsache nur schließen, daß meine Peristaltik nun wieder natürlich funktionieren kann und nicht wegen harter Kotreste praktisch lahm gelegt wird.

Einige Zeit, nachdem meine Schwester mit mir zur Darmspülung war, berichtete ich ihr von meinem Vorhaben, eine mehrtägige Fastenkur zu unternehmen. Sie reagierte nicht gerade begeistert. Bei meinem nächsten Besuch brachte ich ihr Bücher zu diesem Thema mit. Seitdem ist es auch für sie kein Tabu mehr, bei Bedarf eine Woche oder länger nichts zu essen.

Der Partner meiner Schwester war unglücklich darüber, als er von ihr im Nachhinein erfuhr, daß sie gefastet hatte und meinte: „Du wirst immer skurriler. Du mußt doch nicht so extrem sein wie Deine Schwester! Ich habe meinen Arzt gefragt. Der hat gesagt, fasten sei nicht schlimm, aber es gehöre unter ärztlicher Aufsicht." Wozu sollte dies wohl bei einer Frau, die an keiner schweren Grunderkrankung leidet, anders nütze sein, als zum Verdienst des Arztes? Jedenfalls hat Brigitte die Fastenkur gut getan. Man muß einfach ein Gespür dafür bekommen, wann es mal dran ist.

Als ich sie wieder einmal besuchte, brachte ich ihr den großen Gesundheits-Konz mit. Sie schlug spaßeshalber die Hände über den Kopf zusammen: „Also nein, jedes Mal, wenn Du gehst, denke ich: Nun habe ich alles geschnallt! Aber beim nächsten Wiedersehen kommst Du wieder mit was Neuem an." Ich antwortete ihr grinsend: „Na, dann freue Dich doch, daß wir wohl auch auf diesem Gebiet nie ausgelernt haben werden. Wenn der Herr uns außer ein beschwerdefreies auch noch ein langes Leben schenken sollte, wird es uns nie langweilig."

Ein anderes Mal brachte ich ihr ein großes Probierpaket mit Exotenfrüchten von einem biologischen Früchteversand mit. Wir haben es uns schwesterlich geteilt und den ganzen Tag in höchsten Gaumenfreuden geschlemmt. Seitdem wird dort hin und wieder etwas bestellt. Sie berichtet mir dann am Telefon, was gut schmeckt und ich umgekehrt auch, wenn wir Unterschiedliches bestellten.

Natürlich tauschen wir uns auch darüber aus, wie krank die Leute um uns herum sind, aber daß sie offensichtlich lieber leiden, als von ihren Gewohnheiten zu lassen. Brigitte kann sich mittlerweile gar nicht mehr vorstellen, in ein Stück Brot oder ein Stück Pizza zu beißen. Manchmal frage ich sie: „Bist Du mir immer noch nicht böse, daß ich Dir Deine schönen Vollkornbrote genommen habe?" Ihre Antwort: „Nein, das war das Beste, was Du machen konntest. Wenn ich bedenke, wie wohl ich mich jetzt fühle und wie übel ich mich fühlte, wenn Du es mir nicht gesagt hättest, kommt mir das kalte Schaudern. Es war aber gut, daß Du damals meintest, ich solle es zumindest erst einmal für zwei Monate probieren. Dadurch fiel mir der Verzicht nicht ganz so schwer. Ich werde Dir mein Leben lang dankbar dafür sein."

Brigitte hatte natürlich in der Anfangsphase hin und wieder versucht, ein Stück Brot zu essen, stellte jedoch am nächsten Tag sofort die von früher bekannte Verschleimung in den Nebenhöhlen fest. Wenn sie mir dann schilderte, daß es ihr nicht gut ging, weil sie wieder einmal ein Stück „Schrott" gefuttert hatte, sagte ich ihr mitleidlos, daß es mich freue. Sie verstand dies richtig und meinte: „Du hast ja recht. Wenn ich nichts spürte, würde ich wahrscheinlich wieder viel schneller ins Fahrwasser alter Essensgewohnheiten kommen."

Inzwischen ist es auch für sie kein Kampf oder Verzicht mehr. Kürzlich meinte sie zu mir: „Es ist ja ganz jäck, wenn man es einmal wirklich geschnallt hat, kann man einfach nicht mehr zurück." Wie recht sie hat! Im dritten Teil des Buches werde ich noch herausarbeiten, daß man mit steigenden Wohlbefinden ein großes Vertrauen in die natürlichen Selbstregulierungskräfte seines Körpers und ein realistisches Unabhängigkeitsgefühl entwickelt, welches man um keinen Preis mehr aufgeben möchte. Leider haben nicht viele unserer leidenden Mitmenschen den Mut einmal etwas ganz Einfaches und Natürliches auszuprobieren und eine gewisse Durststrecke im Kampf gegen alte, krankmachende Gewohnheiten durchzuhalten, bis die neue rohköstliche Ernährungsweise zur guten Gewohnheit geworden ist.

Der unwahrscheinlich schnelle und qualvolle Tod einer lieben Freundin

Ich schrieb schon von Günter und Waltraud in einem vorherigen Kapitel. Ähnlich, wie mir, erging es auch Günter, als er versuchte, seine Frau und seine Tochter zur Rohkost zu animieren. Waltraud war davon überzeugt, daß Günter und ich übertreiben und verbot uns schon bei Zusammenkünften mit Freunden und Bekannten über die Ernährung zu sprechen und somit den anderen den Appetit beim Kaffeeklatsch oder großem Abendessen zu nehmen.

Waltraud stammte aus Bayern und war eine sehr liebenswerte, hilfsbereite und lebenslustige Person. Mehl- und Kartoffelgerichte waren ihre Lieblingsspeisen, wie es bei den Bayern allgemein so üblich ist. Deshalb war es auch so schwer für sie zu akzeptieren, was Helmut Wandmaker über die von ihm als Kleisterkost bezeichneten Brot- und Getreideprodukte schreibt. Auf Fleisch und Wurst zu verzichten, das stellte für sie kein Problem dar, aber alles andere, meinte sie, könne einfach nicht so schlimm sein. Sie stand mit dieser Meinung keineswegs alleine, wie ich auch heute noch immer wieder feststellen kann.

Teilweise und unregelmäßig versuchte sie sich der Ernährung von Günter anzupassen. Leider hat dies offensichtlich nicht zur Verhinderung ihres Tumors gereicht. Erst knapp einen Monat vor ihrem Tod erzählte sie mir, daß sie im Grunde schon fünfzehn Jahre beim Essen Magenbeschwerden hatte. Sie war also schon daran gewöhnt. Obwohl sie feststellen konnte, daß sie, wenn sie mit Günter den Wildkräutersalat aß, diese Beschwerden nicht hatte: Sie konnte offensichtlich nicht auf Kaffee, Brot, Kuchen und die anderen vermeintlich guten Sachen verzichten.

Ihrer Meinung nach war ein so einseitiges Essen, wie sie unsere Ernährung nannte, für sie nicht lebenswert. Es war ihr nun einmal nicht gegeben, außer verstandesmäßig auch emotional diese Ernährungsweise zu verinnerlichen. Vielen Menschen, welche diese Art der Nahrungszufuhr verstandesmäßig ebenfalls erfassen können, ergeht es gefühlsmäßig ähnlich. Deshalb versuchte Waltraud wohl auch nicht, die Vielseitigkeit der natürlichen Lebensmittel zu entdecken.

Weil sie den harten und kompromißlosen Umgangston von Franz Konz und Helmut Wandmaker in den Büchern und Zeitschriften ablehnte, konnte sie den Inhalt, die Botschaft, ebenfalls nicht akzeptieren. Aber auch der etwas dezentere Umgangston des Herrn Dr. Probst, der ihr mehrmals den Sachverhalt über die Schädlichkeit der Normalkost, insbesondere der Milch- und Getreideprodukte schilderte, konnte sie bis drei Monate vor ihrem Tod nicht von der Notwendigkeit einer ausschließlichen Rohkost überzeugen.

Ein Sonntag ohne Kaffee und Brötchen war für sie eben kein Sonntag. Und ein Zusammensein mit Freunden am Nachmittag nur mit Obst zumindest für sie selbst – statt mit Kaffee und Kuchen – entbehrte in ihren Augen jeder Gemütlichkeit.

Sie, liebe(r) Leser/in, werden diese Auffassung sicherlich verstehen. Auch ich kann es noch gut nachvollziehen, aber wenn etwas als schädlich erkannt ist, muß nach meiner Auffassung Grundlegendes geändert und verinnerlicht werden. Dann interessiert mich auch weniger, ob die schriftliche oder mündliche Ausdrucksweise des Autors mir schmeichelt oder nicht, sondern wenn ich das Geäußerte als richtig erfassen, nachprüfen und auch noch bestätigen kann, dann ist es für mich maßgebend.

Ich muß ja beispielsweise nicht mit dem ruppigen Franz Konz zusammenleben.

Doch was er zum allergrößten Teil inhaltlich zur Ernährung und Gesundheit schreibt, kann ich nur aus eigenem Erleben unterstreichen. Manche nebensächlichen Ansichten von ihm sind nicht auf meiner Wellenlänge und werden deshalb nicht von mir übernommen, aber deswegen kann ich noch lange nicht **alles**, was er sagt, singt oder schreibt, verwerfen, nur weil mir der Ton nicht paßt.

Im Gegenteil: Ein dröhnender Rufer, der etwas Wahres verbreitet, ist mir tausendmal lieber als ein säuselndes „McDonalds ist einfach guuht"! Diese in Funk und Fernsehen dem Hörer immer wieder eingedudelte Aussage stimmt einfach nicht. Jeder, der es wissen will, weiß es im Grunde, aber keiner regt sich über diese unverfrorene, weil unwahre Aussage auf. Tatsache ist nun einmal, daß die Pommes, Gummibrötchen und das sicherlich nicht beste Fleisch aus solchen Massenlokalitäten mit Konservierungs-, Farb- und Bindestoffen gesättigt sein müssen, sonst wäre der Verlust wegen des schnellen Verderbs der Ware wesentlich höher als der Absatz.

Was der Kunde nicht sieht, kauft er eben trotz besseren Wissens. Und chemisch behandelte Nahrungsmittel sind zwar gut haltbar, jedoch noch lange nicht gut für die Ernährung. Die oben zitierte Werbung jedoch zielt auf den Verzehr durch den Kunden ab. Insofern bin ich der Auffassung, daß diese Aussage, daß „McDonalds einfach guuht ist" so nicht stimmt.

Aber über Franz Konz, Helmut Wandmaker usw. wird gleich der Stab gebrochen. Nur, weil dieses Stück Wahrheit, welches sie zum Wohle ihrer aufnahmebereiten Mitmenschen unermüdlich vertreten, Umdenken und Handeln erfordert? Natürlich, der säuselnde McDonalds-Slogan... stellt solche Anforderungen nicht an uns. Vielmehr zieht er uns nur noch mehr ins gesundheitliche Verderben, wenn wir uns danach richten! Schnell und bequem den nach Kochkost verlangenden Appetit befriedigen, alles weitere ist dann zweitrangig.

Wir tun also gut daran, dem **W a s** jemand sagt oder schreibt wesentlich mehr Bedeutung beizumessen, als dem **W i e** es geäußert wird. Was nutzt uns eine liebevolle Beschreibung des Weges, der uns ins Verderben führt? Da ist mir eine knallharte Warnung, diesen gefährlichen Lebens- und Ernährungsweg nicht weiter zu verfolgen, ehrlich gesagt viel lieber!

Waltraud hat schon auf Qualität in ihrer gut bürgerlichen Kost geachtet, aber so ganz wollte oder konnte sie sich von ihr nicht verabschieden. Sie empfand es einfach als ungemütlich, nichts Gebackenes oder Gekochtes auf dem Tisch zu haben.

Wenn wir Rohköstler aus der näheren Umgebung uns in fast monatlichen Abständen zu einem Rohkosttreffen zusammenfinden, wo jeder ihm genehme rohe Früchte, Gemüse, Salate, Trockenfrüchte, Nüsse und Samen mitbringt, entbehren wir wirklich keiner Gemütlichkeit und keines Genusses. Der Anblick dieses, uns von der Natur geschenkte bunten Büfetts reizt geradezu zum Essen und man kann schlemmen in dem Bewußtsein, sich etwas Gutes zu tun. Bei einem normalen Büfett hat der Esser oft früher oder später den Schaden.

Sie merken, liebe(r) Leser/in, um eine offensichtlich bessere Lebensqualität ohne Abstriche bei der Freude und dem Genuß am Essen von naturbelassenen Lebensmitteln zu erreichen, muß sich auch unser Denken ändern. Außerdem tut es uns Teilnehmer/innen eines solchen Treffs gut, wenn einmal alle Tischnachbarn Rohkost essen, weil die Isolation innerhalb der normalen Tischgemeinschaft kurzfristig aufgehoben ist.

Daß die von Günter und mir praktizierte Ernährung uns beide wieder in eine wesentlich bessere Lebensqualität versetzt hatte, mußte Waltraud anerkennen. Nur glaubte sie wahrscheinlich, eine solche Konsequenz (noch) nicht nötig zu haben. Wie sehr sie sich leider getäuscht hatte, zeigte ihr rasanter, körperlicher Zerfall binnen weniger Wochen. Wenn ich daran denke, erfaßt mich immer wieder eine tiefe Traurigkeit. Denn ich freute mich immer sehr, wenn ich mit ihr zusammen sein konnte.

Ihre Magenbeschwerden, die meine liebe Freundin seit langem beim Essen gewohnt war, verschlimmerten sich ab März 1998 zusehends. Günter erzählte mir erst nach ihrem Tod, daß sie schon zu diesem Zeitpunkt oft erbrach. Trotzdem unterließ sie es, bis August 1998 einen Mediziner aufzusuchen. Offensichtlich ahnte sie im Unterbewußtsein, was bei einer solchen Untersuchung herauskommen würde.

Der Arzt leitete Waltraud gleich zur Biopsie (Entnahme einer Gewebeprobe aus der Magenschleimhaut) weiter. Das Ergebnis war negativ. Waltraud atmete auf. Der Arzt jedoch, dessen Vater ebenfalls an einem nicht erkannten Magenkrebs trotz negativen Befundes verstorben war, gab sich nicht zufrieden. Er veranlaßte eine zweite Biopsie in Vollnarkose, weil Waltrauds Mageneingang schon derart verhärtet war, daß die Ärzte gar nicht tief genug mit ihren Instrumenten in den Magen gelangen konnten. Auch dies Ergebnis blieb negativ, die Ärzte jedoch skeptisch. Sie rieten ihr ab September 98 dringend zur Magenentfernung, weil sowohl die Magenverhärtung als auch die Röntgenbilder offensichtlich für das Vorhandensein eines Tumors sprachen.

Nun begann für Waltraud die Hölle auf Erden. Sie war hin und her gerissen zwischen den Methoden der Schulmedizin, die den Tumor durch die Entfernung des Magens eliminieren wollte und der Naturheilmedizin, die auf hohe Enzymdosen, Aushungern der Geschwulst und somit Selbstheilung setzte. Eine dritte Variante, den Magen zu entfernen und sich einer alternativen Nachsorge zu unterziehen, stand ihr ebenfalls sehr nahe.

Jedes Mal, wenn ich mit ihr telefonierte, war Waltraud zu einer anderen Maßnahme entschlossen. Einige Male sagte ich ihr, daß ich ihr nichts raten kann, weil mir diesbezüglich die Erfahrung fehle, auch wenn ich, wie sie wisse, eher für die alternative Bekämpfung des

Tumors sei. Sie telefonierte durch ganz Deutschland, aber ihre Unsicherheit wuchs täglich, verständlicherweise.

Es war ihr unmöglich, unter diesen entsetzlichen Bedingungen angesichts des drohenden Todes die Vor- und Nachteile der verschiedenen Richtungen gründlich abzuwägen. Die Vorteile einer operativen Entfernung lagen ja darin, daß sie den Tumor fürs Erste los gewesen wäre. Nachteile waren jedoch: Der Magen wäre weg, und die Gefahr der Streuung von Metastasen besteht bei solchen Eingriffen immer. Daß es gar nichts mehr zu streuen gab, weil bereits alles gestreut war, ahnten wir alle nicht. Dies erkannten wir erst wenige Tage vor ihrem Tod: Für jegliche Therapie war es bereits viel zu spät.

Die natürliche Krebstherapie hat den Vorteil, den Körper nicht durch Operation und Chemotherapie zu verstümmeln und in seinem Immunsystem noch mehr zu behindern. Sie trägt natürlich vordergründig den Nachteil, daß sie eine totale Konsequenz in der Ernährungs- und Lebensweise über einen sehr langen Zeitraum – praktisch lebenslang – erfordert. Waltraud wollte verständlicherweise von beiden Methoden nur die Vorteile. Kaum jemand hätte sich an ihrer Stelle etwas anderes gewünscht.

Die Ratschläge von Bekannten und Verwandten waren ebenfalls geteilt. Die ihr bekannten Normalköstler rieten ihr dringendst zur Operation. Sie führten ihr Beispiele vor Augen, wie viele in ihrer Nachbarschaft oder Bekanntenkreis anscheinend beschwerdefrei ohne Magen weiterleben würden. Günter, einige Rohköstler aus unserem Rohkosttreff und ich versuchten, ihr die Vorteile der natürlichen Heilmethoden ins Bewußtsein zu rücken. Wie sich kurze Zeit später herausstellte, hatte keiner der Vorschläge mehr einen Sinn, weil es schon zu diesem Zeitpunkt für sie kein Entrinnen vor dem Tod mehr gab.

Mitte September entschied sie sich für die Operation. Sie erzählte mir, sie habe sich angemeldet, ob ich sie deswegen verachten würde. Ich antwortete ihr, daß weder ich, noch sonst jemand das Recht hat, sie zu verachten. Schließlich kann niemand über die Entscheidung eines todkranken Menschen urteilen, schon gar nicht, wer nicht am eigenen Körper betroffen ist.

An dieser Stelle möchte ich auch für Sie, liebe(r) Leser/in ganz deutlich klar machen, daß ich jede Art von Arroganz und Überheblichkeit abstoßend finde. Auch wenn ich meine, auf den vergleichsweise winzigem Gebiet der gesunden Lebensführung etwas mehr zu wissen als viele meiner Mitmenschen, so ist dies kein Grund, Menschen zu verachten, die das Leben diesbezüglich anders sehen und gestalten. Überheblichkeit steht keinem Menschen zu, weder dem renommiertesten Medizinprofessor, noch dem konsequentesten Rohköstler!

Ich kann mir noch so sicher sein, eine richtige Ansicht zu vertreten: Sie ist nur dann etwas wert, wenn sie von Liebe getragen wird. Diesbezüglich habe ich mir die Worte des Apostels Paulus sehr zu Herzen genommen, die er uns im 1. Korinther Kap. 13, Verse 1-10 offenbart. Besonders der Vers 2 gibt mir Aufschluß darüber, wie ich meine Erfahrungen und damit Weisheiten weiterzugeben habe:

Und wenn ich prophetisch reden könnte / und alle Geheimnisse wüßte / und alle Erkenntnis hätte; / wenn ich alle Glaubenskraft besäße / und Berge versetzen könnte / hätte aber die Liebe nicht, / wäre ich nichts.

Also ehrlich, nichts beschönigend, aber von Liebe getragen! Überheblichkeit, Verachtung und Arroganz haben da keinen Platz. Wissen weitergeben, ja, aber ob es aufgenommen wird, muß ich dem Herrn überlassen.

Ich sagte Waltraud, wichtig sei nur, daß sie zu dem einmal gewählten Behandlungsweg innerlich stehe und ihrem getroffenen Entschluß vertraue. Das konnte sie bis zu ihrem Tode nicht. Denn einige Tage nach unserem Gespräch rief ich sie an, um ihr für die bevorstehende Operation Gottes Beistand zu wünschen, als sie mir berichtete: „Ich habe mich wieder abgemeldet. Gestern traf ich eine Frau, welcher der Magen entfernt worden ist. Sie hat mir erzählt, wie elendig sie sich fühlte und daß sie ständig das Gefühl des Verhungerns habe. Diese Frau wäre lieber tot als so weiterleben zu müssen."

Nun entschied sie sich für die Krebstherapie nach Gerson. Dies ist eine Therapie, die hauptsächlich auf das Trinken frischer, kaliumreicher Säfte und einer vier Stunden gekochten Gemüsebrühe basiert. Also flog sie Anfang Oktober kurz entschlossen mit ihrem Mann nach Mexiko in die Gerson-Klinik. Ende Oktober kehrte sie wieder zurück. Die Therapie konnte schon aus dem Grunde nicht mehr greifen, weil der verhärtete Magen einfach nichts mehr aufnahm. Was nutzen beste Säfte, wenn sie nicht genügend aufgenommen werden können?

Waltraud kam mit einer entzündeten Leber und einem Gallenstau wieder nach Hause. Wenige Tage später lag sie im Krankenhaus und erhielt mehrere Bluttransfusionen. Hier bat sie um die Magenoperation. Die Ärzte jedoch teilten ihr mit, daß es zu spät für eine Operation sei. Sie boten ihr zunächst noch eine Chemotherapie an. In ihrer Verzweiflung stimmte Waltraud nun auch dieser von ihr zuvor abgelehnten Therapie zu. Als die Chemotherapie wenige Tage später beginnen sollte, teilten die Ärzte ihr mit, daß sie eine solche Therapie kaum noch überleben werde und daß deswegen dieser Therapieplan von ihnen wieder verworfen wurde.

Eine letzte Hoffnung setzten Günter und Waltraud auf den Versuch, eine Sonde direkt in den Dünndarm zu legen, um sie mit frisch gepreßten Säften zu ernähren. Man versuchte die Sonde durch den Magen in den Dünndarm zu schieben, jedoch ohne Erfolg. Es ließ sich einfach nichts mehr durch den verhärteten Magen schieben. Dann wurde ein paar Tage später versucht, über einem Bauchschnitt die Sonde in den Dünndarm einzuführen. Auch dies war zwecklos. Der gesamte Darm wies keinerlei Peristaltik mehr auf. Alle inneren Organe waren vom Krebs befallen und daher nicht mehr funktionsfähig.

Mit dieser Erkenntnis entließ man Waltraud Ende November 98 nach Hause, damit sie dort möglichst in Frieden und im Familienkreis sterben konnte. Um sie vor dem Austrocknen und Verdursten zu schützen wurde ihr ein Katheder in die Brustvene gelegt, durch den ihr auch in regelmäßigen Abständen Schmerzmittel zugeführt wurden. Am 8. Dezember 1998 starb sie im Alter von nur 54 Jahren. Vom ersten vagen Verdacht auf Krebs bis zu ihrem Tode waren nur knapp vier Monate vergangen.

Günter erzählte mir später, daß sowohl die Ärzte im Krankenhaus als auch der Hausarzt im Nachhinein übereinstimmend geäußert haben, daß der Magentumor sich schon vor zwei Jahren (also ungefähr Ende 1996) an der äußeren Magenwand manifestiert haben mußte. Der Biopsiebefund über die Magenschleimhaut wäre somit zu jedem früheren Zeitpunkt ebenfalls negativ ausgefallen. Von hier hatte der Tumor Zeit genug gehabt, auch die anderen Organe zu befallen. Es wäre also leider ebenfalls im September 1998 schon für eine Operation viel zu spät gewesen, ebenso wie für alle anderen Therapien.

Auch wenn Günter und mir klar ist, daß alles Spekulieren keinen Sinn hat, so meinen wir doch, daß ihre Chancen zu überleben, wesentlich größer gewesen wären, wenn Waltraud spätesten Anfang 1997 den ernährungsmäßigen Weg mit ihrem Mann gemeinsam konsequent mitgegangen wäre. Hätte sie nur ihre vermeintlich für sie harmlosen Magenbeschwerden ernst und als Anlaß genug dafür genommen, ihre Ernährung konsequent umzustellen!

Letztlich können auch heute kleinste Zellentartungen nicht gefunden werden. Schon allein deshalb nicht, weil niemand sich ständig total durchchecken läßt. Die regulären Krebsvorsorge-Untersuchungen beschränken sich nur auf dem genitalen Bereich. Man besteht ja nun einmal nicht nur aus Brust, Vagina, Darmausgang und Penis. Von daher ist es ganz unmöglich, schulmedizinisch kleinste Zellentartungen aufzuspüren. Aber wenn dem Körper grundsätzlich eine Nahrung zugeführt wird, die krebshemmend ist, sind auch unentdeckte Krebszellen in ihre Schranken verwiesen. Die Rohkost hat genügend Eiweiß, das normale Zellen ernähren kann, jedoch nicht genug Eiweiß, um die nimmersatten Krebszellen zu ernähren.

Wenn Günter seiner Frau beispielsweise sagte, sie solle wenigstens den Kaffee, das Giftzeug, weglassen, entgegnete sie: Das geht nicht, dann habe ich keine Verdauung und kann nicht zur Toilette. Günters Ratschlag, dann stimme offensichtlich etwas mit ihrer Verdauung nicht und sie müsse sich eben mit einer verdauungsfördernden Ernährung versorgen und einen naturheilkundlich orientierten Arzt zwecks Untersuchung konsultieren, nahm sie nicht so ernst.

Bis zu ihrer Entscheidung, den OP-Termin abzusagen, war das Thema ausschließlicher Rohkost für Waltraud ein rotes Tuch. Als sie dann – weil zu spät – trotz totalen Übergangs zur Rohkost – vor dem Aus war, bereute sie es bitter, sich zuletzt doch noch für den Ernährungsweg, statt für die Operation entschieden zu haben. Denn nun meinte sie, den falschen Weg gegangen zu sein, indem sie die Operation im September abgelehnt hatte.

Meine ganz persönliche Meinung ist, daß sie etwa anderthalb Jahre vor ihrem Tod mit Beginn ihrer stärker werdenden Beschwerden in jedem Fall etwas hätte unternehmen müssen, entweder schulmedizinisch oder naturheilkundlich. Wenn Beschwerden auftreten, kommt niemand um eine Entscheidung und ein Handeln herum.

Diese traurige Erfahrung zeigt sehr deutlich, welchen Trugschluß unterliegen kann, wer da meint, man brauche erst etwas ändern, wenn es ganz ernst wird. Deshalb ist es meiner Ansicht nach am besten sich umzustellen, wenn man noch nichts Lebensgefährliches hat, sondern nur etwas Lästiges. Das Allerbeste wäre selbstverständlich, man ließe auch das Lästige erst gar nicht aufkommen, aber das zu erwarten ist unrealistisch, wie die Erfahrung immer wieder zeigt. Das Risiko, daß wir nicht erst mit lästigen Symptomen zur Rückkehr zu den Naturgesetzen aufgefordert, sondern gleich mit ernsten Krankheiten konfrontiert werden, sollte trotzdem nicht ausgeschlossen werden. In meinen Ausführungen im Teil III, Kapitel Oft trügt der Schein... werde ich dieses Thema ausführlich zur Sprache bringen. Alles problemlos vertragen zu können ist nun einmal, realistisch gesehen, nicht unbedingt die Sicherheit, auch tatsächlich keine gesundheitlichen Probleme zu haben.

Doch selbst die überzeugtesten mir bekannten Rohköstler – mich eingeschlossen – sind erst über einen mehr oder weniger langen Leidensweg, vielen erfolglosen Arztbesuchen und daraus resultierenden Behandlungen zu dieser Lebensweise gekommen. Deshalb konzentriere ich mich mit diesem Teil des Buches nicht unbedingt auf Menschen, welche noch keine Beschwerden haben, sondern auf Menschen, die welche spüren, jedoch nach dem Motto leben: Ein Indianer kennt keinen Schmerz!

Waltraud gehörte zu diesen Menschen. Klagen kamen höchst selten. Sie mußte immer fröhlich und adrett sein. Gesundheitliche Schwächen und Nöte zeigen oder zugeben, das konnte sie bis Ende September nicht. Offenbar war sie dazu noch nicht einmal sich selbst gegenüber fähig.

Je früher wir uns selbst durch Symptome aller Art alarmieren lassen, um so besser und schneller erlangen wir logischerweise durch die Rückkehr zur Natur unser Wohlbefinden.

Manchmal lohnt sich die schonungslose Darstellung von Tatsachen

Seit einigen Jahren haben wir dreimal wöchentlich eine liebe Haushaltshilfe, von mir in diesem Buch Lisa genannt. Sie ist noch keine vierzig Jahre jung. Eine ihrer regelmäßigen Aufgaben besteht darin, mir morgens meine Melone oder sonstiges Obst für das Frühstück zu zerteilen und kurz bevor sie mittags nach Hause geht, mir meine rohen Zutaten zu einem nicht angemachten Salat in eine Schüssel zu schneiden. Schäl- und Schneidearbeiten sind Tätigkeiten, welche mir motorisch recht schwer fallen. Deshalb sind Trauben und Bananen für mich so praktisch.

An den Tagen, wenn Lisa nicht kommt, müssen mein Mann oder die Kinder die Schneidearbeiten übernehmen. Ich könnte mir zwar das meiste auch selbst schneiden, aber unter Aufwendung unnützer Zeit. Außerdem bin ich der Auffassung, wenn ich schon für sie das Essen zubereiten – also zerstören – muß, fehlt mir die Zeit für die Schäl- und Schneidearbeiten. Sie können nicht kochen, aber schneiden, und ich kann nicht so schnell schneiden, aber kochen. Wäre meine Familie eine Rohköstlerfamilie, teilte ich sie für das Schälen und mich für das Schneiden ein, soweit es erforderlich ist. Denn das Schneiden kann ich noch eher als das Schälen bewerkstelligen.

Hin und wieder bewunderte Lisa meine Stärke, für die Familie zu kochen und selber nichts davon zu essen. Sie könnte dies nicht, meinte sie. Ich gestand ihr so zum Scherz, es sei nur meine Nervenschwäche ständig im Wartezimmer herumzuhängen und nach fast jedem Arztbesuch feststellen zu müssen, daß es sinnlos war.

Da ich einen großen Teil meiner Gesundheitsbibliothek im Schlafzimmer untergebracht habe, kommt Lisa immer wieder beim Staubwischen mit diesen Büchern in Berührung. Eines Tages lieh sie sich das Wandmakerbuch „Willst Du gesund sein?"... aus. Nach der Lektüre meinte sie, daß ihr der Satz „Krebs ist die Tochter des Kochtopfes" so zu denken gäbe. Ob ich sicher sei, mit dieser Ernährung keinen Krebs zu bekommen, wollte sie wissen. Ich entgegnete ihr, daß ich sicher bin, zumindest keinen ernährungsbedingten Krebs zu kriegen. Da ich außerdem nicht in Gefahrenzonen arbeite, welche Krebs verursachend sein können, sei ich eigentlich ganz optimistisch keinen Krebs zu bekommen.

Ein anderes Mal meinte sie, an irgend etwas müßte ich doch später einmal sterben. Ich bestätigte ihr, daß mir wahrscheinlich drei Todesursachen bleiben: Unfall, Mord oder Altersschwäche. Selbstverständlich wünsche ich mir das Letztere. Als sie meinte: Sie können doch auch einen Herzinfarkt bekommen, fragte ich sie: Wie soll das gehen, wenn meine Arterien keine Ablagerungen anhäufen können und mein Blut sich nicht verklumpen kann, weil die Rohkost es dünnflüssig hält? Aufgrund dieser und ähnlicher Gespräche wurde sie wohl immer sensibler für das Thema.

Etwa einen Monat vor Waltrauds Tod bekam Lisa während eines Telefonats mit, daß Waltraud schwer krank war. Lisa hatte Waltraud einmal bei mir gesehen, als diese mich besuchte. Lisa erkundigte sich danach, was Waltraud habe. Als sie die traurige Wahrheit hörte, sagte sie mir verzweifelt: „Oh, Frau Brickenkamp, ich habe solche Angst, Magenkrebs zu kriegen. Hat ihre Freundin auch Magengeräusche, wenn sie ißt?"

Mich packte das blanke Entsetzen, denn erst wenige Tage zuvor hatte Waltraud mir berichtet, daß sie sich nun klar darüber geworden sei, was sie ihrer Mutter kurz vor ihrem Tod abverlangt hat, als sie die alte Dame nötigte zu essen und die Magengeräusche nicht ernst genommen hatte. Sie habe seit geraumer Zeit die gleichen Geräusche beim Essen gehabt. Waltraud war sich nun sicher, daß ihre Mutter ebenfalls an Magenkrebs gestorben ist.

Inzwischen weiß ich von Günter, daß die jüngere Schwester von Waltraud wohl auch starke Magenprobleme hat. Diese hatte Waltraud nach der Entlassung aus dem Krankenhaus bis zu ihrem Tod noch mit gepflegt und mit beigestanden. Günter erzählte mir, seine Schwägerin habe genauso auf die Rohkostliteratur reagiert, wie seine Frau, nämlich, daß das alles nicht richtig sein könne.

Ich sah keine andere Wahl, als Lisa angesichts der von ihr mir beschriebenen bedrohlichen Symptome im Magen, ihr ohne Umschweife meine Sichtweise mitzuteilen: „Ich bin keine Ärztin, aber ich stelle mir den Magen wie eine Tüte vor, die mit dem Inhalt zwecks Weiterbeförderung und Vorverdauung des Nahrungsbreies bewegt wird. Ist die Tüte aus weichem Material, hört man die Bewegungen nicht oder kaum. Wird das Material härter oder spröder, knistert es bei jeder Bewegung. Können Sie noch Essen bei sich behalten?" Als sie dies bejahte fuhr ich fort: „Sie haben dann noch die Chance, Rohkost zu sich nehmen zu können. Diese arme Frau wollte jetzt so gerne die Rohkost essen, aber sie kann es nicht mehr, weil der Magen total verhärtet und möglicherweise von einem Tumor in der Speiseröhre verschlossen ist. Es ist absolut nichts mehr hinein zu bekommen. Ich kann Ihnen nur empfehlen, diese Chance, die Sie noch haben, weil ihr Magen noch etwas aufnimmt und behält, zu nutzen. Das müssen Sie entscheiden. Wenn Sie schon einen beginnenden Krebsherd haben sollten, machen Sie mit der Rohkost sicher nichts falsch."

Lisa erzählte mir, daß sie schon zweimal zur Magenspiegelung war. Jedes Mal habe der Arzt eine Reizung oder Entzündung festgestellt und Tabletten verschrieben. Diese Tabletten wolle sie aber nicht mehr nehmen, weil ihr immer übel davon würde. Beim letzten Mal hätte sie den Arzt gefragt, was sie denn tun könnte, damit die Entzündung nicht mehr käme. Der Arzt habe nur mit der Schulter gezuckt. Bei Lisa in der Verwandtschaft ist mehrmals Magenkrebs vorgekommen. Logisch, daß sie bei Magenbeschwerden gleich daran denkt.

Ich empfahl ihr zumindest mal zu beobachten, wie ihr Magen auf eine Woche nur Rohkost reagiere. Zunächst sollte sie jedoch drei Tage erst einmal nur Wasser trinken und morgens oder/und abends einen Einlauf machen. Sie nahm diesen Ratschlag an und aß eine Woche nur Rohkost. Sie fühlte sich wesentlich besser. Auch ihre Bauchschmerzen verschwanden. Bis dahin hatte sie nur einmal die Woche Stuhlgang gehabt, jetzt geht es einmal pro Tag.

Nach dieser Woche sehnte sie sich nach etwas Warmen, denn es war Ende November. Im Frühjahr und Sommer ist die Umstellung erfahrungsgemäß etwas leichter. Ich empfahl ihr, sich ein Gemüse leicht zu dünsten, wenn sie ohne Warmes nicht auskäme. Auf jeden Fall solle sie Brot, Nudeln, Kartoffeln, Reis und alle Milchprodukte meiden. Daran hält sie sich auch noch nach einem Jahr bisher fast konsequent. Wenn sie es nicht tut, hat sie gleich Beschwerden.

Ich meine, das allerbeste ist natürlich die totale Rohkost. Jedoch, wenn es für viele Menschen nicht (sofort) durchführbar ist, ist sicherlich eine vegane Gemüsemahlzeit ohne Brot und sonstiger Getreideprodukte oder Kartoffeln neben einer rohkostbetonten Ernährung bei weitem besser als die übliche Normalkost.

Ich spreche von mir aus das Thema nun bei ihr nicht mehr an. Wenn sie mir etwas erzählt oder mich etwas fragt, antworte ich ihr, wie ich denke. Mehr kann und darf ich nicht tun. Ihr Mann und ihre

Bekannten meinen zwar, diese Ernährung könne nicht richtig sein, aber sie spürt doch selber, daß es ihr gut geht, wenn sie bei der Rohkost bleibt. Ihr Mann sagte ihr einmal: „Wenn es Dir nach dem Verzehr von Brot schlecht geht, dann nur deshalb, weil Du schon vorher denkst, daß es Dir schlecht gehen wird." Er hat sich überhaupt noch nicht mit dem Thema beschäftigt, obwohl auch er ebenfalls einige kleinere und größere gesundheitliche Probleme hat.

Es ist tatsächlich so, wie Helmut Wandmaker schreibt, daß ein gereinigter Körper die Schlechtkost nicht mehr verträgt. Hier muß ich ein relativ frisches Erlebnis von mir berichten: Ich schrieb Ihnen in einem der Kapitel zuvor, daß ich für meine Familie jeden Tag kochen muß und in den allermeisten Fällen nichts davon esse.

Da ich jedoch auch nur ein Mensch bin, geht das fast immer gut, aber an einem der letzten Samstage war es nicht so. Es gab Frikadellen mit viel Zwiebeln und viel Petersilie gebraten. Beim Mittagstisch habe ich noch keine Frikadelle angerührt. Als ich die übrig gebliebenen Frikadellen jedoch zum Einfrieren verpackte, konnte ich nicht widerstehen und habe eine davon gegessen. Also hatte ich praktisch meine große Portion Salat vorher gegessen und diese eine Frikadelle. Ich begann Sodbrennen zu bekommen. Da ich gelesen hatte, daß Papaya eine gute Eiweißverdauungshilfe ist, aß ich später eine Papaya.

Außerdem hatten wir an diesem Abend Besuch. Irgendwie war es nach sehr langer Zeit wohl mal nicht mein Tag totaler Konsequenz, denn ich erlaubte mir auch noch eine Handvoll gerösteter Cashewkerne zu essen. Ein Normalköstler würde über diese winzige „Sünde" lachen, aber ich hatte in der Nacht zum Sonntag, den Sonntag selber und auch in der Nacht zum Montag nichts zu Lachen. Denn mich quälte die ganze genannte Zeit ein faulig schmeckendes Aufstoßen und Magenkrämpfe.

Am Sonntag hatte ich nur Obst gegessen. Montagfrüh, um ca. 0.15 h erbrach ich zunächst das Obst. In einem zweiten Erbrechen kam schließlich um ca. 1.00 h der Frikadellenbrei mit den Nüssen zum Vorschein. Erst danach konnte ich wieder lachen, weil es mir schlagartig gut ging.

Nachdem ich alles entsorgt und mich gründlich gesäubert hatte, legte ich mich um ca. 2.00 h ins Bett, schlief ohne Aufstoßen und Magenkrämpfe bis kurz vor 6.00 h und fühlte mich blendend, wie es für mich seit Jahren normal ist. Erwähnen muß ich noch, daß ich sehr wohl registrierte: Das zuerst erbrochene Obst roch kaum, während die Frikadellenmasse fürchterlich stank.

Ich war dem Herrn so dankbar für meinen störrischen Körper! Dieser hatte offensichtlich mehr Verstand als ich an diesem besagten Samstag. Denn er hatte dem Schrott einfach das Weiterleiten in den Darm verweigert. Meine inzwischen 86jährige Mutter bedauerte mich, daß ich mich in der Nacht so gequält hatte. Ich entgegnete ihr: „Du brauchst mich gar nicht zu bemitleiden. Ich habe mir das selbst zuzuschreiben. Was bin ich auch so dumm und esse den Mist, obwohl ich es besser weiß?" Meine Schwester freute sich, daß ich das Zeug auf diese Weise los geworden bin und es mich nicht mehr schädigen konnte.

Kein Grund also traurig über die fast durchwachte Nacht zu sein. Im Gegenteil, ich habe allen Grund zum Jubeln. Weiß ich doch nun, daß mein Körper kein ausgeleierter Traktor mehr ist, in den man alles hinein kippen kann, bis er stehen bleibt. Mittlerweile ist er eine fein funktionierende Maschine, die nur mit bestem Brennstoff versehen werden muß, damit sie einwandfrei funktioniert, wie Helmut Wandmaker das Vertragen oder Nichtvertragen von Normalkost vergleicht. Es wäre doch wirklich wesentlich schlimmer gewesen, wenn der mit Fäulnisbakterien versetzte Frikadellen-Nußbrei von mir unbemerkt in den Darm weiter gewandert wäre, sich dort in einer Darmnische geklebt und einer Krankheit Tür und Tor geöffnet hätte.

So ergeht es ja den meisten: Sie essen alles Fast Food im weitesten Sinne subjektiv und unmittelbar ohne jegliche Beschwerden. Erst lange nach den verkochten, denaturierten Schmaus kommen Symptome und niemand kommt auf das seit langem immer wieder verspeiste Essen als Ursache. Nein, da ist mir lieber, wenn mein Körper direkt gegen die falsche Nahrungszufuhr rebelliert und mich dadurch wieder rechtzeitig zur Vernunft ruft, wenn ich sie manchmal nicht aufbringen kann – oder zutreffender ausgedrückt – *will*. Denn, daß ich sie zumindest diesbezüglich aufbringen *kann*, zeigt mein sonstiges alltägliches Leben.

Ein leichtgedünstetes Gemüse oder ein Stück trockener, gedünsteter oder gegrillter Fisch ohne sonstige Beilagen werden von mir noch vertragen. Obwohl ich mich auch in diesem Fall wohler fühle, wenn ich bei meiner rohköstlichen Linie bleibe. Ich fühle mich nach dem Essen der genannten Speisen einfach schwerer in der Magengegend. Die Frikadelle jedoch mit ihrem Gemisch aus Fleisch, Eier und Semmelbrösel, gut gewürzt und gebraten, das war dann doch zu harter Tobak für meinen Körper. Und dann noch die Cashewkerne oben drauf, das konnte ja nicht gut gehen.

Sie merken, wer die Naturgesetze verinnerlicht hat, wird, was Krankheiten betrifft, mit Menschen, die es wissen oder wissen können, recht mitleidslos, am meisten mit sich selber!

Für Sie, als derzeit vielleicht noch ein(e) nach dem allgemein gängigen Muster Denkende(r), ist dieses mitleidlos bitte etwa so zu verstehen: Ihr Mitmensch leidet an Schmerzen. Sie geben ihm/ihr den Rat einen Arzt aufzusuchen. Dieser Rat wird jedoch nicht befolgt und der Mensch klagt weiter über seine Schmerzen. Sie versuchen ihn/sie nochmals davon zu überzeugen, daß es sinnvoll sei, einen Arzt zu konsultieren. Schlägt der Mensch diese Empfehlung erneut in den Wind, sagen oder denken Sie wahrscheinlich: Es tut mir zwar leid, daß Du leidest, obschon es nicht sein muß, aber Dir ist nicht zu helfen. Dann mußt du eben die Schmerzen weiter ertragen.

Dies sei nur erwähnt, damit mich niemand mißversteht und denkt, das Leid vieler Kranker ließe mich kalt. Im Gegenteil: Es schmerzt eigentlich noch mehr, weil es bei richtiger Information und Disziplin des Kranken nicht sein müßte!

Aufgrund seiner extremen Sensibilität schützt mein Körper mich vor seltensten Rückfällen. Freiwillig werde ich wohl nie wieder zur Normalköstlerin werden können, selbst wenn ich es wollte. Offenbar habe ich das Experiment und die Konsequenzen gebraucht, um noch ein Stück mehr zu reifen! Wie würde mein Freund, Herr Dr. Probst, sagen? Lernen durch Leiden, wenn es an Einsicht mangelt!

Ich sehe das Erlebte nicht dramatisch, sondern mit Humor:
Und die Moral von der Geschicht':
Frikadellen, wie andren Schrott, esse ich nicht!

Menschen, welche die Grundsätze der Natürlichen Gesundheitslehre erfaßt haben, denken ebenso. Die anderen Menschen müssen es entweder lernen oder sie können diese Denkart nicht nachvollziehen. Deshalb wird mir auch oft ernährungsmäßige Einseitigkeit und Lieblosigkeit unterstellt. Mir geht es bei dieser vermeintlichen Einseitigkeit bestens. Und das ist mir tausendmal lieber als eine kulinarische Vielseitigkeit, welche in die ebenso vielseitige Abhängigkeit von

Ärzten, Pflegerinnen, Pharmazie, Siechtum und oft viel zu verfrühtes, qualvolles Sterben mündet.

Leider gibt es bisher nur meine Schwester Brigitte und Lisa, die sich durch mich auf den Weg bringen ließen und weitestgehend konsequent dabei bleiben, weil sie bereit waren, die Probe zu machen und erlebten, welch enorme Vorteile es ihnen brachte. Diese stellen die mehr oder weniger seltenen Verzichtsgefühle, weil man im täglichen Leben durch familiäre, berufliche oder sonstige soziale Verbindungen nun einmal ständig mit der Normalkost konfrontiert wird, bei weitem in den Schatten.

Ich will nun einmal kein Grünfutterer werden wie du!

So oder anders wird es mir meist von Menschen beigebracht, daß sie nicht einmal gewillt sind, den Versuch einer Ernährungsumstellung zu starten, wenn sie gesundheitliche Probleme haben. Oft wird noch nicht einmal bestritten, daß es ihnen vielleicht nutzen könne. Aber die liebe Gewohnheit! Da nimmt wohl die Mehrheit lieber Krankheiten in Kauf. Einige Beispiele möchte ich abschließend noch aufführen:

Spätestens bei der Diagnose MS, die den Menschen meist an den Rollstuhl bindet, sollte man meinen, ließen sich die Betreffenden zumindest auf einen Versuch mit der Natürlichen Gesundheitslehre ein. Aber nein, alles Schulmedizinische wird versucht, nur das nicht.

Die Frau eines Feuerwehrkollegen meines Mannes hat diese fürchterliche Krankheit. Sie trauen sich nicht einmal mehr einen Spaziergang zu machen, geschweige denn, daß sie sich mit dem Rollstuhl heraus wagen. Mein Mann hat seinem Kollegen erzählt, daß ich viele schulmedizinisch unlösbaren Probleme mit nur Rohkost sehr gut in den Griff bekommen hätte. Des weiteren wäre ich überzeugt, daß sie auch die MS mit dieser Methode zum Stillstand bekäme. Doch sein Kollege winkte ab: Da brauche ich meiner Frau gar nicht mit kommen. Sie macht jetzt erst noch diese und jene Therapie und dann fährt sie in Kur. Mit Rohkost brauche ich ihr gar nicht zu kommen, das macht die nicht.

Die Frau unseres Rechtsanwaltes leidet unter starkem Rheuma und ist schon nebenwirkungsgeschädigt. Mein Mann hat auch ihm von meiner Rohkost erzählt. Außerdem habe ich mit ihm selbst gesprochen und ihm vor allem empfohlen, alle Getreideprodukte weg zu lassen, wegen der Säurebildung, die das Problem auch der Rheumakranken darstellt. Er bedankte sich ganz herzlich und versprach, es seiner Frau weiterzugeben. Wenn es in Frage käme, wolle er oder sogar seine Frau sich wieder bei mir melden. Inzwischen sind schon einige Monate vergangen, ohne daß eine Rückmeldung kam. Nun, es kommt für sie offensichtlich nicht in Frage. Statt dessen ging es in eine weitere medizinische Therapie, wie mein Mann zwischenzeitlich vom Rechtsanwalt erfuhr. Da kann man nichts machen!

Ein weiterer guter Bekannter – er sei hier Lothar genannt – hat die Bechterew-Krankheit, eine fortschreitende Wirbelsäulenversteifung. Ihm habe ich während eines Schubes dieser Krankheit einen mehrseitigen Brief über die Notwendigkeit der natürlichen Ernährung geschrieben. Ich nahm an, daß die Situation während des Schubes Leidensdruck genug sei, über eine Änderung seiner Ernährungs- und Lebensweise nachzudenken. Er bedankte sich bei mir für den lieben Brief und die Mühe, meinte, das sei wahrscheinlich alles richtig, aber das wäre kein Leben für ihn. Also ging das Leben nach Überwindung des Schubes mit Cortison wie gehabt weiter. Lothar setzt der Krankheit zwar sehr viel Bewegung entgegen, aber führt sich danach auch wieder die Schlacken über Bier, Würstchen usw. zu. Käme die Krankheit jetzt zum Stillstand, hätte er derzeit noch kaum Behinderungen hinzunehmen. Aber nein, anscheinend ist ein Leben mit massiv körperlichen Einschränkungen bei gut bürgerlicher Kost eher zu ertragen, als ein Leben mit Rohkost und körperlichem Wohlbefinden.

Auch wenn ich mein Leben trotz der starken Behinderung durch die Gnade und mir verliehene Kraft Gottes gut in den Griff bekommen habe: Ich könnte weinen, über jeden, der sich zum Behinderten futtert!!! Weil dieses Weinen jedoch zwecklos ist, fange ich damit erst gar nicht an, sondern verwende meine Energie in der Weitergabe meines Wissens vielleicht für nur wenige Menschen, aber immerhin.

Vor etwa zwei Jahren sprach mich eine Bekannte in meinem Alter mit Osteoporose und Regelbeschwerden an. Als Krankenschwester, die seit langem Nachtwache in Altersheimen ausführt, weiß sie genau wie ihr Weg enden wird, wenn sie nichts Entscheidendes ändert. Die Ärzte verschreiben ihr nur Rheumamittel. Wie medikamentengeschädigte Nieren, Magen und Lebern sich praktisch auswirken, weiß sie als erfahrene Krankenschwester mit Sicherheit besser zu beurteilen als ich.

Regina, so will ich sie mal nennen, ließ sich von mir Informationen, Literaturempfehlungen und die Anschrift von Herrn Dr. Probst geben und fuhr auch dort zu einem Beratungsgespräch hin. Mit Eifer begann sie, diese Ernährungsweise zu praktizieren. Sie merkte auch deutliche körperliche Verbesserungen innerhalb weniger Wochen. Jedoch nach einiger Zeit vermißte sie ständig die herzhaftere Kost und wurde mißmutig, weil ihr ständig etwas fehlte, wie sie mir erzählte. Sie ißt zwar noch möglichst viel Obst, aber nicht mehr ausschließlich. Ihre Beschwerden sind teilweise wieder da, aber sie will lieber damit leben als ständige Verzichtsgefühle zu haben.

Eine andere mir gut bekannte Dame, von mir Hildegard genannt, ist siebzig und hat kürzlich eine künstliche Hüfte eingepflanzt bekommen. Vorher wies ich sie schon mehrmals auf die Tatsache hin, daß sie die starken Schmerzen mit meiner Ernährung minimieren, wenn nicht ganz verhindern könne. Aber sie meinte immer, das Beste sei eine gesunde Mischkost. Eine Ansicht, die mir immer wieder vorgebracht wird. Von jedem etwas, das kann nur die optimale Ernährung sein!

So wird es Ihnen auch jeder normale Mediziner sagen. Woher sollen die Krankheitsexperten es auch anders wissen als von ihren Eltern, wie wir Laien ebenfalls? Im Studium lernen sie nichts über Ernährung. Sie lernen höchstens wie viel Eiweiß, Fette und Kohlenhydrate der Mensch angeblich benötigt. Diesem Wissen zufolge werden von den Ärzten alle Nahrungsmittel nach ihren Inhaltsstoffen, nicht jedoch nach ihrer Verwertbarkeit für uns Menschen bemessen. Ob diese totgekochten und verarbeiteten Nahrungsmittel schädliche Stoffe im Körper hinterlassen, ist für sie nicht von Belang. Hauptsache, die labormäßig nachgewiesenen Nährstoffe werden zugeführt. **Wir sind jedoch nicht krank durch Nährstoffmangel, sondern durch Abfallüberschuß, wie ich ja schon mehrmals erwähnt habe.**

Als ich Hildegard nach der Operation im Krankenhaus besuchte, fragte ich sie, wie es denn mit der noch vorhandenen natürlichen Hüfte aussähe. Sie antwortete, da sei noch eine dünne Schmierschicht da. Ich versuchte ihr erneut zu erklären, daß alle gekochte Kost säurebildend ist. Der Körper hole sich die Basen aus den Knochen, um die zugeführten Säuren zu neutralisieren. Deshalb sei es wichtig, nur die an Basen reiche rohe Früchte- und Gemüsekost zu essen. Scherzeshalber bemerkte sie, wenn ich noch eine halbe Stunde länger bliebe, hätte ich sie überzeugt. Das glaube ich zwar nicht, aber was soll's!

Jedenfalls das ihr servierte Abendbrot stellte für mich die Garantie für die nächste Hüftoperation dar: Zwei Scheiben industriell mit Chemie verseuchtes angebliches Vollkornbrot, Käse, Wurst, eine Tomate, Geflügelsalat mit einer mayonnaiseartigen Sauce und ein wegen ein wenig Konfitüre genannter Fruchtjoghurt. Was gibt das nur, wenn ich einmal wegen eines Unfalls in ein Krankenhaus muß?!? Ein weiterer Klinikschocker? Lieber nicht daran denken...

Wochen später, nachdem sie die Rehabilitationsmaßnahme hinter sich hatte, berichtete sie, welche Bewegungen sie nicht mehr machen dürfe. Sie erklärte uns außerdem, wenn sie einen etwas stärkeren Infekt habe, sofort Antibiotika schlucken zu müssen, weil sich der Bereich um die neue Hüfte sonst gleich entzünde. Als ich das hörte, konnte ich mir nicht verkneifen, sie auf die entzündungshemmende Rohkost hinzuweisen. Damit habe ich sie wohl verärgert, denn sie rief aus: „Das mag ja alles stimmen, aber ich will nicht so leben wie Du und immer nur Grünfutter essen!" Nun, das war das letzte Mal, daß ich ihr unaufgefordert etwas in diese Richtung gesagt habe. Schließlich möchte ich mein Wissen weitergeben, um meinen leidenden Mitmenschen zu helfen und nicht um sie zu verärgern.

Es ist für mich nur recht schwer zu verstehen, daß sie lieber eine mehr oder weniger lange Zeit der Hilflosigkeit und Abhängigkeit von Ärzten, PflegerInnen und Angehörigen in Kauf nimmt als eine andere Ernährungsweise lieben zu lernen. Aber wahrscheinlich muß man diese totale Abhängigkeit erst oft und intensiv genug erlebt haben, um erfassen zu können, daß die Ernährungsumstellung bei weitem und auch nur in der Anfangsphase das allerkleinste Opfer ist. Dieses muß man nun einmal aufbringen, um den hohen Preis der Selbstverantwortung, Selbständigkeit, weitestgehender Unabhängigkeit und damit eines stabilen Selbstvertrauens zu erringen. Einfacher wäre es natürlich, wenn wir uns all das erkaufen könnten. Die Realität sieht leider anders aus.

Wir müssen uns den Zustand des Gesundseins und Wohlbefindens täglich neu erarbeiten. Tun wir es nicht, kommen wir früher oder später in totale Abhängigkeiten. Diese werden, wenn wir sie vermeiden hätten können, uns noch mehr an den Rand der Verzweiflung bringen, als Abhängigkeiten, die nicht von uns direkt beeinflußbar sind. Haben wir erst einmal Wohlbefinden erreicht und wissen genau, wie wir es erhalten können, dann wird es immer leichter, dabei zu bleiben.

Ein letztes Beispiel noch zum Abgewöhnen: Treffe ich den früheren Klassenlehrer meiner ältesten Tochter neulich in einem Einkaufsmarkt. Dieser Mann lag letztes Jahr bei der Schulentlassung wegen massiven Herzproblemen im Krankenhaus und konnte sich deshalb nur brieflich bei seinen SchülerInnen verabschieden. Der Lehrer reicht mir im Laden die Hand: „Guten Tag, Frau Brickenkamp, wie geht es Ihnen?" Ich erwidere freundlich den Gruß und füge hinzu: „Danke, mir geht es sehr gut. Und Ihnen? Was macht das Herz?" Seine Antwort: „Es geht so. Aber wissen Sie, ich muß mich beeilen. Ich wollte nur schnell ein paar Würstchen zum Mittagessen kaufen." Ich sagte ihn freundlich lächelnd: „Die sind aber nicht gut fürs Herz!" „Ich weiß", sagte er und ab ging es zum nächsten Wurstregal. Nun, wie sagt man, wenn sich jemand wider besseren Wissens selber schädigt? Hopfen und Malz verloren!

Heißt Rohkost wirklich nur Grünfutter essen? – Diverse Lokalgeschichten

Die richtig durchgeführte Rohkosternährung ist abwechslungsreich, reinigend, aufbauend und leicht verdaulich. Auch wenn ich im Prinzip meist nur eine Sorte Obst esse, kann ich innerhalb einer Monomahlzeit feine Nuancen heraus schmecken. Dies funktioniert freilich erst, nachdem man den von Natur aus feinen Geschmackssinn durch das konsequente Weglassen von Salz und Gewürzen wieder sensibilisiert hat. Die Natur stellt uns eine unwahrscheinliche Vielfalt an Geschmack und Farben zur Verfügung.

Nichtrohköstler, denen beispielsweise keine Tomate ohne Pfeffer und Salz schmeckt, bezeichnen diese Kost als einseitig und eintönig, eben als Grünfutter. Eine solche Beschreibung von Rohkost ist genauso, als umschreibe ich ein Stadtzentrum als Bäckerstadtteil, nur weil es unter vielen anderen Einkaufsmöglichkeiten auch mehrere Bäckereien in diesem Stadtzentrum gibt.

Es ist längst nicht alles grün, was ich zu mir nehme. Abgesehen davon ist das in dunkelgrünem Blattsalat und Blattgemüse enthaltene Chlorophyll ein guter Grundstein für bestes Blut und damit optimaler Gesundheit. Deshalb ist es auch wichtig, Wildkräuter zu essen, wo immer sich die Gelegenheit bietet, weil bei den Wildkräutern der Vitalstoff- und Chlorophyllgehalt so hoch sind, was von keinem kultivierten Salat erreicht wird.

Mit den üblicherweise verzehrten blaßgrünem Kopfsalat und dem farblosen Eisbergsalat ist diese dringend benötigte Zufuhr von Chlorophyll nicht gerade gesichert. Zumal ein solcher Salat in der Regel in Essig, Sahne und Öl eingepackt ist und in Wasser, Bier, Wein oder was sonst noch dazu getrunken wird, im Magen schwimmt. Außerdem wird er noch mit mindestens der doppelten und dreifachen Menge gegarter Nahrungsmittel gemischt. Wie soll da das schon von Natur aus wenige vorhandene Chlorophyll im Kopfsalat, Eisbergsalat oder Chinakohl für die Gesundheit des Blutes zum Tragen kommen?

Ich bin eine farbenfrohe Esserin, keinesfalls eine Nur-Grünfutterverzehrerin! Nur von Grünfutter kann man auf Dauer tatsächlich nicht leben. Wir Menschen sind zur Energiegewinnung hauptsächlich auf die natürlichen Kohlenhydrate, also den Fruchtzucker aus den frischen Früchten und Gemüsefrüchten (z. B. Tomaten,

Paprika, Gurken) angewiesen. Im Salat und Gemüse ist davon zu wenig enthalten. Deshalb esse ich in der Regel täglich drei Früchtemahlzeiten und eine Salatmahlzeit, die jedoch mit Gemüsefrüchten und einer Avocado kohlenhydratemäßig angereichert ist. Gelegentlich sind es auch zwei Salat- und zwei Früchtemahlzeiten, je nach Situation und Appetit.

Leider sehen die Leute nicht genau hin, welche Farbenpracht ein liebevoll hergerichteter Früchte- oder Salatteller haben kann. Wenn ich an die braun-grau-gelblich-weißen Teller der Normalköstler denke, da kann doch nun wirklich nicht von Farbenreichtum die Rede sein. Im Gegenteil, man bedient sich der Gemüse- und Obstgarnitur, um das Auge überhaupt auf die wenig ansprechenden Sachen aufmerksam zu machen.

So ein Hamburger beispielsweise würde doch auch überhaupt nicht zum Hineinbeißen reizen, wenn nicht ein Salatblatt, ein Stück Tomate, ein Stück Gurke und ein Zwiebelring für den Konsumenten sichtbar zwischen Brötchen und Frikadelle gequetscht wären. Aber nicht nur die mindere Qualität von Produkten aus Imbißstuben muß vegetarisch verkleidet werden, damit sie unter die Leute kommt. Auch die feineren Restaurants sind bei gegarter Speise immer wieder auf die Kosmetik mit etwas Rohem zur Augenfreude des Gastes angewiesen.

Ich möchte an dieser Stelle jedoch noch weiter auf das Thema Restaurant eingehen. Es ist wirklich traurig, was einem als Rohköstler in der Gastronomie meistens geboten wird: Häufig besteht der bestellte Salatteller zu zwei Dritteln aus gekochtem Gemüse, wie Bohnensalat, Kartoffelsalat, eingelegter Rote Beete, Krautsalat usw.

Das passiert eine(r,m) unerfahrenen RohköstlerIn nur einmal. Ab dann sagt er/sie beim nächsten Mal: Ich hätte gerne einen Rohkostsalat, aber bitte nur mit rohen Zutaten. Wenn Sie Pech haben, kommt dann ein kleiner Vorspeisenteller mit Kopfsalat, der mit ein Viertel Tomate, zwei Scheiben Schlangengurke, zwei Zwiebelringen und ein Sträußchen Petersilie verziert ist. Sollten Sie also mit dem normalen Bedürfnis des Hungerstillens – wozu ginge man sonst gelegentlich auswärts essen? – dieses Lokal betreten haben, müssen Sie mindestens dreimal nachbestellen und sind immer noch nicht richtig satt, weil 80 % der vier kleinen Portionen aus Kopfsalat bestehen.

Früher habe ich dann aus Verzweiflung noch ein Stück gegrillten Lachs ohne alles oder ein gedünstetes Gemüse bestellt, um nicht zu Hause erst mal richtig essen zu müssen. Inzwischen sehe ich das nicht mehr ein.

Ein anderes Mal, um eine Chance zu haben, ohne Zusatzbestellung satt zu werden, habe ich einen Rohkostsalat mit ganz viel Tomaten bestellt. Was lag auf dem obligatorischen Kopfsalat? Statt nur einem Viertel lagen drei Viertel Tomate darauf! Immerhin, die dreifache Menge als normal. Was will ich mehr? Ich hatte unverschämterweise gehofft, vier bis fünf Tomaten aufgeschnitten serviert zu bekommen. Eine Avocado mitzubringen habe ich mir inzwischen sowieso schon angewöhnt.

Sie haben als Rohköstler nur die Chance, einen für uns akzeptablen Rohkostsalat serviert zu bekommen, wenn Sie mindestens zwei Tage vorher den Koch persönlich aufsuchen, der sich dann die einzelnen Salatgrundlagen mit Mengenangaben aufschreibt. Dies wird damit begründet, daß so etwas rechtzeitig bestellt werden müsse. Ist das denn die Möglichkeit? Kein Normalköstler muß eine Woche bevor er essen gehen will, sich vergewissern, daß das Schwein oder die Kuh rechtzeitig geschlachtet und vorher noch gemolken wird, damit auch die Sahne für die Rahmsauce und der Käse als Magenverschließer zum Abschluß tatsächlich vorhanden sind.

Die tollsten Kunstwerke wertloser Nahrung werden in den Restaurants für die Gourmets kreiert, aber einen hübschen Rohkostteller aus dem Stegreif bestehend aus vielleicht vier verschiedenen Arten Rohkost aufgeschnitten, das ist meist zu kompliziert! Damit sind selbst Chefkochs nach meiner bisher fünfjährigen gastronomischen Erfahrung häufig überfordert. Sie können Ihnen das luftigste Soufflé, das tollste T-Bone-Steak und das attraktivste flambierte Eis mit heißen Kirschen und Baiserhäubchen aus dem eff-eff auf den Tisch zaubern. Aber etwa sechs Blätter Salat, vier bis fünf Tomaten (je nach Größe), eine rote Paprika und vielleicht noch etwas Petersilie oder drei Radieschen, also nein, das ist zu viel erwartet! Es ist schlicht zu simpel. Und mit Simplen gibt man sich auch in der Gastronomie nicht ab.

Richtig zufriedenstellend ist es für mich nur, wenn man in ein Lokal mit großem Sallatbüfett, einem italienischen oder griechischen Lokal einkehrt, die Avocado natürlich in der Tasche. Nur, welcher Normalköstler will immer nur zum Italiener? Außerdem von den ungefähr sechsmal im Jahr, die wir außerhalb des Urlaubs essen gehen sind wir vielleicht fünfmal eingeladen und haben verständlicherweise wenig Einfluß auf die Wahl des Lokals. Inzwischen hat es sich so eingespielt, daß ich mit Erlaubnis der GastgeberIn in dem entsprechenden Lokal meine eigene Bestellung aufgeben darf.

Ich kann noch nicht einmal den Gastwirten den Vorwurf machen, denn der Kunde ist König. Der Gastwirt lagert natürlich nur das, was auch bestellt und verzehrt wird. Und was verzehrt wird ist: Ein kleiner Teller Kopfsalat mit Dressing als Vorspeise, weil man glaubt, damit etwas für die Gesundheit zu tun. Es folgt die Suppe, schließlich muß der Magen angeheizt werden. Danach werden weiterhin nur tote, verarbeitete Viecher mit ebenso totgekochten, verarbeiteten Beilagen verzehrt. Weil diese Nahrungsmittel aufgrund ihrer Verarbeitung ihres natürlichen Wassergehaltes beraubt und gut gewürzt sind, müssen sie mit Wasser, Wein, Bier oder Colagetränke hinuntergespült werden. Den Nachtisch aus Eis oder Pudding darf man auch nicht stehen lassen. Und zum Schluß gönnt man sich noch ein Stückchen Käse, damit sich der Magen schließt. Auf den bereits vom Käse geschlossenen Magen wird dann noch ein Kaffee geschüttet, damit die Lebensgeister wieder erwachen. Denn nun ist der so traktierte Verdauungskanal derart mit Schwerstarbeit beschäftigt, daß der Körper alle Energie für die Verarbeitung aufwendet, was einen solchen Genießer schläfrig werden läßt. Um sich des Völlegefühls als Folge der Magenüberlastung zu entledigen, wird darauf noch ein Schnaps zum Verteilen gegossen. Oh, schaurig ist's, einen Blick in einen solchen Magen zu tun!

Wie sollen derart verdünnte und verseuchte Magensäfte den anfangs wegen der Gesundheit verspeisten Salat noch aufschließen?

Soweit die angeblich erstrebenswerte und viel gerühmte Vielseitigkeit in der gut bürgerlichen Küche sowohl zu Hause als auch unserer außerhäuslichen Gastronomie, wenn man sich mal was Gutes gönnen will.

Kürzlich habe ich mich mit einer Freundin in einer Eisdiele getroffen, wo in der Kühltheke schöne Früchte lagen. Nur deshalb habe ich diese Eisdiele überhaupt angesteuert. Die Freundin bestellte für mich einen frischen Früchtesalat ohne Eis, ohne Schokoladensauce und ohne Sahne, eben nur eine Schale mit frischen Früchten und für sich einen Eisbecher. Was ich bekam, war ein Becher eingelegter Früchte mit einer frischen Erdbeere, zwei Scheiben Kiwi, einem winzigen Stückchen Wassermelone und zwei Scheiben Bananen verziert. Ich aß diese Garnitur von den in Sirup schwimmenden Konservenfrüchten herunter und bestellte mir eine Flasche Wasser. Es ist echt frustrierend: Da sind die frischen Früchte in der Auslage aufgetürmt, also vorhanden, und man bekommt trotzdem nur Mist!

Im Grunde gehe ich schon gar nicht mehr gerne in Lokalitäten essen, weil ich oft enttäuscht werde. Vielleicht ändert sich das Angebot in den Restaurants, wenn die Nachfrage nach frischer Rohkost steigt...! Derzeit ist das beste Restaurant für uns Rohköstler immer noch zu Hause oder bei Leuten, die ebenfalls Rohköstler sind!

Bei Einladungen in Privathäusern nehme ich mir mein Obst mit, wenn ich nicht sicher bin, daß der oder die Gastgeber über meine Ernährung Bescheid wissen. Den Anstand zu essen, was vom Gastgeber angeboten wird, habe ich mittlerweile abgelegt. Außerdem kann ich – ohne die Unwahrheit zu sagen – erklären, daß ich das von ihnen Angebotene alles nicht vertragen kann. Die Tatsache, daß ich es auch nicht mehr vertragen können will, brauche ich ihm ja nicht gerade zu erläutern, wenn ich den Eindruck gewinne, daß es sonst zu Mißverständnissen kommen wird.

Hier kommt ein Phänomen klar zum Ausdruck, was ich Ihnen in verschiedenen Kapiteln im nun folgenden dritten Teil des Buches schildern werde: **Es gibt keine bessere Legitimation für andersartiges Verhalten, Appellen an die Rücksichtnahme der Mitmenschen oder das Essen, als die Krankheit!**

Teil III
Erkenntnisse einer Gesundheitshexe

Willst Du gesund sein? Dann ertrage eine direkte Sprache! Schmeicheln hilft nicht!

Mit den nun folgenden Ausführungen möchte ich keineswegs die einzelnen Menschen dem Grunde nach verurteilen. Vielmehr kritisiere ich ganz bestimmte Verhaltensmuster, deren Änderung ein Stückchen voranzutreiben ich mir zum Ziel gesetzt habe. Am Anfang zur allgemein vollziehbaren Sinnesänderung steht bekanntlich immer die Kritik und das Aufzeigen von verbesserungswürdigen Kursrichtungen durch Menschen, welche ihre persönlichen Erkenntnisse zum Wohle anderer äußern.

Ich bediene mich dabei, wie bisher, einer sehr direkten Sprache, weil die meisten Menschen der heutigen Zeit, wozu ich mich selber einmal zählen mußte, nur durch eine ganz klare, ungeschminkte Darlegung von Fakten überhaupt ins Nachdenken kommen. Ist erst das mit dem Verstand Erfaßte ins Herz gedrungen, entdeckt man immer neue Zusammenhänge. Zu dieser Entdeckungsreise möchte ich Sie herzlich einladen.

Oft genug kommen wir ins Fahrwasser eingeschlichener Gewohnheiten und merken erst durch den unsanften Hinweis Außenstehender, daß etwas geändert werden sollte. Wir tun dann gut daran, diesen Leuten einmal Gehör zu schenken, das Gehörte zu überdenken und die Aussagen zu überprüfen, indem wir die Probe aufs Exempel machen. Mein Ziel ist es, Ihnen das geistige Rüstzeug in die Hand zu geben, das Sie benötigen, um erst einmal die Notwendigkeit einer Ernährungsänderung für Ihr dauerhaftes Wohlbefinden zu registrieren.

Deshalb möchte ich Sie zunächst aufwecken, wie in diesem kleinen demonstrativen Beispiel:

Wenn unser Haus in Flammen steht und mein geliebter Mann tief und fest wie ein Baum schlummert, werde ich ihn auch nicht mit sanftem Liebesspiel und einem „Schatz, es könnte gleich in diesem Haus etwas zu heiß für uns werden, weil im Wohnzimmer das Sofa Feuer gefangen hat", zum Aufstehen motivieren. Nein, als Ehefrau, die ihren Mann liebt, werde ich mich ganz gewiß aus dem Rollstuhl heraus im Sturzflug auf ihn werfen, mit aller mir verfügbaren Kraft ihn aufrütteln und schreien: Raus hier, die Bude brennt!

Das sagt ja noch lange nicht aus, daß ich vorher und hinterher nicht jede Gelegenheit eines zärtlichen Umgangs mit meinem Mann nutze, oder?

Entsprechend möchte ich die folgenden Kapitel von Ihnen, liebe Leserin, lieber Leser, verstanden wissen.

Exakt so und keinen Deut anders verstehe ich die bisweilen harte Ausdrucksweise von Helmut Wandmaker, Franz Konz und Dr. Probst, wenn sie kranke, auch schwerkranke Menschen, im Klartext wachrütteln und ihnen versuchen bewußt zu machen, daß sie nur noch die **Chance** haben, sich durch Eigeninitiative aus ihrer mißlichen Lage hinaus zu manövrieren. Niemand kann ernsthaft bestreiten, daß bei vielen Leuten, meist ab dem dritten oder vierten Lebensjahrzehnt, in gesundheitlicher Hinsicht die Bude brennt. Leider merken es nur wenige rechtzeitig!

Welcher Scheidungsrichter würde das Ansinnen meines Mannes auf Trennung respektieren, wenn, um oben beschriebene Episode fortzusetzen, dieser vorbringen würde: Als vor drei Monaten unser Haus brannte, hat mich diese Hexe dermaßen lieblos aus dem Schlaf gerissen und mich ungeachtet der draußen herrschenden niedrigen Temperaturen erbarmungslos aus dem gut beheizten Haus getrieben. Ich beantrage auf Grund dieser hochgradigen Gefühlskälte meiner Frau die sofortige Scheidung.?

Entsprechend werte ich die vielen Angriffe, denen beispielsweise diese drei von mir genannten bis zum letzten Energiefunken engagierten Männer ständig ausgesetzt sind. Weil sie schonungslos die Wahrheit sagen und schreiben, deren Erkennen zugegebenermaßen nicht besonders angenehm ist, will man nicht damit konfrontiert werden. Wer trotzdem die Tatsachen äußert, lebt und andere auffordert, mitzugehen, gilt als Fanatiker, Radikaler usw.

Wer im brennenden Bette liegen bleiben will, weil es ihm draußen im Winter frösteln könnte, muß halt liegen bleiben. Er sollte jedoch nicht beim letzten Atemzug noch felsenfest behaupten: Wenn ich aufgestanden wäre, hätte es mit Sicherheit auch nichts mehr gebracht. Natürlich, wenn ich zulange mit dem Aufstehen zögere und das Feuer mir schon von allen Seiten den Fluchtweg versperrt, habe ich meine Möglichkeiten verspielt und komme in den Flammen um.

Das Aussprechen oder Beschreiben der **Konsequenzen** unseres Tuns oder Unterlassens im gesundheitlichen Bereich wird oft als

Strafandrohung gewertet. Folglich wird gesagt: Wie kann der oder die XY sich anmaßen, mir zu drohen? Es hat niemand das Recht, mir in der Ernährungsfrage Vorschriften zu machen!

Die zweite Aussage kann ich voll unterstreichen. Die erste Aussage trifft aber nicht den Kern. Wer Ernährungsempfehlungen als Bedrohung empfindet, sollte sich fragen: Warum empfinde ich es so? Stört mich vielleicht, daß ich im Grunde zumindest ahne, daß etwas dran ist, was ich – aus welchen Gründen auch immer – nicht wahrhaben möchte?

Es hat doch nichts mit Strafandrohung zu tun, wenn ich jemanden, der mit einem Hammer einen Nagel in die Wand schlagen will, darauf hinweise, er solle nicht seinen Finger mit dem Hammer treffen, weil der betreffende Finger sonst sehr schmerzen wird. Trifft er den Finger nun doch, dann ist der Schmerz schlicht die **Konsequenz** aus dem nicht exakt ausgeführten Schlag und keinesfalls die **Strafe** dafür, daß er meinen Worten, er solle den Finger nicht treffen, nicht die von mir erhoffte Beachtung schenkte.

Er/sie kann zwar jetzt seinen schmerzenden Finger als Strafe für seinen/ihren Ungehorsam empfinden, aber für mich bleibt es die Konsequenz aus dem Schlag, mit der er/sie leben muß und nicht ich. Strafe ist ein Mittel, um moralische Wertvorstellungen durchzusetzen und sich Gehorsam und Respekt zu verschaffen. Ein solches Ansinnen meinerseits möchte ich an dieser Stelle mit Nachdruck verneinen.

Erinnern Sie sich an die im ersten Teil beschriebene Begebenheit, als die Frau auf der gegenüberliegenden Straßenseite über die Bordsteinkante fiel, weil sie nicht auf ihren Weg, sondern nur noch auf mich starrte? Die arme Frau ist doch nicht gefallen, weil ich als Behinderte ihr Blickfang war. Sie wäre ebenso hingefallen, wenn sie, während sie weiter ging, mit der gleichen Intensität ein spielendes Kind beobachtet hätte. Die Ursache ihres Sturzes war also keineswegs ich als Blickfang, sondern die Tatsache, daß sie nicht mehr auf ihren Weg geachtet hatte, obwohl sie weiterlief. Es ist doch logisch: Wer seinen Körper in Bewegung setzt und nicht die notwendige Achtsamkeit walten läßt, wird die Konsequenzen dieser Unachtsamkeit möglicherweise in Form eines Sturzes oder Zusammenpralls mit Menschen, Tieren oder Gegenständen erfahren.

Bisweilen passiert auch trotz zeitweiliger Unachtsamkeit nichts. Dann kann man dem Herrn nur danken! Niemand würde jedoch daraus den Schluß ziehen: Weil mir heute nichts passiert ist, obwohl ich mit meinen Augen und Gedanken überall, nur nicht auf meinen Weg war, werde ich in Zukunft immer so durch die Gegend fahren oder laufen. Was heute geklappt hat, warum sollte es nicht immer so klappen?

Diese Haltung nehmen viele Menschen jedoch ständig ein, wenn es ums Essen geht. Weise ich beispielsweise darauf hin, daß die Speise, welche gerade auf dem Teller liegt, diese oder jene körperliche Wirkung hat, wird mir oft geantwortet: Ach, hör doch auf. Ich esse das nun seit Jahren, ja, Jahrzehnten, und mir ist bis jetzt nichts passiert. Warum sollte es nicht weiterhin so sein? Vielleicht ist es bei Dir so. Deshalb muß es ja nicht bei mir genau so sein. Du drohst mir da Schäden an, anstatt zu akzeptieren, daß jeder Körper anders ist.

Der Begriff der Strafe kann doch erst in dem Moment zum Tragen kommen, wo z. B. ein Autofahrer durch Unachtsamkeit jemanden verletzt und deshalb den Führerschein abgeben muß. Bei der **Strafgestaltung** kommt die moralische Wertung für ein Verhalten zum Vorschein. **Konsequenzen** hingegen sind neutrale Folgen auf herbeigeführte Gegebenheiten. Die Frau, welche den Bordstein hinunter stürzte, hatte für sich die Konsequenz ihrer Unachtsamkeit als Strafe interpretiert, weil sie vermutlich spürte, daß ihre unverhohlenen Blicke nicht reinen Herzens gewesen waren. Hätte sie lauteren Herzens Kindern beim Spielen zugeschaut, hätte sie vermutlich der folgerichtigen Realität entsprechend gesagt: Das kommt davon, wenn man wo anders hinsieht, als man sich fortbewegt.

In ähnlicher Weise sehe ich inzwischen auch die Wertigkeit einer Erkrankung. Solange ich nicht beispielsweise den Zusammenhang zwischen Krankheit und Ernährung weiß, werde ich sie nicht als Strafe und auch nicht als Konsequenz fehlerhafter Ernährung erkennen. Wenn mir jemand jedoch die Zusammenhänge erklärt, kann ich Krankheit erst als Konsequenz meiner Lebens- und Ernährungsweise fassen. Diese Konsequenz wird erst dann von mir zur Strafe umgedeutet, wenn ich im Grunde meines Herzens weiß, daß ich Fehler gemacht habe, jedoch nicht bereit bin, die Konsequenzen hinzunehmen.

Im gesundheitlichen Bereich kann man meiner Meinung nach nicht von Strafen, sondern nur von Konsequenzen sprechen. Der Lungenkrebs eines Rauchers ist keine Strafe für das Rauchen, sondern eine der möglichen Konsequenzen eines bewußt ausgeführten, gesundheitsschädigenden Verhaltens.

Ich bitte Sie sich diesen Unterschied immer ins Bewußtsein zu rufen, wenn Ihnen beim Aufzeigen der Konsequenzen einer Ernährungs- und Lebensweise der Verdacht kommt, ich wollte Ihnen mit Krankheiten drohen, nur damit sie mir folgen. Eine solche Ansicht wäre eine ungerechtfertigte Unterstellung.

Wenn Sie beispielsweise durch eine rohkostbetonte Ernährungsweise sich einer besseren Gesundheit erfreuen können, habe nicht ich, sondern Sie den größten Nutzen davon. Ebenso geht es anders herum: Wenn Sie nur noch Fast Food essen und deshalb einen Infarkt bekommen, haben Sie das Leid zu durchleben. Ich kann Sie dann zwar bedauern, weil Sie nicht so gesund leben konnten, welche Gründe es auch haben mag. Aber die Schmerzen, die Hilflosigkeit usw. müssen Sie, nicht ich, durchstehen.

Kehren wir nun zu unserem brennenden Bett und den verzweifelten Versuch, sich möglicherweise noch zu retten, zurück:

So ist es u. a. auch mit der natürlich belassenen Ernährungsweise: Wenn ich sie im fortgeschrittenen Stadium von Krebs erst vollziehe, kann es sein, daß es zu spät ist, was aber mit letzter Sicherheit niemand weiß. Eventuell habe ich auch jetzt noch die – wenn auch sehr geringe – Chance, mich durch einen Spalt zwischen zwei Flammen noch einmal durchzwängen zu können. Warum also sollte ich nicht auch in dieser Situation noch den Versuch starten? Mehr als auch dennoch zu verbrennen kann mir doch nicht mehr passieren! Selten, aber immerhin kommt es vor, daß Schwerkranke, die zum Sterben heimgeschickt wurden, doch noch wieder zum Leben fanden. Nur darauf verlassen sollte sich zu einem derart späten Zeitpunkt niemand.

Lebe ich bewußt riskant, indem ich denke: Laß das Feuer erst einmal bis ans Bett kommen, vielleicht habe ich ja Glück und finde einen Spalt zwischen zwei Flammen, etwa nach dem Motto: Bis meine Lunge durchs Rauchen, meine Leber durchs Saufen, mein Herz durchs Cholesterin und meine Nieren durch Kaffee und Medikamente kaputt sind, wird die Medizin schon wieder weiter entwickelt sein und mich retten können, werde ich mich tief ins eigene Fleisch schneiden.

Wer sagt mir denn, ob die Fortschritte in der Medizin schneller voran gehen, als die Zerstörung meiner Organe? Und wie wird dieses

Leben mit Kunstorganen, Medikamenten (z. B. gegen die Fremdkörperabstoßungstendenz) und Schläuchen zur regelmäßigen Inspektion und Wartung aussehen? Wer sein Auto wegen Funktionsstörungen zur Werkstatt geben muß, hofft auch, daß gute Fachkräfte Hand an den Wagen legen. Sicher ist es nicht, ob sich diese Hoffnung erfüllt. Oft genug zahlt der Kunde viel (Lehr)Geld für miserable Resultate.

Nein, danke, ich pflege lieber die mir von Gott durch die Natur geschenkten Organe mit den ebenfalls aus der Natur für mich von der Sonne mit Gottes (nicht mit Atom-) Energie liebevoll zubereiteten Lebensmitteln! Was ich habe, das habe ich. Was die Medizin mir eventuell – wer weiß wann? – bieten kann, weiß ich nicht. Aber eins weiß ich gewiß: Es kann niemals die Lebensqualität sein, die mir meine natürlichen, und von mir mit naturbelassenen Lebensmitteln gut erhaltenen Körperfunktionen bieten!

Mit einem Silikonbusen anstelle meines natürlichen Busens kann ich mir – bei aller Kunstfertigkeit noch so qualifizierter Chirurgen – den Wunsch, mein Baby stillen zu wollen, abschminken. Menschenwerk läßt sich nun einmal nicht mit Gottes Werk messen. Der Mensch kann immer nur und auch nur dann, wenn er sein Handwerk bestens versteht, Ergebnisse zweiter Wahl erzielen. Wer diese Tatsache nicht sehen will, ist, ganz objektiv gesehen, ein Ignorant, und unterliegt einer fatalen Selbsttäuschung.

Meist ist es jedoch so, daß ich, bevor ich an chronischen und/oder degenerativen, sog. Verschleißerscheinungen, einerseits mit jeder Menge Feuerwarnungen in Form von mehr oder weniger harmlosen Symptomen, andererseits mit Informationen durch Bücher, Vorträge, Seminare, Zeitschriften und vielleicht auch dieses Büchlein zum Umdenken angestoßen werde.

Mehr als rufen: „Jetzt aber raus aus dem Bett, wenn Du gesund bleiben oder werden willst!" kann niemand für Sie tun. Aufzustehen oder liegen zu bleiben obliegt Ihrer alleinigen Entscheidung. Die Umsetzung und Gestaltung der Theorie in die Praxis ebenfalls.

Der Vergleich des brennenden Hauses mit der allgemein angeschlagenen Gesundheit meiner Mitmenschen wird sich wie ein roter Faden durch diesen Teil III ziehen. Ich bin nur die rabiate Hexe, welche schreit: Die Bude brennt! Nichts wie weg hier! Nicht mehr, aber auch nicht weniger. Beruhigenderweise gibt es – zumindest wörtlich genommen – keine Hexenverbrennungen mehr. Im übertragenem

Sinne ist dies, wie bei der Neigung, Behinderte auszugrenzen, durchaus der Fall.

Lassen Sie sich also wenigstens in brenzliger Situation zu Ihrem Vorteil aus dem kuscheligen Bett (Ernährungsgewohnheiten) reißen. Haben Sie keine Befürchtungen, daß es draußen im Winter zu kalt sein (zu unerträglichen Verzichtsgefühlen kommen) wird. Nach jedem Winter kommt schließlich der Frühling (die Entdeckung, wie sich natürliches Wohlbefinden entwickelt). Die Wärme des darauffolgenden Sommers (Genuß ohne Nebenwirkungen) ist wesentlich angenehmer, als die Hitze des Feuers (Krankheiten und Symptome) im Schlafzimmer als noch Winter (Sie mit Schaudern bedachten, auf welche gewohnheitsmäßigen Genüsse Sie verzichten sollten, um gesund zu werden) herrschte und Sie im Bette lagen (nicht von der gewohnten Kochkost und deren Genuß lassen wollten).

Sie werden zunächst durch die Kälte des Verzichts auf alle Ihre bisherigen mit Hitze und Chemie gezauberten Leibspeisen gehen müssen, aber die Wärme (das sich entwickelnde Wohlbefinden) durch den ausschließlichen Verzehr der frischen Früchte, Gemüse und Salate wird Ihnen schon bald so angenehm sein, daß Sie froh sein werden, die zeitweilige Kälte mit einer gewissen Portion Selbstbeherrschung durchgestanden zu haben.

Am besten fahren Sie, wenn Sie Ihr Augenmerk nicht auf das richten, was Sie im Interesse ihrer Gesundheit – eher ab heute als ab morgen – nicht mehr zu sich nehmen sollten, sondern auf das, was Sie neu entdecken dürfen. Kennen Sie beispielsweise Litschis, Rambutan, Cherimoya, Passionsfrüchte, Karambole oder gar die sündhaft teuere Durian?

Von karger Kost und Askese kann bei dieser Ernährungsweise – entgegen aller Vorurteile – überhaupt nicht die Rede sein. Wie beim gewöhnlichen Essen und beim Festessen gibt es auch hier die Möglichkeit einer normalen Früchtemahlzeit aus leckeren Trauben, Orangen, Bananen oder Äpfeln und einer Festschlemmermahlzeit mit oben genannten hierzulande weitgehend unbekannten Früchten. Da diese nicht gerade preiswert sind, ist es auch nicht so, daß man sich nun nichts mehr leistet, obwohl man es könnte. Mehr als schmecken kann's einem doch nicht, oder? Das Phantastische an diesem hohen Fruchtgenuß ist, daß ich hier nur für die Frucht bezahle. Bei regelmäßigen Fleisch- und Kuchenschlemmereien zahle ich zum Schlemmerpreis auf lange Sicht auch noch die Krankheitskosten, aber vor allem mit meinem verlorenen Wohlbefinden.

Sagen Sie also nicht bei einem halb gefüllten Glas: Es ist schon halb leer, sondern: Es ist noch halb voll! Da Sie im vorherigen Teil II meine persönliche Geschichte, jedoch auch die meiner Schwester und anderer mit der Natürlichen Gesundheitslehre gelesen haben, werden Sie diese Ausführungen wahrscheinlich nachempfinden können. Sie sollten nicht fragen: Was verliere ich nun alles? Wenn Sie den Mut aufbringen zu fragen: Was kann ich gewinnen? haben Sie einen deutlich besseren Start.

Diese Einstellung zu erreichen ist und bleibt ein ständiger Lernprozeß. Sie schaffen ihn nur, indem Sie sich täglich aufs neu bewußt machen, daß in körperlicher Hinsicht niemand außer Ihnen selbst dafür sorgen kann, daß Sie sich dauerhaft rundum wohl fühlen. Und vor allem: Daß Ihnen niemand Vorschriften machen kann, was Sie zu sich nehmen. Es verbietet Ihnen niemand Rückschritte zur Normalkost zu machen. Nur Ihr Körper wird mit Wohlbefinden oder Unwohlsein reagieren. Sie sind bezüglich der Ernährungsfrage niemandem gegenüber Rechenschaft schuldig – außer sich selbst!

Mir ist völlig klar und verständlich, daß sich die wenigsten Menschen Gedanken um ihre Gesundheit machen, solange sie keinerlei Beschwerden haben oder glauben, keine zu haben. Weil viele kleine und größere gesundheitliche Probleme heute als normal gelten, was bei einer natürlichen Ernährung nicht der Fall wäre, nimmt die Mehrheit der Menschen gesundheitliche Störungen als Schicksal und unabänderlich hin. Es ist heutzutage völlig normal mit 40 zunehmend runder zu werden. Es ist ebenso normal mit 50 zumindest Knie- und/oder Rückenprobleme zu haben. Ab 60 regt sich kaum jemand auf, der(m) eine Diabetes diagnostiziert wird. Und Allergien sind zwar schrecklich, aber unter uns, wer hat heute keine Zipperlein? Da muß man mit leben! Muß man wirklich? Ich weiß es aus eigener Erfahrung: **Nein!**

Achten Sie also auf den Brandherd in Ihnen und sorgen Sie selbst dafür, daß er nicht außer Kontrolle gerät. Schließlich ist es nicht amtlich, ob die Feuerwehr (Mediziner) in jedem Fall früh genug eintreffen kann.

Als Frau eines erfahrenen Feuerwehrmannes weiß ich, daß die Feuerwehr (Ärzte) im Brandfalle bestenfalls nur Schadensbegrenzung (Symptomunterdrückung) leisten kann. Außerdem hinterläßt sie unvermeidlich mehr oder weniger Wasserschäden (Medikamenten- und Behandlungsschäden). In dieser Beziehung ist es zweitrangig, mit welch edlen Motiven die Feuerwehr anrückt. In dem Augenblick, wo der Löschzugführer „Wasser Marsch" brüllt, nimmt der Löschvorgang seinen Lauf und Erfolg, ebenso wie Löschschäden, können erst hinterher bewertet werden.

Von daher ist es immer am besten, wenn man weder die Dienste der Feuerwehr noch die der Ärzte – so segensreich sie beide im Notfall auch sind – in Anspruch nehmen muß. Dies ist eine unumstößliche Tatsache von der Vergangenheit, über die Gegenwart, und sie wird sich auch in Zukunft nicht ändern.

Was ist der Grundfaktor für eine gute oder angeschlagene Gesundheit?

Ernährung ist nicht das Höchste, sie ist jedoch der Boden,
auf dem das Höchste gedeihen oder verderben kann!
(Bircher-Benner)

Diesen Satz möchte ich all jenen ins Stammbuch schreiben, welche glauben, körperliches, seelisches und geistiges Wohlbefinden sei nicht in erster Linie eine Frage der Ernährung.

Der Mensch hat nun einmal drei zwingend existentielle Grundbedürfnisse, die sich in Luft, Wasser und Nahrung stützen. Wenn es an einem dieser drei Faktoren kürzer oder länger mangelt, geht das Leben zu Ende. Bei der Bedürfnisbefriedigung mit Luft sind uns nur Entscheidungsmöglichkeiten in wenigen Minuteneinheiten gegeben. Ohne Wasser können wir bestenfalls nur wenige Tage überleben. Und die Nahrung kann man ungefähr bis sechs oder acht Wochen meiden.

Über das Atmen von Luft und das Zuführen von Wasser als Grundfaktor für die Existenz und das Wohlbefinden wird niemand zweifeln. Aber der Art der Ernährung messen viele Mitmenschen bezüglich der Grundlagen von Gesundheit und Krankheit recht wenig Bedeutung bei.

Welcher Selbsttäuschung man sich diesbezüglich hingibt, wird klar, wenn ich unter die Leute gehe. Egal, ob ich einkaufe, auf Feiern oder bei sonstigen Zusammenkünften bin, fast immer erzählt jemand von seinen gesundheitlichen Problemen bzw. die des nächsten Angehörigen oder weiterer Dritter: Hast Du schon gehört, der XY liegt schwer mit... im Bett, wenn nicht gar im Krankenhaus...

Nach der ausschlaggebenden Ursache dieser Krankheit wird selten gefragt. Versuche meinerseits auf die Ernährung als dritten Existenzgrundstein hinzuweisen werden mittlerweile schon mehr oder weniger genervt abgewiesen, weil ich immer wieder auf die Aussage komme, daß die Leute selber ihren Körper mit ungeeignetem Treibstoff verkorksen oder langsam, aber sicher vergiften. Appelle meinerseits den vergifteten Körper – sonst wäre er nicht krank – mittels Fasten und/oder Rohkost zu entgiften, werden belächelt oder forsch abgewiesen.

Die Menschen können es nun einmal nicht glauben, daß durch einen einzigen und einfachsten Tatbestand eine solch große Wirkung, ob man sich kurz-, mittel- oder langfristig blühender Gesundheit erfreut oder qualvolle Zustände erdulden muß, zu erzielen ist. Und daß wir selber mit unserer leckeren Normalkost die Krankheiten verursachen, will erst recht kaum jemand wahr haben. Viel beruhigender ist da schon die allgemein gängige Ansicht, welche mir bei Diskussionen dieser Art immer wieder geäußert wird: Es gibt bezogen auf die Gesundheit nicht nur den Faktor der Ernährung. Außerdem, eine so einseitige, wie Du sie proklamierst, das kann doch nicht das Nonplus ultra sein. Es gibt schließlich auch die genetischen Veranlagungen, die Umweltverschmutzung, die Streßkomponenten... Und was da alles an weiteren Gründen für Krankheiten angeführt werden!

Frische Luft, viel Bewegung und eine ausgeglichene, seelische Verfassung sind natürlich ebenfalls von großer Bedeutung für die dauerhafte Gesunderhaltung. Jedoch ein Mensch, dem z. B. bei jeder Bewegung die Knochen einzeln schmerzen, steht nicht der Sinn danach, sich groß zu bewegen. Ich sage nicht Ernährung sei alles, Bewegung nichts. Jedoch muß ich meinen Körper mit den von der Natur vorgesehenen Treibstoff versorgen, der den Körper erst befähigt, sich beschwerdefrei zu bewegen.

Selbstverständlich muß ich bei Gelenk- und Muskelschmerzen durch Bewegung gegen steuern, um eine Versteifung zu verhindern. Nur, wenn ich dem Körper weiterhin die Kost gebe, welche mir die Mineralstoffe zur Neutralisierung der von ihr ausgehenden Säuren aus den Knochen zieht (Zucker, Getreide, Fleisch- und Milchprodukte) so wie Schleim und Harnkristalle in mein Muskelgewebe bringt, komme ich mit der Bewegung auf Dauer auch nicht von meinen Schmerzen los. Selbst der hartnäckigste Selbstüberwinder bewegt sich langfristig bei bleibenden oder gar steigenden Schmerzen immer weniger und gerät in den Teufelskreis: Schmerz – weniger Bewegung – mehr Schmerz – kaum noch Bewegung – Versteifung!

Hier kann man nun auf zweierlei Arten eingreifen: Ich durchkreuze den Teufelskreis, wie es üblicherweise jeder Arzt macht, mit einem Schmerzmittel, damit der Patient sich fürs erste wieder schmerzfrei bewegen kann und deshalb die Bewegung nicht scheut. Unmittelbarer Vorteil dieser Behandlung ist natürlich, daß der schmerzgepeinigte Mensch aufatmet. Nur der Nachteil ist, daß die Beschwerdefreiheit in der Regel nicht dauerhaft bleibt, ja gar nicht bleiben kann, weil weiterhin säurereiche Kochkost gegessen wird. Mit der Zeit helfen immer mehr und stärkere Medikamente immer weniger. Über Monate und Jahre gesehen schmerzen mir nicht mehr nur die Glieder bei jeder Bewegung, sondern auch die Nieren und der Magen, weil die Nebenwirkungen der Medikamente inzwischen zur Hauptwirkung, nämlich der Zerstörung dieser Organe geworden sind.

Man kann aber auch, wenn man es weiß – und dafür sitze ich hier, damit Sie es wissen können – für den stärksten Schmerz eine Akupunkturbehandlung in Anspruch nehmen, die säurereiche Kochkost meiden, Rohkost essen und sich bewegen.

Durch das Weglassen der Säuren und das Entgiften und Entsäuern über die Rohkost werden Sie relativ schnell weder Medikamente noch weitere lästige Akupunkturbehandlungen benötigen, weil der Körper mit der für ihn von der Natur vorgesehenen Kost sein Gleichgewicht selbst wieder herstellt. Mittlerweile sind sich zwar eine immer größere Anzahl von Menschen der negativen Nebenwirkungen durch Medikamente bewußt und ziehen deshalb die Akupunktur vor, falls sie die Mittel dafür aufbringen können, aber leider wird die Ursache der Schmerzen auch in diesem Fall nicht angegangen. Deshalb werden sie nicht mehr Dauerpillenschlucker, sondern Dauernadelstecher. Ob dies die ersehnte Lebensqualität darstellt, wage ich sehr in Zweifel zu ziehen. Man bezahlt auf Dauer viel Geld für lästige Torturen. Ich gehöre nun einmal ganz und gar nicht zu den Leuten, welche beim Nadelstechen in Ekstase geraten.

Auch die seelische Ausgeglichenheit darf für eine dauerhafte Gesundheit keinesfalls außer Acht gelassen werden. Ich wage jedoch die Behauptung, daß ein Mensch mit dauernden gesundheitlichen Problemen seelisch nicht ausgeglichen sein kann. Die Ernährung ist sicherlich nicht die Lösung für alle sozialen und andere zwischenmenschliche Probleme, jedoch auch nicht gerade bedeutungslos. Schon wenn ich wegen einer Grippe, die bei richtiger Ernährung mich nicht erwischt hätte, einen wichtigen Termin absagen muß, kann dies anderen Menschen und auch mir selbst viel Verdruß einbringen.

Auf der anderen Seite kann ich natürlich soviel Rohkost essen, wie ich will, wenn ich nicht auf meine seelischen, gefühlsmäßigen und geistigen Belange achte, nutzt es mir wenig.

Dies zur Klarstellung, daß mir durchaus auch die anderen natürlichen Fakten einer stabilen Gesundheit außer der Ernährung bewußt sind.

Sehen wir uns nun die eingangs genannten drei angeblichen Gründe, weshalb jemand erkrankt, an, so wird recht schnell klar, daß sie zwar nicht als Zusatzfaktoren an der Entwicklung von Krankheitsprozessen geleugnet werden dürfen, jedoch die richtige oder falsche Ernährung den Löwenanteil für unser Wohl und Wehe darstellt.

Krank aufgrund genetischer Faktoren?

Wie alle Lebewesen, so bekommen auch wir Menschen Stärken, aber auch Schwächen von unseren Eltern über die Gene vererbt und geben diese ggf. an unsere Kinder weiter. Diesen Tatbestand nennen wir Veranlagung. Es gibt bei mir keinen Zweifel darüber, daß die Veranlagung eine Rolle bei der Entwicklung vieler Krankheiten spielt. Aber ich habe die Möglichkeit, genetische Schwachpunkte auszugleichen oder zu verstärken.

So kann ich beispielsweise eine genetisch bedingte Verdauungsschwäche noch zusätzlich durch eine unangemessene Ernährung, den häufigen Gebrauch von Genußmitteln, wie Kaffee, Schwarztee, alkoholischen oder sonst mit Chemie versetzten Getränken und Süß- oder Salzwaren potenzieren. Eine leichte Kost, wie die Früchterohkost sie bietet, kann logischerweise die anlagemäßige Verdauungsschwäche ausgleichen und wird dafür sorgen, daß die genetischen Fakten nicht zu Krankheiten von beispielsweise Magen und Darm führen.

Gleiches gilt auch für die eventuell genetisch vorhandene Disposition für Krebskrankheiten, die gehäuft in einer Familie auftreten. Daß im Körper eines jeden Menschen täglich Unmengen von Krebszellen existieren, vom Immunsystem normalerweise erkannt und unschädlich gemacht werden, ist wissenschaftlich erwiesen. Bei einigen Menschen mit entsprechender Veranlagung übersieht das Immunsystem einige dieser Zellen. Das ist die eine Seite der Medaille.

Die Kehrseite der Medaille lautet jedoch: Erwiesen ist, daß außer den Genußmitteln auch vor allem tierische Eiweiße vorhandene Krebszellen mästen. Und zu guter Letzt kann sich auch jeder daran Interessierte Informationen einholen, daß außer der rohkostbetonten Ernährungsweise (besonders Ananas, Papaya, Tomaten, Trauben...) keines der normalen Nahrungsmittel krebshemmende, sondern eher krebsduldende, meist sogar krebsfördernde Inhaltsstoffe hat.

Ist es wirklich so schwer, sich vorzustellen, daß jemand, dessen Immunsystem anlagemäßig in der Erkennung und deshalb immunologischen Zerstörung von Krebszellen etwas behindert ist, mit einer Ernährung, welche wegen der in ihr enthaltenen antikarzinogenen Enzyme für die entsprechende Person eine erhebliche Risikominderung bedeutet? Folglich kann die Rohkost praktisch als Rollstuhl für das behinderte Immunsystem genutzt werden.

Dieser Mensch muß sich also das von mir im ersten Teil ausführlich beschriebene Prinzip zu Herzen nehmen und Behinderung als gegeben wahrnehmen, Funktionsstörungen des Immunsystems durch tatsächlich unterstützende Hilfen (frische Obst- und Gemüserohkost) optimal fördern und nicht durch einschränkende Fesseln (Genußmittel und Kochkost) noch verstärken.

Es ist, um ein anderes Anschauungsbild aufzuführen, vergleichbar mit dem finanziellen Kapital. Wie ich mit diesem sorgfältig umgehen muß, wenn ich etwas davon haben möchte, so sollte ich auch mit den angeborenen Enzymreserven sorgfältig haushalten. Wer, wie die meisten von uns, täglich drei- bis viermal die entwertete Normalkost zu sich nimmt, muß, um seine Lebensfunktionen und die Verstoffwechselung dieser minderwertigen Moleküle zu gewährleisten, ständig auf sein mitgegebenes Enzymkapital zurückgreifen.

Je mehr frische Rohkost aus Früchten, Gemüse, Salaten und Wildkräutern wir essen, um so weniger muß der Körper auf das Ursprungskapital an Enzymen zurückgreifen, weil die Rohkost die erforderlichen Enzyme gleich mitliefert. Praktisch lebt ein Rohköstler von den Enzymzinsen. Das Grundkapital wird kaum oder gar nicht mehr groß beansprucht.

Jemand, der in finanzieller Hinsicht von seinem vorhandenen Kapital lebt und nichts an Zinsen, Gewinn, Dividende oder sonstigen Zuschlägen einholt, wird kopfschüttelnd als wirtschaftlich unfähig beurteilt, weil abzusehen ist, wann er Pleite macht und auf Finanzhilfen anderer angewiesen ist.

Warum gehen wir dann so sorglos mit unserem vorhandenen Enzymkapital um? Ironischerweise wird einer, der sein geldliches Kapital sorgsam hütet, meist geachtet. Nur diejenigen, welche nicht mit dem Gelde umgehen können, lachen oder spotten über einen solchen Menschen.

In gesundheitlicher Hinsicht sorgsam mit ihrem enzymatischen Kapital arbeitende Rohköstler werden hingegen derzeit nur von wenigen, die ebenfalls das Wissen haben, geachtet. Meist wird jedoch über gesundheitswirtschaftlich Handelnde gelacht und verständnislos der Kopf geschüttelt. Ich kann daraus nur den Schluß ziehen, daß die Mehrzahl meiner Mitmenschen nicht mit ihrer vorhandenen Gesundheit umgehen kann oder/und will.

Ein Mensch mit einer genetisch bedingten Schwäche hat offenbar weniger Grundkapital an entsprechenden Enzymen mitbekommen, auf das er zur Verstoffwechselung der üblicherweise gekochten und verarbeiteten Kost zurückgreifen kann, als jemand, der wesentlich mehr Ursprungskapital verfügbar hat. Folglich wird der Mensch mit dem kleineren Grundkapital viel schneller an der Kochkost kaputt, also bankrott, gehen, als jemand, der von Geburt an bei gleicher Lebens- und Ernährungsweise über ein wesentlich höheres Enzymkapital verfügen kann. Nur so ist überhaupt erklärbar, daß auf der einen Seite einige Menschen mit der üblichen Kost 80 und mehr Jahre relativ symptomfrei leben, jedoch andererseits viele Menschen wegen heruntergewirtschafteter Enzymbalance eben zu einem wesentlich früheren Zeitpunkt gesundheitliche Störungen bekommen, die letztlich zu einem verfrühten Tod führen.

Im wirtschaftlichen Sinne kann ebenfalls die Beobachtung gemacht werden, daß jemand ein sehr großes Kapital besitzt, dieses jedoch mit beiden Händen zum Fenster hinaus wirft. Bei ihm ist es folglich wahrscheinlich, daß er schneller mittellos ist, als jemand, der mit ursprünglich geringerem Kapital wirtschaftlich rentabel umgeht.

Bezogen auf die Gesundheit heißt das, ein Körper, der genetisch mit einer geringeren Enzymreserve ausgestattet ist, hat durch die optimalste und enzymreichste Kost, die rohe Frischkost, durchaus die Möglichkeit, einen ursprünglich enzymatisch besser ausgestatteten, jedoch mit Genußmitteln und Kochkost jeder Art vergifteten Körper an Gesundheit und Lebensdauer zu überbieten.

Sie sehen an diesen durch mich nicht gerade hochwissenschaftlich abgehandeltem Thema, wie Möglichkeiten durch eine unklare und falsche Sichtweise über den Grundfaktor von Gesundheit, die Ernährung, vertan werden.

An dieser Stelle muß ich Ihnen meine Schwäche und daher auch Unlust wissenschaftliche Abhandlungen zu verfassen – oder genauer ausgedrückt abzuschreiben – gestehen. Ich sehe dies abgesehen davon auch als nicht notwendig an, weil es genug Menschen gibt, die in dieser Hinsicht fähiger sind als meine Wenigkeit. Aus diesem Grund berufe ich mich auch nicht auf wissenschaftliche Literatur mit Fußnoten und Quellenangaben in wissenschaftlich zivilisierter Manier.

Krankheit wegen umweltbedingter Faktoren?

Des weiteren gibt mir – um beim als zweithäufigst vorgebrachten Grund für die allgemein angeschlagene Gesundheit vieler Menschen zu bleiben – mein leider schon unvermeidlich mit Umweltgiften belasteter Körper sicherlich nicht die Legitimation ihn auch noch mit permanent toxischen Getränken, Rauchen und entwerteter Kost zu belasten, was sich die meisten mehr oder weniger aktiven Umweltschützer einmal hinter die Ohren schreiben sollten!

Wenn ich für die Reinhaltung der Gewässer einstehe, macht es keinen Sinn sich täglich Dreckbrühen, die von Chemie nur so strotzen, wie Kaffee, Tee, Limonade, Colagetränke, Bier, Wein und Schnaps in mich hinein zu stürzen. Schließlich ist es doch als Umweltschützerin mein Bestreben, die absolute Lebensgrundlage, das Wasser, wie es die Natur uns leiht, vor chemischer Verderbnis zu bewahren. Warum will ich es bewahren? Damit alle Menschen auch zukünftig reines Wasser trinken können und somit die zweitwichtigste Lebensgrundlage haben.

Ein Schelm, wer stutzig wird, wenn ich gegen die einen Chemikalien demonstriere, die durch Fabriken, Chemiekonzerne, Öltanker und sonstige Einflüsse ins Meer und Grundwasser sinken und stinken, jedoch ganz bewußt von mir eigens mit Chemikalien verseuchtes Wasser, nur weil sie schmecken (Zucker, Süßstoffe), zu mir nehme.

Kaffee und Tee sind zwar aus natürlichen Pflanzen, es wird jedoch niemand bestreiten, daß die Natur außer genießbare auch giftige Pflanzen hervorbringt, die mit Sicherheit nicht für den menschlichen Verzehr vorgesehen sind. Wer würde schon einen Salat aus frischen Tabakblättern essen wollen, sei er auch noch so vitaminreich und aus garantiert kontrolliert biologischem Anbau?

So handeln praktisch jene Leute, welche mit Vorliebe täglich ihren geliebten Biokaffee/Tee trinken und meinen, sie täten ihrem Körper etwas Besseres, als wenn sie Kaffee oder Tee aus konventionellen Anbau verwenden. Ich sehe eine solche Vorgehensweise als Schönfärberei an, die auf die körperlichen Bedürfnisse bezogen, fehlerhaftes Verhalten in edles Licht stellen soll. Um mit den Worten eines so traktierten Körpers zu sprechen: Nun ja, das Gesöff schadet den Nieren, Leber, Herz und Kreislauf, aber man darf nicht übersehen, daß es aus kontrolliertem Anbau stammt. Wenigstens sind die Waffen sauber, womit er/sie sich langsam, aber sicher niederstreckt. Man läßt es sich immerhin etwas kosten!

Unter ähnlichem Gesichtspunkt sehe ich die Aktion Kaffee zu fair gehandelten Preisen. Zu welchem Preis ich die Aufputschmittel Kaffee oder Tee erstehe, ob zu Dumpingpreisen oder fair gehandelt, ist für die toxische Wirkung auf meinen Körper, besonders des Herzens und der Nieren, nicht relevant.

Ich gehe sogar soweit in meinen ethischen Überlegungen, daß ich der Meinung bin, wo eine für den Menschen im natürlichem Zustand ungenießbare Kaffeepflanze wächst, könnte ebenso gut ein Fruchtbaum wachsen. Dieser könnte die Menschen, welche wir mit fair gehandelten Kaffeepreisen entgegen kommen wollen, direkt und ohne über den Umweg und die Abhängigkeit vom Handel mit den reichen Ländern ernähren.

Vom Überfluß des Fruchtanbaues könnten sie dann gegen faire Preise auch uns Industrieländer mit wunderbaren Lebensmitteln beliefern und hätten zumindest ihren eigenen Grundbedarf an Nahrung und Wasser (Früchte bestehen zu 80-95 % aus Wasser) gedeckt. Es ist alles eine Frage von Angebot und Nachfrage. Oder korrekter beschrieben: Die Nachfrage bestimmt das Angebot, wenn nur genügend Bedarf gezeigt wird.

Bestellten die Industrienationen nicht Kaffee, Tee oder Soja – welches für die von ihnen zum Verzehr vorgesehenen zahllosen Tiere mangels eigener Anbauressourcen benötigt wird – sondern exotische Früchte von den armen Ländern, würden weite Flächen zu Obstgärten gemacht. Eine solche Anbauweise wirkte ebenfalls der Verödung unserer ehemals fruchtbaren Böden durch Monokulturen entgegen.

Solange die Menschen glauben, wenn sie müde und erschöpft sind, einen Kaffee, statt ein Bett und Ruhe zu benötigen, werden sie wohl immer Kaffee kaufen wollen. Ganz egal was mit ihrem Körper geschieht, bringen die Erschöpften sich mit Kaffee und sonstigen Aufputschmitteln wieder auf Trab, wie ein müdes Pferd zum Weiterarbeiten aufgepeitscht wird. Mit einer natürlichen Lebens- und Ernährungsweise, d. h. regelmäßigen Nachtschlaf und Rohkost kommt man schnell aus dem Teufelskreis kaum Schlaf – Erschöpfung – Kaffee – durch das Aufputschen noch weniger Schlaf – größerer Erschöpfung – noch mehr Kaffee – heraus. Daß man aus diesen Kreislauf mit etwas guten Willen heraus kommt, habe ich Ihnen im zweiten Teil des Buches hoffentlich veranschaulichen können, als ich über meine aber auch der Erfahrung meiner Schwester berichtete.

Wenn jemand auf ernährungsmäßige Weise sich bewußt der Natur zuwendet, greift dieses naturorientierte Bewußtsein mit der Zeit auch auf die anderen Lebensbereiche dieses Menschen über. Jemand, der von der Notwendigkeit der rohen Nahrung für seinen Körper überzeugt ist, wird sich ebenfalls der Notwendigkeit bewußt sein, daß er seine Lebensbatterie mit Ruhe und Schlaf auftanken muß, wenn er erschöpft und müde ist. Sie sehen, eins zieht das andere nach sich.

Wie gesagt, weil die Nachfrage nach Kaffee, Schwarztee und Kakao, der Theobromin und Theophylim enthält, ähnlich des Koffeins, so groß ist, deshalb bauen die armen Bauern in der Dritten Welt Kaffee-, Tee- und Kakaopflanzen statt Früchte an.

Auf diese Weise entziehen sie sich selbst ihrer Lebensgrundlagen. Welchen Irrtum sie damit unterliegen, sieht jeder, der weiß, wie armselig die Kaffeeplantagenbauern arbeiten. Während sie den Kaffee für uns ernten, können sie nicht einfach ihren Hunger stillen. Sie müssen erst den Kaffee verkaufen, bevor sie etwas Geld haben, um ihre Familien und sich ernähren zu können. Wie anders sähe es beispielsweise bei einer Mangoernte aus. Spielend würden sie vom Reichtum der Früchte satt und gut ernährt.

Mir ist bewußt, daß ich hier paradiesische Zustände herbei schreibe, aber es gibt keinen anderen Weg irgend etwas auf dieser Welt in Richtung Verbesserung zu führen, als vom Paradies zu träumen und ein Stück davon zur Verwirklichung voran zu treiben. In diesem Sinne möchte ich mich von Ihnen verstanden wissen.

Zurück zur Frage, ob die Ernährung als Grundfaktor für die Gesundheit oder die anderen Faktoren des Lebens der Grundstein für Krankheiten sind.

Wer als aktiver Umweltschützer mit der brennenden Zigarette im Mund für die Einschränkung des Flug- und Automobilverkehrs zum Schutz der globalen Luftmassen eintritt, macht sich in meinen Augen lächerlich.

Ich kann nicht, sei es auch noch so berechtigt, auf die CO_2-ausstoßenden und damit die Menschen, Tiere und Pflanzen gefährdenden (Luft)Probleme mehr oder weniger radikal aufmerksam machen und dabei fleißig und aktiv meine oder gar die Lungen meines Nächsten mit Nikotin und Teer über die Luft verseuchen.

Wohl bemerkt: Ich bin eine Sympathisantin für die Grundkonzepte umweltschützender Organisationen, keine Frage. Als Gesundheitshexe, die ich geworden bin, wäre es lachhaft, würde ich nicht für den Schutz von Natur und Umwelt als Grundlage allen Lebens plädieren. Nur hat es alles wenig Sinn und so gut wie keine Glaubwürdigkeit, wenn ich diesbezüglich Wasser predige und Wein trinke. Diejenigen, welche dann tatsächlich das Wasser, anstatt wie bisher den Wein, trinken und deshalb nicht mehr vom blauen Dunst und Alkohol umnebelt sind, durchschauen die Inkonsequenz beizeiten und wenden sich enttäuscht ab.

Außerdem möchte ich als Umweltschützerin (darunter verstehe ich offensichtlich etwas mehr als nur das, was allgemein darunter verstanden wird) noch lange Zeit und viel Energie haben, um meine gesetzten Ziele, wo immer ich auch die Schwerpunkte im Umweltschutz setze, voran treiben zu können. Keinesfalls wünsche ich mir, wegen irgendwelcher Zivilisationskrankheiten verfrüht abdanken zu müssen. Schließlich brauchen so grundlegende Veränderungen einen langen Atem. Dieser ist mit Nikotingenuß und anderen berauschenden Vergnügen nun einmal erheblich verkürzt. Die Grundlage für ein langes Aktivitätspotential ist eindeutig die naturgemäße Ernährungs- und Lebensweise.

Ein Biohändler, der qualmend seine biologisch kontrolliert erzeugten Produkte verkauft, ist für mich bestenfalls eine Witzbold, aber keine ernst zu nehmende Person, der ich vertrauensvoll ihre Ware abkaufe. Wenn ich schon unbehandeltes, biologisch erzeugtes Obst und Gemüse kaufe, möchte ich es bitte auch unberäuchert haben.

Eine Ernährung, die nur auf naturbelassener, pflanzlicher Basis aufbaut und alle Kunstprodukte, welche in der Regel viele und sperrige Verpackungen erfordern, vermeidet, trägt ebenfalls im erheblichen Maße zur Müllvermeidung bei. Auch wenn ich sündige, indem ich mir das Obst in den üblichen Tüten zum Transport nach Hause einpacke: Wie lange wird es wohl dauern, bis ich einen der Gelben Säkke mit den hauchdünnen Tüten gefüllt habe? Leute, welche zwar ihr bißchen Obst unverpackt der Umwelt zuliebe nach Hause bringen, aber jede Menge Verpackungen der Joghurtbecher, Süßwaren, Tiefkühlkost, u. v. m. im Gelben Sack verstauen müssen, sind diesbezüglich wesentlich größere Umweltsünder.

Kauft man sein Obst auch noch in Pfandkisten, betreibt man perfekten Umweltschutz. Die Kisten brauchen nach dem Gebrauch nicht einmal durch Spülanlagen mit hohen Chemieaufwand, der ebenfalls wieder die Umwelt belastet, gereinigt werden, wie Mehrwegflaschen es erfordern. Die Einwegflaschen sind aus umweltschützenden Gesichtspunkt ähnlich zu bewerten.

Auf diese Weise würde mit einer natürlich orientierten Ernährung viel Energie für die Wiederverwertungsanlagen eingespart und könnte für notwendigere Bereiche genutzt bez. zur Erhaltung der schon durch uns arg gebeutelten Natur vermieden werden. Bei der rohköstlichen Ernährungsweise fällt lediglich Kompost als Endprodukt an. Dieser kann der Natur wieder über den Gartenanbau zugeführt werden. Ein solches Verfahren verdient den Namen umweltschonende Wiederverwertung jedenfalls eher als das, was wir heute darunter verstehen.

Ferner sei noch erwähnt, daß der Abwasch von Tellern, auf denen ein Apfel oder eine Mango gegessen wurde, keines, aber mit Sicherheit wesentlich weniger Spülmittel erfordert, als ein Teller, der vorher Träger einer Lasagne war. Über den sehr aufwendigen Abwasch der Töpfe, Pfannen und Bestecke, welche zur Herstellung einer guten Lasagne nun einmal benötigt werden, brauchen wir gar nicht weiter zu diskutieren.

Auch hier ist die Rohkost im Punkto Umweltschutz der üblichen Ernährungsweise total überlegen. Ein Rohköstler benötigt ebenfalls weniger Kleiderwechsel und muß folglich weniger häufig die Waschmaschine in Gang setzen, weil er einfach wesentlich weniger intensiv, auch was die Duftnote betrifft, schwitzt als jemand, der bei vergleichbarer Tätigkeit die übliche Kost zu sich nimmt. Mit Sicherheit ist dies ein effektiver Beitrag zum Grundwasserschutz durch wesentlich weniger benötigte Reinigungsmittel und weniger Wasser sowohl beim täglichen Abwasch als auch bei der Wäschepflege.

Ich möchte ebenfalls nicht unerwähnt lassen, welche gravierenden Umweltschäden durch die Massentierhaltung entstehen. Da seien zunächst einmal die Entsorgungsprobleme mit den Güllefluten zu erwähnen. Des weiteren können bekanntlich die Böden, auf denen massenhaft Tiere ihre Fäkalien abgelegt haben, jahrelang nicht mehr zur Pflanzenaufzucht genutzt werden. Letztlich gelangt diese Unmenge an scharfer Gülle in das Grundwasser und verseuchen unsere Brunnen. Außerdem: Wohin mit den ganzen Kadaverabfällen?

In der Umgebung einer Schlachttieraufzuchtstätte wird kaum jemand wohnen wollen, weil der Gestank einfach atemberaubend ist. Mein Mann hatte einmal beruflich in einem solchen Betrieb zu tun. Er schaute sich nur wenige Minuten eine Tür an, welche repariert oder erneuert werden sollte. Als er wieder zu mir ins Auto stieg, weil wir noch ein gemeinsames Ziel hatten, wäre ich am liebsten mit einem Taxi meines Weges gefahren. Mein Mann verbreitete einen solchen Gestank, daß ich es nur mit geöffneten Fenstern im Auto aushielt. Ich möchte einmal wissen, wie sehr die Luft in der Umgebung einer solchen Massenaufzuchtstätte verseucht ist.

All diese Umweltprobleme der Massentierhaltung wären durch eine allgemeine Rohkosternährung ganz einfach gelöst, weil einfach solche Fleischberge nicht gebraucht würden.

Wenn Sie sich als UmweltschützerIn nun auch noch verdeutlichen, was allein die Nahrungs- und Genußmittelindustrie an energie- und umweltverschmutzenden Aufwand bewirkt, stimmen Sie mir sicherlich zu: Man könnte die Liste der umweltschützenden Aspekte einer Rohkosternährung beliebig fortsetzen. Dies soll erst einmal genügen.

Mit der ausschließlich natürlichen Ernährung wird ein wesentlich effektiver Umweltschutz automatisch betrieben, nicht nur verbal vertreten und doch nicht gelebt.

Krank durch Streß?

Es tut mir ja schon fast leid, liebe(r) LeserIn, aber ich habe bezüglich der alltäglichen Streßmomente auch hier wieder die natürliche Ernährungsweise als Stoßdämpfer anzugeben. Wer morgens schon den Kaffee zum normalen Funktionieren braucht, weil er sonst aus den Latschen kippt, hat schon den Streß, Kaffee kochen zu müssen. Weil der Körper abhängig von der Koffeinzufuhr ist, steht er ständig unter Spannung, wenn der Koffeinpegel sinkt. Entziehen Sie Ihrem Körper einmal zwei Tage den gewohnten Kaffee, wahrscheinlich werden Sie glauben, Ihr Kopf zerspringt. Ich spreche diesbezüglich aus Erfahrung. Jedenfalls kommen Menschen, welche Kaffee, Schwarztee, Zigaretten oder Cola benötigen, in nicht zu leugnende Streß-Situationen, wenn sie diese Aufputschmittel nicht rechtzeitig zuführen können.

Jemand, der die Rohkost länger praktiziert, kann problemlos bis mittags ohne zu essen mit ein paar Glas Wasser auskommen, wenn es sich so ergibt.

Sind Sie überzeugter Rohköstler, bringt Sie ein fieberndes Kind nicht gleich in Panik. Sie wissen, daß bei richtigem Verhalten (keine oder nur Obstnahrung, einen vorsichtig durchgeführten Einlauf, liebevolles Umsorgen) der Körper alle eigenen Abwehrkräfte mobilisiert, um wieder sein Gleichgewicht zu erlangen. Sie werden nicht gleich zum Arzt rennen, Antibiotika verschreiben lassen und sich dann als verantwortungsvolle Mutter über die Nebenwirkungen, Gegenindikationen und Wechselwirkungen ärgern, die mal wieder zwei Drittel des Beipackzettels ausmachen. Fragt man den Arzt oder Apotheker danach, wird natürlich gesagt: Sie kommen in diesen Fall nicht daran vorbei. Der Arzt sagt es, weil er sich sonst fragen lassen müßte, warum er so ein Gift überhaupt verschreibt, und der Apotheker sagt es, weil er sich das Geschäft nicht entgehen lassen will.

Diesem Streß setze ich mich nicht mehr aus. Entweder lassen sich die Kinder und der Mann im Krankheitsfall mit natürlichen Maßnahmen in der Selbstheilung unterstützen, oder ich nehme die Hilfe eines kompetenten Arztes für sie in Anspruch. Den Streß jedoch, der Natur nicht recht zu trauen, den deshalb herbeigerufenen Arzt noch weniger zu trauen und das Medikament dann doch, wenn auch mit schlechtestem Gewissen zu verabreichen, wie ich es über zwölf Jahre gehandhabt habe, ist eindeutig hausgemachter Streß. Man wird einfach sicherer in dem, was man tut, wenn man die Grundsätze einer gesunden, natürlichen Lebensweise verstanden hat und täglich praktiziert.

Die Ernährung ist ebenfalls Ursache für den Streß, der mich befällt, wenn ich aufgrund normaler Kochkost allgemein unpäßlich bin. Dann frage ich mich morgens schon im Bette: Wie kann ich nur trotz der Schmerzen, trotz der Müdigkeit, weil ich vor Schmerzen oder Übelkeit nicht schlafen konnte, meine Aufgaben heute zufriedenstellend erfüllen? Wie bekomme ich diesen und jenen Arzttermin zwischen meine restlichen Termine? Hoffentlich ist die Praxis nicht so voll, der Arzt nicht so nervös!

Dies sind tausend kleine oder größere Streßmomente, womit ich, wenn ich mich eine Weile konsequent mit rohen Früchten ernähre, nichts mehr zu tun habe, Unfälle ausgeschlossen. Sie wachen morgens auf, fühlen sich leicht und wohl, dann kann der Tag los gehen. Was wollen Sie mehr? Den heute normalen Alltagsstreß schaffen Sie bei guter Körperverfassung wesentlich besser, als wenn es hier und dort zieht und zwackt. Ihnen bleibt dann auch viel mehr Energie, Problemlösungen für rein psychische und/oder soziale Schwierigkeiten zu suchen und zu finden.

Selbst der ganz normale Einkauf für den täglichen Essensplan verläuft wesentlich streßfreier. Wenn ich beispielsweise im Supermarkt einkaufen muß, weil ich keine andere Möglichkeit der Beschaffung habe, brauche ich mich nur in der Obstabteilung durch die paar Auslagen zurechtfinden. Für den normalen Speisezettel muß ich erheblich mehr Zeit aufwenden, um sämtliche Sachen in den unterschiedlichsten Abteilungen zu besorgen.

Zu Hause brauche ich als RohköstlerIn ohne Umwege die Früchte und Gemüse nur waschen, ggf. zerteilen und gleich servieren. Ganz anders sieht es aus, wenn ich nicht gerade von Konserven lebe, sondern ein gutes, aufwendiges Essen haben möchte. Unter einer bis zwei Stunden komme ich als Hausfrau mit Sicherheit nicht aus der Küche.

Wenn ich mich dann noch etwas verspätet habe, der Mann und/oder die Kinder jedoch pünktlich von Arbeit oder Schule kommen, ja, dann ist die Hektik perfekt. Die Rohkostfamilie hingegen kann sich recht schnell an dem frisch gewaschenen oder durch Schälen oder Schneiden vorbereiteten Obst und Gemüse laben. Da dauert es eben keine 20 Minuten mehr, bis die Kartoffeln gar sind. Himmlische, streßfreie Zeiten würde ich sagen, wenn nur die Familie mitmachte...!

Beschweren will ich mich trotzdem nicht, denn das Frühstück morgens ist bei uns schon umfunktioniert. Während andere Mütter morgens die unterschiedlichsten Aufstriche auf die Stullen schmieren, sitze ich vor meiner elektrischen Zitruspresse und presse Orangen und Zitronen für die Kinder. Natürlich wäre der Verzehr der ganzen Frucht vorteilhafter, aber besser etwas als gar nichts.

Wenn Sie als RohköstlerIn irgendwo eingeladen sind, braucht sich der Gastgeber nicht in Streß zu bringen mit Kuchenbacken oder großes Essen kochen. Er braucht nur ein paar frische Früchte hübsch auf eine Platte zu arrangieren. Sie sind also ein leicht zufrieden zu stellender Gast.

Setzte sich diese Ernährungsart allgemein durch, läge die Hausfrau bei Familien- oder sonstigen Feiern nicht schon gestreßt in der Ecke, bevor das Spektakel überhaupt anfängt. Wie erfrischend sähen die riesigen Obst- und Gemüseplatten von höchster Qualität und Vielfalt aus, die man meist in ausländischen Geschäften erstehen oder über die verschiedenen Südfrüchteversandfirmen beziehen kann.

Schließlich ist eine Küche, in der kein Fettfilm an allen Schränken und Fliesen klebt, viel seltener zu scheuern, als eine Küche, in der man praktisch jeden Tag fettdampfende Töpfe und Pfannen benutzt. Weniger Putzarbeit ist ebenfalls streßmindernd.

Lassen wir es dabei bewenden. **Die Kochkost mit ihrem krankheitsverursachenden, arbeits- und zeitintensiven Aufwand ist eindeutig Grund für den Streß, der oft als Ursache für Krankheiten angesehen wird.**

Daß all die aufgeführten Kritikpunkte vielen Menschen nicht so bewußt sind, kann ich gut nachempfinden, denn schließlich habe ich bis vor gut fünf Jahren selbst normal gelebt und gedacht.

Ich bin ganz einfach nur durch die ernährungsmäßige Entlastung auf allen körperlichen Ebenen (Wegfall von Dauerschmerzen, Allergien, ständiges Völlegefühl und nervtötenden Arztbesuchen) auch fähiger geworden, Zusammenhänge geistig-seelischer Natur im gesamten Rahmen zu erfassen. Der Spruch: „Voller Bauch studiert nicht gern" bewahrheitet sich wirklich.

Nachdem Sie meine persönlichen Erfahrungen in der Bekämpfung von Symptomen und die meist haarsträubenden Erlebnisse mit Ärzten in Praxen und einer Uniklinik gelesen haben, werden Sie meine Aussagen zumindest akzeptieren können, hoffe ich...!

Dies herauszuarbeiten und bei Ihnen Experimentierfreude mit naturbelassenen Früchten, Salaten, Gemüse, Nüssen und Wildkräutern – wenigstens dann, wenn die Bude zu fackeln begonnen hat – zu wekken, wird mir vielleicht im Verlauf dieser Abhandlungen und durch die Offenlegung meiner Etappen unterwegs zur Rohköstlerin gelingen.

Man kann ganz schlicht folgenden Schluß ziehen:
Lebst Du gesund, bist Du gesund.

Lebst Du ungesund, wirst Du über kurz oder lang ein Opfer der Medizin!

(Aussage des Dr. med. habil. Dr. Dr. K.-J. Probst, ein vernünftiger Arzt, der wirklich hilft sich selbst zu helfen, wenn man bereit ist, die Ursache des Übels zu beseitigen. Durch ihn habe ich den letzten Schliff in Richtung Rohkost und natürlicher Lebensweise nach Körper, Seele, Geist erhalten. Nun bin ich in der Lage mit Gottes Hilfe weitestgehend selbständig in ganzheitlicher Weise zu forschen.)

Stufen gesundheitsbewußten Verhaltens integrativ betrachtet

Meinen persönlichen Beobachtungen zufolge kann ich das Gesundheitsbewußtsein der Menschen grob eingeteilt in fünf Stufen klassifizieren. Daß die Übergänge fließend und individuell vielfältiger Natur sind, versteht sich von selbst.

Jede dieser Stufen wird von mir nicht nur im steigenden Gesundheitsbewußtsein, sondern auch in integrativer Hinsicht beleuchtet. Ich habe also die Akzeptanz und das Verstehen jeder dieser Stufen gesundheitsbewußten Lebens gesamtgesellschaftlich betrachtet.

1. Totales Fehlen gesundheitlichen Bewußtseins

Jedem ist eigentlich bekannt, daß sich viele Menschen heute nicht bloß unausgewogen, per Fastfood, ernähren, viel mehr auch noch regelmäßig und ständig rauchen und/oder jede Menge Alkohol zu sich nehmen. Folglich kann man sich mühelos vorstellen, daß Leute, welche sich diesen beiden äußerst schädlichen Gewohnheiten nicht oder nur selten hingeben, schon einen kleinen Schritt gesünder leben, als Nikotin- und/oder Alkoholsüchtige. Die Grenzen hierbei sind bekanntermaßen fließend.

Daß Rauchen und Alkoholtrinken schädlich ist, weiß jeder. Es wird schon in der Grundschule den Kindern mehr oder weniger eindringlich erklärt. Trotzdem verfallen viele Menschen nach wie vor und immer früher dieser Sucht. Daß es sich hierbei um eine Sucht handelt, wird meist geleugnet, und es wird unverschämterweise erwartet oder erhofft – ja, ich kann in diesem Fall das Kind nur beim richtigen Namen nennen – von den Medizinern bei allen möglichen Folgeschäden für das ganz bewußt gesundheitsschädigende Verhalten Hilfe oder gar Rettung zu erhalten. Selbstverständlich wird die Solidargemeinschaft zur Deckung der mutwillig herbeigeführten Kosten herangezogen.

Wenn ein(e) NichtraucherIn und NichtalkoholtrinkerIn einmal intensiv darüber nachdenkt, erfaßt ihn/sie mit Sicherheit **stiller** Groll. Laut kann sie/er diesen nicht äußern, will er/sie nicht als unsozial und mitleidlos gelten.

Ich denke nicht nach dem Motto: Alle Nikotin- und Alkoholsüchtigen sind des Teufels, bin jedoch der Ansicht, sie sollten mehr in die Verantwortung für ihr – wie sie oft meinen – harmloses Vergnügen genommen werden.

Obwohl jedem klar ist, daß es sich hier ganz und gar nicht um Krankheit durch einen Unfall oder Unwissenheit handelt, sondern schlicht durch die Tatsache des den Kopf in den Sand stecken, verursacht wurde, können Raucher und Trinker mit der finanziellen Übernahme der von ihnen wissend in Kauf genommenen Kosten durch die Beitragszahler rechnen.

Rücksichtslos wird – um zunächst beim Problem Rauchen zu bleiben – der Nichtraucher auch noch oft genug durch den äußeren Zwang genötigt, den beißenden Qualm oder zumindest den unvermeidlich vom Raucher ausgehenden Gestank zu ertragen, wenn nicht gar durch das zwangsweise Passivrauchen Schaden zu nehmen.

Ich muß natürlich an dieser Stelle erwähnen, daß die wenigen Raucher und Raucherinnen, welche zu unserem unmittelbaren Freundes- und Bekanntenkreis zählen, zum Rauchen den Raum zumindest in meiner Anwesenheit verlassen. Sobald man sich persönlich kennt, zeigen sie Rücksicht. Meine Kritik bezüglich Passivraucherzwang bezieht sich auf Situationen, wo weniger der persönliche Kontakt im Vordergrund steht, wie Restaurantbesuche, Versammlungen, Arbeitsplatz usw. Bitte, beachten Sie, daß ich grundsätzlich nur immer von vielen, nicht von allen spreche.

Wie soll man ein Verhalten anders als unsozial, rücksichtslos, fahrlässig und unverfroren nennen, wenn beispielsweise mein Sohn im Betriebspraktikum jemandem beim Schweißen helfen mußte, der während dieser Tätigkeit die brennende Zigarette im Mund hatte und meinem Sohn gedankenlos den Dreck ins Gesicht blies? Daniel kam jeden Abend mit Brummschädel und bestialisch nach Rauch stinkend nach Hause. Meine Tochter, die eine kaufmännische Lehre absolviert, muß ebenfalls jeden Abend nach Dienstschluß erst einmal ihre verräucherte Kleidung gegen saubere tauschen.

Wenn ich dies meinen Bekannten erzähle, kommt nicht, wie eigentlich erwartet, der Ausruf: Das ist aber eine Schweinerei, sondern die Frage: Warum sagen die Kinder denn nichts? Aber da werden sie wohl mit leben müssen. Letztlich kann man ja nicht allgemein ein Rauchverbot aussprechen und die Raucher damit kriminalisieren!

Ist es nicht mehr als traurig, daß man sich heute schon dafür entschuldigen muß, nicht geschädigt werden zu wollen? Anstatt die Chefs, deren Fürsorge die Untergebenen unterliegen sollten, dafür einstehen, wenn schon die Gesellen nicht von selbst die Rücksichtnahme aufzubringen bereit sind, wird von den Jugendlichen erwartet, daß sie sich beschweren, wenn es sie stört, durch den Rauch traktiert zu werden. Daß die Kinder nichts sagen und auch nicht wollen, daß die Eltern diesbezüglich Initiative für sie ergreifen, damit sie bei den anderen nicht verschissen haben, ist verständlich. Außerdem, wie will ein Chef, der selbst nicht ohne Glimmstengel arbeiten kann, für seine (noch) nichtrauchenden Schützlinge in seinem Betrieb ein allgemeines Rauchverbot durchbringen?

Meiner Meinung nach artet der Humanismus für die armen, von Sucht Betroffenen immer häufiger in Zynismus für die tatsächlich Schutzbedürftigen aus. Unbändige Wut entflammt z. B. in mir, wenn ich Eltern erlebe, die im Beisein ihrer kleinen Kinder rauchen. Wie kann ich von Liebe sprechen, wenn ich meinen Kindern die Luft zum Atmen verpeste?!?

Was die Deckung für die unbestreitbar mutwillig entstehenden Schäden durch den Raucher oder Trinker anbelangt, sind der Krankenkasse die Hände gebunden. Eine Kostenübernahme nach Schuld oder Nichtschuld ist in unserem System der Allroundversorgung nicht möglich, weil es dann wahrscheinlich auch wieder zu anderen Ungerechtigkeiten führen würde. Ein allgemeines Versorgungssystem kann nach allgemein vertretener Ansicht nun einmal nur funktionieren, wenn menschliche Bewertungen in dieser Hinsicht entfallen.

Auch dies kann mit ein Grund sein, weshalb beispielsweise alles, was mit Sucht zutun hat, als krank bezeichnet wird. Würde nämlich der Raucher oder Trinker dafür verantwortlich gemacht, daß er die nächste Zigarette anzündet, das nächste Glas trinkt, wo kämen wir dahin? Dann wäre ja unser – ach, (derzeit noch) so gut funktionierendes soziales Gefüge nachhaltig gestört. Jeder müßte selber diszipliniert daran arbeiten, sich nicht in den Sumpf der Süchte ziehen zu lassen oder, wenn er schon darin steckt, herauszukommen, will er nicht unversorgt leiden.

Ich bin nicht generell gegen Suchthilfen, wenn diese von Betroffenen angenommen werden und sie aktiv an der Verbesserung ihrer Situation mitwirken. Jedoch Leuten, bei denen man merkt, daß ihnen nicht zu helfen ist, ist eben nicht zu helfen. So einfach könnte es sein.

Trotzdem obliegt es mir, mich Rauchern gegenüber tolerant oder weniger tolerant zu verhalten, indem ich das Rauchen in meiner Gegenwart dulde oder nicht. Ich für meinen Teil respektiere mittlerweile, wenn jemand sich kaputt raucht, aber ich möchte dadurch zumindest nicht persönlich geschädigt werden, wenn ich schon die Zeche für so unvernünftiges Verhalten mit meinen Beiträgen und Steuern mitfinanzieren muß. Geld ist bekanntlich ersetzbar, die Gesundheit nicht.

Bemerkenswert finde ich außerdem: Ich kann vom Raucher kein Akzeptieren erwarten, wenn ich sage: Ich bin nicht bereit, den von Dir hier verbreiteten Dreck einzuatmen. Nein, ich muß um Verständnis bitten, indem ich sage: Du, ich kann den Rauch nicht vertragen, bekomme Atembeschwerden, Kopfschmerzen, Augentränen... Wenn ich also einen auf krank mache, dann kann ich meist mit großzügigem Verständnis rechnen. Der Status des Behindertseins verstärkt dieses Phänomen ungemein...!

Wo sind wir nur mit unserem Hang, alles und jedes Fehlverhalten mit sozialem Verständnis zu beschönigen, gelandet, und die wirklich Schutzbedürftigen haben das Nachsehen! Dies werde ich zu einem späteren Zeitpunkt an weiteren praktischen Beispielen verdeutlichen.

Ähnlich sehe ich das Problem des Alkoholtrinkens. Hier kommt zwar nicht der unmittelbare Zwang mittrinken zu müssen zum Tragen, wie beim Rauchen, aber der Betrunkene verliert im Suff jegliche Kontrolle und damit Verantwortung für sein Tun.

Der Schutz durch unser soziales System reicht soweit: Du kannst alles machen, Leute invalide- oder totfahren, Deinen Partner angreifen, verletzen oder abmurksen, nur mußt Du zum Zeitpunkt der Tat richtig zugeknallt sein, dann gibt es mildernde Umstände wegen geminderter Schuldfähigkeit zum Tatzeitpunkt. Das Strafmaß für die gleiche Tat mit eben solchen Folgen für die Opfer im betrunkenen Zustand begangen wird merklich heruntergesetzt, als für im nüchternen Zustand begangene Delikte. Meine Mutter pflegt in diesem Fall zu sagen: Merke Dir: Wenn zwei dasselbe tun, ist es nun einmal noch lange nicht dasselbe! Wie recht sie auch in dieser Hinsicht hat!

Wenn die Schar der Trinker sich zahlenmäßig den Rauchern in Zukunft nähert, muß ich mich als Nichtalkoholikerin noch dafür entschuldigen, diesen möglicherweise während ihres Betrunkenseins durch meine Anwesenheit Gelegenheit gegeben zu haben, mich zu verletzen, weil ihnen gerade danach war, jemanden zu vermöbeln.

Mir geht es bei dieser sicherlich überspitzten Darstellung der Zukunft darum, aufzuzeigen, daß wir mit unserem ständig stärker werdenden Trend, die Verantwortung und Konsequenzen für unser eigenes Verhalten immer auf andere Personen oder Umstände abschieben. Mittels des Status als Kranker bringen wir im allgemeinen jegliches Fehlverhalten zur Absolution und fahren damit einen uns selbst zerstörenden Kurs, weil wir meinen, nichts ändern zu können. Auf Dauer wird dies unser soziales Netz sprengen. Nämlich dann, wenn die Leute aufgrund ihrer Lebens- und Ernährungsweise zu einem immer früheren Zeitpunkt im Leben krank werden und immer weniger Leute durch Ihre Arbeit in die Kassen einzuzahlen imstande sind.

Bis hier hin werde ich bei Nichtrauchern und Nichttrinkern, deren Zahl erfreulicherweise noch recht hoch ist, Verständnis, wenn nicht gar Beifall für meine in diesem Kapitel dargelegten Auffassungen erhalten, weil eigentlich jeder weiß, daß Nikotin und Alkohol schädlich sowohl für denjenigen ist, der sich dieser legalen Drogen bedient, als auch für diejenigen, die mitrauchen, oder die Folgen der zeitlich begrenzten Nichtzurechnungsfähigkeit des alkoholisierten Menschen tragen müssen.

2. Beginnendes Gesundheitsbewußtsein

Ich kann mir gut vorstellen, es sind schon weniger Menschen, jedoch immerhin noch recht viele, die mir beipflichten, wenn ich aus gesundheitlichen Gründen den Verzehr von mit Raffinade-Zucker und Weißmehl verarbeiteten Nahrungsmitteln ablehne.

Die Information, daß beides die Gesundheit ruiniert, ist mittlerweile doch zu breiten Bevölkerungsschichten vorgedrungen. Wenn auch viele um diese Tatsache wissen, auf Dauer konsequent halten sich an diesen kleinen Schritt der ernährungsmäßigen Verbesserung nicht sehr viele. Dafür ist die Werbung der Zuckerindustrie zu mächtig und die meisten Konsumenten sind dieser Verführungskunst erlegen. Aber zumindest theoretisch können mir viele Menschen auf diesem Gebiet noch folgen.

Die Vollwertkost hat sich in den letzten 20 Jahren etabliert. Zumindest glaubt die Mehrzahl derer, die sich so ernähren, sie hätten einen großen Schritt in die richtige Richtung getan. Leider muß ich sie enttäuschen. Es ist zwar ein Schritt, aber nur ein kleiner, wenn ich nur Zucker- und Weißmehlprodukte aus meiner Ernährung streiche. Außerdem sind die meisten der gesunden Vollkornbrote und -produkte dunkelgefärbte Weißmehlprodukte, welche mit ein paar Körnern aufgemotzt wurden.

3. Die Ethik gewinnt teilweise an Bedeutung (Lacto-Ovo-Vegetarier)

Gleiches gilt auch für die fleischlose Kost, den Vegetarismus, der noch den Verzehr von Milch, Milchprodukten und Eiern akzeptiert. Hier stecken die meisten Tierschützer, welche zwar eher aus ethischen Gründen diese Art der Nahrung aufnehmen, zugunsten ihres Genusses die Interessen des Tierschutzes hinter ihren eigenen.

Abgesehen davon wird ja auch von den meisten Ärzten und Ernährungsfachleuten immer behauptet, man brauche unbedingt wenigstens Milch und Milchprodukte um den täglichen Eiweißbedarf zu decken. Daß der übermäßige Verzehr von Fleisch und Fleischprodukten gesundheitsschädlich ist, ist zu diesen Kreisen ohnehin durchgesickert.

Die wenigsten Menschen, welche sich aus ethischen Gründen gegen den Fleischverzehr geschlachteter Tiere entscheiden, machen sich klar, daß die Kuh wegen des vermeintlichen Bedarfs zur Milchmaschine degradiert wird. Ihr Kalb wird gleich nach seiner Geburt von ihr getrennt und erhält, wenn es nicht sofort wegen seines Labs im Magen für die Käseherstellung geschlachtet wird, irgendwelche künstlich hergestellten Mixturen zum Saufen. Das ganze nur damit die ursprünglich für das Kalb bestimmte Milch angeblich der menschlichen Gesundheit zugute kommt.

Es ist nun einmal wirklich nicht so, daß wir nur vom Überfluß der Milch nehmen. So viel Milch, wie heute verzehrt und verarbeitet wird, kann nicht übrig sein, wenn auch noch die Kälber natürlich gesäugt würden. Hören Sie doch einmal das klagende, suchende Brüllen einer Kuh, die ihr Kalb gleich nach der Geburt weggenommen bekommt. Und das passiert der Kuh jedes Jahr in ihrem langen kläglichen Dasein als Milchmaschine: Sie wird befruchtet, denn es gibt keine Milch ohne Kalb. Sechs Monate während ihrer Schwangerschaft wird sie gemolken. Danach hat sie eine sehr schmerzhafte Geburt und spätestens drei Tage später wird ihr das Kalb genommen. Geschlachtet wird sie nur einmal. Ich bezweifele deshalb inzwischen sehr, ob der Milch und Milchprodukte verzehrende Vegetarier sich wirklich ethisch edler vorkommen kann als der Fleischesser.

Was den gesundheitlichen Aspekt angeht, ist es sogar schädlicher täglich mehrmals Milch und Milchprodukte zu sich zu nehmen, als hin und wieder, etwa alle drei Tage ein Stück Fleisch ohne die ausgetretenen Fleischsäfte, welche so gerne als Soßen- und Suppengrundlagen Verwendung finden. Diese Säfte enthalten die meisten Pflanzengifte-, Medikamenten- und Stoffwechselrückstände, welche im Fleisch sind. Praktisch ist es das, was als Urin Tier und Mensch verläßt. Die heiß begehrte Rinder- oder Hühnerkraftbrühe, die bei den meisten großen und kleineren Festessen eigentlich nicht fehlen darf, verliert doch merklich an Attraktivität, wenn man sich das vergegenwärtigt, oder?

Es stimmt zwar, daß die Milch viel Kalzium hat. Leider ist es unbrauchbar für den feinen Organismus des Menschen. Warum wohl besteht ein solch großer Unterschied zwischen Kuh- und Muttermilch? Kuhmilch hat jede Menge grobes Kalzium und wenig Kohlenhydrate. Muttermilch hat jedoch relativ wenig, wenn auch für den Menschen bestes und feinstes Kalzium, dafür aber einen hohen Milchzuckeranteil. Das Kalb, für das die Kuhmilch ursprünglich vorgesehen ist, soll in rasanter Geschwindigkeit ein stabiles Knochengerüst aufbauen. Der Säugling wächst vergleichsweise langsam, er benötigt den natürlichen Muttermilchzucker zur Entwicklung seines Gehirns.

Das Kuhmilchkalzium ist nicht für den menschlichen Knochenbau verfügbar. Es zieht im Gegenteil das feine Kalzium aus den Zellen und lagert sich dann im Gewebe und den Arterien, statt in den Knochen ab. Nachgewiesenermaßen hat die Bevölkerung der USA und Westeuropas, wo die Milch allgegenwärtig ist, den schlechtesten Knochenbau im Vergleich zu anderen Menschen, die keine Milch und Milchprodukte zu sich nehmen, wie beispielsweise die asiatischen Völker. Die Milch wird ebenso sauer verstoffwechselt, wie Fleisch und Getreide. Aufgrund dessen entzieht auch die Milch den Zähnen und Knochen zur Neutralisation der Säuren Basen, statt daß sie diese Basen den Zähnen und Knochen liefert.

Weitere Informationen zum gesundheitlichen Problem der Milch und Milchprodukte hat Helmut Wandmaker in seinem Buch „Willst Du gesund sein? Vergiß den Kochtopf" hervorragend beschrieben. Ich werde die darin enthaltenen sachlichen Informationen nicht alle exakt und ausführlich wiederholen.

Mein Ziel mit diesem Buch ist mehr die Beschreibung und Auseinandersetzung mit den psychisch-sozialen Komponenten, die einer konsequenten Umsetzung des Wissens oft im Wege stehen.

Ich komme mal wieder nicht umhin, an dieser Stelle meine kritischen Fragen zu stellen: Warum hat der Herr wohl jeder Art von Säugetieren – niemand bezweifelt, daß der Mensch dieser Kategorie von Lebewesen angehört – eine ganz spezifische Milch bis zur Eß- und Freßreife gegeben? Warum können alle Säugetiere nach der Entwöhnungszeit ohne die Aufbaunahrung Milch ihrer jeweiligen Art gut weiterleben? Nur der Mensch soll scheinbar zur Aufrechterhaltung seiner Gesundheit lebenslang gezwungen sein, als **artfremdes** Kalb dem **artgerechten** Kalb seine natürliche Nahrung zu stehlen?

Ich glaube an die Allmacht und Allwissenheit Gottes, an die Unfehlbarkeit der von ihm geschaffenen Natur und kann schon aufgrund dessen nicht nachvollziehen, wieso er, gesetzt des Falls, die Wissenschaftler und meisten Ernährungsfachleute hätten recht, nicht beispielsweise die Kuh als universellen Milchautomaten geschaffen hat, die den Bedarf für alle frisch geborenen und ebenfalls erwachsenen Säugetiere deckt? Ich sehe vielmehr den Denkfehler bei uns Menschen, die oft glauben, die Natur nachahmen, ja sogar verbessern zu können.

Sehen wir uns das Problem BSE an. Die Kuh ist von Natur aus ein Grasfresser. Der Mensch verfüttert aus Profitgier – oder humanistisch ausgedrückt – damit möglichst alle Menschen regelmäßig dreimal und öfter täglich in den Genuß der Kuh und ihrer Produkte kommen können – gemahlenes Schafskadavermehl an diese Kuh. Er macht also aus einem von der Natur bestimmten Vegetarier einen Fleischfresser.

Wundert es, daß die Natur, wie so oft, je tiefgreifender der Mensch die Gewalt über sie erhalten will, zurückschlägt? Mich wundert es nicht mehr! Bei dem derzeitigen Größenwahn, u. a. die Kuh zum Allesfresser umfunktionieren zu wollen, muß diese doch wahnsinnig werden! Wenn man sich dies jetzt nicht so verdeutlicht, weiß hinterher keiner mehr, wer denn nun zuerst wahnsinnig war, der Mensch oder das Vieh!

Dieses Thema möchte ich jedoch nicht weiter vertiefen. Es kann bei Interesse entsprechender im Anhang aufgelisteter Literatur entnommen werden. Hier möchte ich mich ausschließlich nur mit den gesundheitlichen Aspekten und der Reaktion unserer Mitmenschen darauf und untereinander beschäftigen. Daß jeder auf seine Gesundheit Bedachte auch all die anderen Aspekte des Lebens in seine Überlegungen und Verhaltensweisen miteinbezieht, setze ich voraus.

4. Tierisch-eiweiß-freie Ernährung

Eine Stufe weiter geht die Kost der Veganer, welche die Verwendung sämtlicher Tiere und ihrer Produkte ablehnen. Diese Art der Ernährung konnte weniger wegen ihrer ethischen Grundlagen, sondern aufgrund der Tatsache, daß immer mehr Menschen eine Allergie gegen tierisches Eiweiß diagnostiziert bekommen, bezogen auf die gesellschaftliche Akzeptanz überhaupt Fuß fassen.

Man sieht es beispielsweise an den Essensbestellmöglichkeiten vor einer Flugreise, wie weit eine Ernährungsart sich etabliert hat. Inzwischen kann man wählen:
Normale Kost
Vegetarische Kost mit Ei und Käse
Vegane Kost (viel gekochtes Gemüse und Getreide)
Glutenfreie Kost (für Menschen, die eine Glutenunverträglichkeit haben)
Laktosefreie Kost (für Menschen, die eine Milcheiweißallergie haben)
Was man jedoch (noch) nicht an Bord einer Maschine bekommen und deshalb selber mitnehmen muß, sind frische Früchte, Gemüse und Salate.[1] Dabei wären mit einem Rohkostangebot all die anderen

---

[1] Diese Aussage muß ich inzwischen etwas revidieren, denn bei unserer letzten Amerikareise im Juli 1999 mit einer finnischen Fluggesell-

speziellen Diätformen abgedeckt. Rohkost enthält keine tierischen Produkte, und ist sowohl gluten- als auch laktosefrei.

Auch hier kommt wieder das bereits im Abschnitt Rauchen erwähnte Prinzip: „Nur Krankheit legitimiert alles" zum Tragen. Jemand, der argumentiert: Ich will keine Tiere und ihre Produkte verspeisen, weil ich es ablehne, meine Tierbrüder weder zu töten noch zu bestehlen, gilt schnell als Spinner. Dem Wort eines oder mehrerer Spinner wird keine Bedeutung beigemessen. Wird jedoch vorgebracht: Der Arzt hat bei mir eine Allergie gegen jegliches tierisches Eiweiß festgestellt, wird derselbe Tatbestand, daß jemand es ablehnt, Tierisches zu essen, selbstverständlich respektiert und er wird zutiefst bemitleidet. Wie war das noch? Wenn zwei dasselbe tun...! Nicht Prinzipien zählen, sondern nur die Krankheit!

Erstaunt es da, daß es fast schon gefährlich anmutet, gesund und eigenverantwortlich mit Prinzipien zu leben, wenn ich doch unter dem Deckmantel krank zu sein den absoluten Schutz genieße?

5. Rohkost – eine ethisch und gesundheitlich allumfassende Ernährungsweise

Wer sich der Rohkosternährung anschließt, deckt außer den gesundheitlichen auch den ethisch-tierschützerischen Aspekt ab. Es gibt unter den derzeit (noch) sehr wenigen Rohköstlern zwar eine kleine Gruppe, die den geringen Verzehr roher tierischer Produkte (ausgenommen Milch und Milchprodukte) einschließen (Instinktive Ernährung nach Guy Claude Burger). Jedoch macht dieser minimale Verzehr bestimmt keine Massentierhaltung und Fangquotenregelung erforderlich.

Ich lebe, wie ich in einem früheren Kapitel bereits darlegte, nach der Natürlichen Gesundheitslehre, die Helmut Wandmaker dankenswerterweise von Amerika nach Deutschland herübergebracht hat.

---

schaft habe ich von 6 Mahlzeiten 5 Rohkostmahlzeiten erhalten. Ich habe mich so sehr darüber gefreut, daß ich meine mitgebrachten Früchte in der Tasche ließ und die Flugzeugrohkost aß. Sie sehen: Man muß nur hartnäckig immer wieder bestellen!

Dem Verzehr von Wildkräutern, den Franz Konz ein Hauptmerkmal mit seiner Urkost setzt, bin ich ebenfalls nicht abgeneigt. Wobei ich wegen meiner Behinderung mir nicht täglich die Wildkräuter in Wald und Flur sammeln kann. Diesbezüglich halte ich es so, wenn ich die Gelegenheit habe, daß mir jemand Wildkräuter mitbringt, esse ich sie dankbar und mit Freude.

Praktikabler ist für mich das Einkaufen von gutem Obst und Gemüse, oft auch aus konventionellem oder integriertem Anbau vom Markt oder aus türkischen Geschäften. Das kann ich mir selbst besorgen. Sie kennen ja mein Bestreben, möglichst nicht wegen der Behinderung von anderen abhängig zu sein. Auf Dauer bezahlbare Quellen von biologisch angebautem Obst und Gemüse zum regelmäßigen Verzehr muß ich erst noch erschließen. Selbstverständlich nutze ich hier jede mögliche Gelegenheit, wenn z. B. Biohändler aus Spanien oder Portugal in den Ort kommen. Da dies jedoch nur einmal monatlich oder seltener der Fall ist, muß ich mir den Restbedarf eben aus dem normalen Obst- und Gemüsehandel holen.

Die Natürliche Gesundheitslehre (NG), Natural Hygiene, wurde 1822 in den USA von Ärzten gegründet. Sie lehrt, daß Krankheit dann entsteht, wenn der Körper mit Giften (Toxinen) aus dem Normalkost-Stoffwechsel, Genußmitteln, Medikamenten und der Umwelt die individuelle Toleranzgrenze überschritten hat. Die Krankheit wird als Reinigungskrise verstanden. Der Körper ist bestrebt die Abfälle los zu werden und bedient sich der Symptome, wie Schnupfen, Husten, Allergien, Durchfall, Erbrechen, Kopfschmerzen usw. Wenn der Mensch ihn dann mit ein paar Tagen Fasten, Ruhen und viel frischer Luft entgegen kommt, findet er ohne Medikamente sein natürliches Gleichgewicht wieder.

Weil alle tierischen und gekochten Nahrungsmittel Stoffwechselgifte im Körper hinterlassen, soll nur eine rohe Früchte- und Gemüsekost den Verdauungstrakt passieren. Diese hinterläßt keine Rückstände im Darm, wenn dieser funktionsfähig ist.

Einige Menschen müssen jedoch wegen der vorher Jahrzehnte lang zu sich genommenen Normalkost eine Darmsanierung vornehmen lassen, damit die Rohkost wieder vertragen und aufgeschlossen wird.

Zuwenig Ruhe, Schlaf, frische Luft, Sonne und Bewegung auf der einen Seite, zuviel körperlicher und psychischer Streß auf der anderen Seite tragen ebenfalls zur Toxizität bei, weil diese Faktoren lähmend auf das Verdauungssystem wirken. Hierdurch bleibt selbst beste Frischkost zu lange im Verdauungstrakt und beginnt zu gären. Außerdem produziert unser Körper auch Säuren, wenn die Seele überlastet ist. Daraus folgt also, daß auch ein Rohköstler beispielsweise für ein harmonisches Umfeld sorgen muß. Wir kennen alle die Situation, wenn wir wütend, ängstlich oder aufgeregt sind, haben wir keinen Appetit und/oder müssen häufiger die Toilette aufsuchen, weil es vorwärts oder rückwärts heraus kommt. Jedoch der Hauptgrund für die meisten Erkrankungen ist die allgemein übliche gut bürgerliche Küche.

Sehen wir uns einmal die ganz normalen alljährlichen Grippewellen während der Wintermonate an. Wir sind viel seltener an der frischen Luft als im Sommer. Bewegen tun wir uns auch wesentlich weniger. Gegessen wird jedoch gerade in der kalten Jahreszeit wesentlich mehr und fetthaltiger. Der Körper wird also mit Stoffwechselgiften überhäuft ohne Gelegenheit des wenigstens teilweisen Abtransports über viel frischer Luft und ausgiebiger Bewegung zu erhalten. Irgendwann sagt er uns: Jetzt reicht's! Der Dreck muß raus! und wir bekommen Schnupfen, Husten, Heiserkeit...!

Geben wir nun ein Medikament, hält der Körper seine Reinigungsaktion an, um zunächst die Medikamentengifte, welche für ihm bedeutend gefährlicher sind, möglichst schnell zu eliminieren. Weil der Schnupfen, Husten usw. aufhört, glauben wir, wir seien wieder geheilt. In Wirklichkeit haben sich die Toxine ein Lager gesucht, wo sie sich sammeln bis wieder einmal der Kanal voll ist. Will man auf Dauer beschwerdefrei und gesund sein, sollte man sehen, daß sich möglichst wenig Abfälle und Gifte ansammeln können.

Hier gerät auch die Stichhaltigkeit der Bakterientheorie, wie sie die Medizin immer noch als Ursache vieler Krankheiten lehrt, sehr ins Wanken. Die NG vertritt die Auffassung, daß unheilvolle Bakterien einen Nährboden vorfinden müssen, um sich im Körper zu manifestieren, sich zu vermehren und dann in Aktion zu treten. Wenn dies nicht der Fall wäre, daß erst der Wirt einen entsprechenden Nährboden für eine bestimmte Krankheit bieten muß, müßten nicht nur viele, sondern alle Menschen und Tiere die entsprechenden Krankheiten bekommen.

Weil erfreulicherweise jedoch nicht die Bakterien, sondern der Nährboden die Krankheitsursache ist, können wir die Beschaffenheit dieses Nährbodens in uns bestimmen und krankmachenden Bakterien ihre Lebens- und Aktivitätsgrundlage entziehen.

Wer im Krankheitsfall am besten mit reinem Wasser fastet oder zumindest nur frische, saftige Früchte zu sich nimmt und den Körper ansonsten in Ruhe läßt, wird seine überschüssigen Toxine schnell los. Hieraus entsteht dann eine gefestigte Gesundheit, welche den Menschen nicht mehr alljährlich ein- oder mehrmals niederstreckt. Behält man diese beste Ernährungsweise bei, kann es draußen stürmen und schneien, können mir Dutzende erkältete Menschen zu nahe kommen, sie bringen mich nicht zur Strecke.

Seit vier Jahren atme ich mehrmals jährlich die Grippeviren und -bakterien meiner lieben Familienmitglieder und anderer Personen ein. Meinen vergrippten Mann schicke ich ebenfalls nicht aus dem Ehebett. Und Zärtlichkeiten mit ihm verweigere ich mich auch in diesen ansteckenden Zeiten nicht, sofern er wegen seines grippigen Allgemeinzustandes überhaupt Lust dazu hat. Trotzdem bin ich ganzjährig fit.

Höchstens habe ich bisher einen Tag im Jahr das Gefühl einer verstopften Nase gehabt. Na gut, dann esse ich weniger Bananen und Trockenfrüchte und mehr saftige Orangen, Melonen, Trauben und was sonst noch an saftigem Obst erhältlich ist. Das reicht meinen Körper in der Regel, um sich zu fangen. Der Saft aus den Früchten dient dem Körper als Löse- und Transportmittel. Bananen und Trockenfrüchte sind konzentrierte Kohlenhydrate. Im Falle einer beginnenden Erkältung – treffender ist die Bezeichnung Ausscheidung von Toxinen – liefern diese einfach zu wenig Flüssigkeit um die Verschleimung zu verflüssigen, damit der Körper los wird, was er los werden will. Würde es trotz saftbetonten Obstessens nicht besser, stände halt mehrtägiges Fasten an.

So kommt es, daß ich schon über vier Jahre mich nicht mehr mit diesen lästigen Symptomen herumschlagen muß ohne den Körper mit Medikamenten zu belasten. Wenn halb erkältete Leute mich vor der Annäherung für eine herzliche Begrüßung warnen und meinen, sie wollen mich nicht anstecken, sage ich immer ganz gelassen: Diesbezüglich kannst Du mir gar nichts, und umarme, wen ich sonst auch umarmt hätte. Wenn die allgemein akzeptierte Ansteckungs- und Bakterientheorie stimmte, hätte ich schon x-mal flach liegen müssen.

Nein, wer von jemanden nur durch Aufenthalt im selben Raum angesteckt wird, hat ganz einfach den Nährboden für diese Bakterien.

Ein weiterer Grundsatz der NG (Natürliche Gesundheitslehre) ist, daß der Körper beispielsweise wesentlich weniger Eiweiß benötigt als allgemein angenommen wird. Die meisten bösartigen Krankheiten, Krebs, MS, Alzheimer und andere sind sogenannte Eiweißspeicherkrankheiten, also auf den übermäßigen tierischen Eiweißkonsum zurückzuführen. Die Aminosäuren in frischen, naturbelassenen Früchten, Gemüse und wenigen Nüssen reichen vollkommen für den menschlichen Bedarf an Eiweiß aus. Der Stoffwechsel stellt aus diesen Aminosäuren sein eigenes Eiweiß her. Das tierische Eiweiß muß er erst wieder in die von ihm verwertbaren Aminosäuren zerlegen, um daraus dann sein artgerechtes Eiweiß aufzubauen.

Diese Umwandlungsprozedur ist in etwa so zu verstehen, als wollte ich aus einem Obstsalat bestehend aus zehn verschiedenen Früchten nur den Apfel für eine volle Mahlzeit essen, obwohl in einer Schale neben den Obstsalat ganze Äpfel liegen. Wer mich bei dieser Apfelfischerei beobachten würde, packte sich wahrscheinlich um Verständnis ringend an den Kopf. Daß wir jedoch bei jeder normalen gemischten Mahlzeit unserem Körper eine solche Fischerei abverlangen, ist kaum jemanden bewußt, im Gegenteil, es wird immer wieder propagiert, das Beste sei von allem etwas. Könnte der Mensch sich etwas mehr in sein Verdauungssystem hinein versetzen, ginge er wahrscheinlich viel sorgfältiger und ernährungsphysiologisch rationaler mit der Auswahl seiner Nahrung um.

Uns allen ist die Sensibilität für unseren Körper und seine Funktionsweise völlig abhanden gekommen. Wenn man sich eine Weile bewußt macht, wie die Verdauung vom Mund, wo die Nahrung in den Körper hinein kommt, bis zum Mastdarm, wo sie den Körper wieder verläßt, funktioniert, wird mit der Zeit einfach auch emotional (gefühlsmäßig) keine Pizza, keine dicken Eisbecher, ja nicht einmal die Tasse Kaffee mehr herunter bekommen. Er/sie spürt rein intuitiv, daß sich zunächst der Magen krümmt, als habe man sich eine Tasse ätzende Säure auf die Nasenschleimhaut geschüttet, denn der gesamte Verdauungstrakt ist ebenfalls vom Mund bis zum After nur mit Schleimhäuten ausgekleidet. Der Dünndarm kann nur mit aller größter Mühe die Nährstoffe herausfiltern. Der Dickdarm muß praktisch in vielen Überstunden den Müllsortierer darstellen. Dieser kann dann den Müll nicht mehr vollständig bis zum Eingang der Verbrennungsanlage schaffen, weil er selber bis zum Hals im Müll noch von letzter Woche steckt.

Schon allein die Tatsache, daß viele Leute den wirklich Wunder enthaltenden Begriff Verdauung zum vornehmeren Ausdruck für das Stuhlentleeren degradieren, zeigt, wie wenig wir uns des Wunders Mensch bewußt sind. Die obligatorische Frage: „Wie klappt die Verdauung?" wenn der Mediziner eigentlich nur wissen will, ob der Patient oft genug Stuhlgang hat, ist ein klarer Beweis dafür, wie unbedacht auch Ärzte mit Begriffen umgehen. Und die müßten ja nun wirklich die Begriffe exakter auseinanderhalten können! Verdauung ist nicht der Akt, den wir, wenn wir Fleisch- und Kochkost essen, auf der Toilette mit schrecklich fauligem und lange anhaltendem Gestank hinter uns bringen. Das Endprodukt der Verdauung reiner Rohkost riecht leicht säuerlich und wenn der Rohköstler sein Endprodukt aus der Verdauung auf der Toilette abgedrückt hat, kann der Nächste problemlos sofort die Toilette wieder benutzen. Beim Normalkostesser bleibt dem Nächsten nur die Wahl, sich entweder eine Nasenklammer aufzusetzen, oder sich mindestens eine halbe Stunde noch zu gedulden.

Die Stuhlentleerung ist die Endphase der Verdauung, wenn diese abgeschlossen ist. Das Wunder der Verdauung liegt in der Kunst des Körpers aus dem Nahrungsbrei sich die benötigten Nährstoffe heraus zu filtern. Ich kann diesen Vorgang mit der Wahl dessen, was ich esse, ergiebig und unkompliziert oder aber mager und kompliziert gestalten.

Etwa solche oder ähnliche Gedanken dringen mit der Zeit ins Unterbewußtsein. Hier ist die Verbindung zwischen Verstand und Herz. Wir können noch so sehr verstandesmäßig die vielen Vorteile der Rohkost erfassen, wenn das Herz nicht dahinter steht, werden wir nicht glücklich mit unserer Rohkost. Aufgrund dieses Unglücklichseins können wir dann nicht gesunden, weil die Säuren, welche von der seelischen Verfassung im Körper transparent werden, viel massiver sind als die basenbildende Rohkost ausgleichen kann.

Sicher, zunächst ist es zwingend notwendig, den Verstand die Nahrungsauswahl treffen zu lassen, weil die Kochkost und die Genußmittel mit frühkindlichen, gefühlsmäßigen und gegenwärtigen sozialen Verbindungen zu tun haben. So fest, wie unser Begriff Gemütlichkeit ist eine Kaffeetafel in uns steckt, so fest müssen wir auch auf beide Festplatten (Herz und Verstand) speichern, wie herrlich süß und aromatisch wirklich biologisch angebaute Früchte schmecken.

Ich esse beispielsweise die Früchte aus konventionellem Anbau etwa mit einem Gefühl, wie ich früher eine Schnitte Brot mit Käse oder Wurst gegessen habe. Es ist also meine normale Kost geworden, die schmeckt und nährt. Will ich mir hin und wieder etwas besonders Gutes tun, bestelle ich mir von einem Früchteversand biologische Früchte, die kaum jemand kennt, etwa so, wie ich mir früher hin und wieder ein feudales Frühstück oder andere besondere Schlemmereien gegönnt habe. Auf diese Weise bleibt das Gefühl sich ab und zu etwas Besonderes zu gönnen, erhalten, denn diese Früchte sind geschmacklich mit den Früchten aus konventionellen Anbau überhaupt nicht zu vergleichen. Preislich natürlich leider auch nicht!

Normale Bananen kosten höchstens das Kilo um die 3,90 DM. Im Biohandel sind sie das Kilo zu 5,50 DM schon recht günstig. Besonders schmackhafte Bananenarten über den Tropenfruchtversand beginnen erst beim Preis per Kilo von 13,90 DM aufwärts. Zu meinem normalen Verzehr nehme ich beispielsweise meistens die Biobananen aus dem Naturkosthandel, also die mittlere Preislage.

Bleiben wir einmal bei der ganz normal eingeführten Banane. Wir bekommen im Handel nur eine Sorte. Es gibt jedoch viele Bananenarten. Und jede dieser Bananensorten hat ein eigenes Aroma, wenn die Chemie und Gentechnik außen vor bleiben. Gleiches gilt für alle anderen Früchte, die man in den Supermärkten kaufen kann.

Wenn man sich nicht nur verstandesmäßig, sondern auch emotional in diese Ernährungsweise hinein spürt, also wirklich mit Herz, Verstand und ein Dankgebet an den Herrn, der uns mittels der Natur diese Vielfalt allein an einer Frucht schenkt, ißt, wird man mit der Zeit all die anderen früher geliebten Lieblingsspeisen ohne inneren Schmerz links liegen lassen können.

Doch dieser Prozeß braucht einige Zeit. Beginne ich mit dieser Umstellung, wenn ich noch kein todgeweihter Kranker bin, habe ich natürlich etwas Spielraum zum Experimentieren. Das heißt, ich kann nach einer Rohkostphase von mehreren Wochen mal wieder meinen früheren Leibspeisen nachgeben und werde früher oder später feststellen, daß alte Symptome erneut aufflammen. Und hier liegt es in meinem ganz persönlichen Ermessen, ob mir der Genuß meiner gekochten Leibspeisen so viel wert ist, daß ich Krankheit, Medikamente und Behandlungen dafür in Kauf nehme oder nicht. Solange ich nur unter vergleichsweise Bagatellschäden, wie leichten Allergien, Verschleimung usw. leide, passiert es mir höchstens, daß mich die allergischen Reaktionen wieder belästigen.

Ich habe einmal massiv erfahren, wie lästig ein Rückfall werden kann, da der Körper durch die gereinigte Situation viel schneller auf die schädigende Kochkost reagiert als vorher. Um diese Aussage zu untermauern, sei hier noch ein weiteres Beispiel aus meinem Erleben sichtbar gemacht:

Als ich noch „normal" aß, vertrug ich u. a. keinen rohen Apfel. Wenn ich einen Bissen davon nahm, juckte mir der ganze Mund. Vielleicht so vier Wochen nach meiner Umstellung auf tierisch-eiweißfreie Rohkost freute ich mich abends immer wieder daran, problemlos einen ganzen Apfel essen zu können. Nichts juckte und nichts kratzte mehr beim Verzehr.

Bis ich an einem Tag bei meiner Freundin in Dortmund war, die noch nichts von meiner Umstellung wußte. Ich hatte großen Hunger, weil Ulrich und ich vorher noch stundenlang an einer anderen Stelle gewartet hatten. Sie bot uns belegte Brötchen mit Schinken oder Gouda an. Ich hatte gerade gelesen, daß Käse noch konzentrierter im Eiweißgehalt sei als Fleisch. Also aß ich ein halbes Brötchen mit Schinken, in dem Bewußtsein das kleinere Übel gewählt zu haben. Mehr aß ich an diesem Nachmittag nicht.

Abends begann ich zu Hause wieder meinen Apfel zu essen. Es blieb nur beim Anfangen, denn als ich knapp ein Viertel des Apfels zu mir genommen hatte, begannen mir das ganze Gesicht und die Augen dermaßen zu jucken, wie ich es noch nie vorher erlebt hatte. Innerhalb kürzester Zeit war ich so fertig mit den Nerven, daß ich mich nur noch am ganzen Körper schlotternd von meinem Mann ins Bett bringen ließ.

Wahrscheinlich war ich einem allergischen Schock zumindest sehr nahe, wenn es nicht gar schon einer war. Ich schlief schnell ein. Am nächsten Morgen ging es mir wieder gut. Hätte ich wegen dieses Anfalles den Notdienst in Anspruch genommen, der mir mit Sicherheit Cortison gespritzt hätte, wäre mir gesagt worden: Sie wissen doch, daß sie keinen rohen Apfel vertragen. Dabei war ganz eindeutig nicht der Apfel der Schuldige, sondern das halbe Schinkenbrötchen. Wäre es nicht so, müßte ich in den letzten fünf Jahren ständig allergiegeschüttelt leben, weil der Apfel oder anderes früher roh nicht vertragenes Obst und Gemüse regelmäßig von mir gegessen wird.

Hieraus lernte ich, daß es eben nicht möglich ist, wenn der Körper schon weiß, wie saubere Kost wirkt, bedenkenlos mal von der einen, mal von der anderen Ernährung Gebrauch zu machen. Ich zog daraus die Konsequenz, wenn ich in der Anfangsphase einmal etwas Tierisches gegessen hatte, die nächsten drei bis vier Tage Bananen, Trauben oder Birnen, nur keinen Apfel zu mir zu nehmen. Erst wenn ich zwei bis drei Tage später sicher sein konnte, daß das Tier vom Körper wieder ausgeschieden worden war, weil kein Neues kam, traute ich mich wieder an den Apfel. Dies nur zur Veranschaulichung, daß man bei nicht lebensbedrohlichen, aber lästigen Krankheitssymptomen immerhin die Chance zum Ausprobieren hat.

Nutze ich hingegen neben alternativmedizinischen Präparaten die Rohkost um etwa ein Krebsleiden zum Stoppen zu bringen, sieht der Spielraum recht dürftig aus, um nicht zu sagen: In diesem Fall gibt es absolut keine Möglichkeit gastronomisch fremdzugehen. Von verschiedenen Seiten habe ich gehört und gelesen, wer einmal dem Tod mittels der Rohkost von der Schippe gesprungen ist, nachdem er sein Immunsystem wieder funktionsfähig gemacht hat – dann in einem begehrenden Moment eine oder zwei gekochte volle Mahlzeiten ißt, recht schnell stirbt. Erklärbar ist dieses Phänomen nur damit, daß das Immunsystem, welches ja gerade erst einmal – bedingt durch die entlastende Rohkost – begonnen hat, seine Aufgaben wahrzunehmen, total durcheinander, also aus dem Häuschen, gerät. Wenn nun die belastende Kost kommt, schmeißt das Immunsystem seine Brocken hin und das gibt dem Menschen dann den Todesstoß.

Die Natur läßt sich nun einmal nicht unbegrenzt zum Narren halten. Der Schwerkranke steht eindeutig rein aus der natürlichen Sichtweise auf der Abschußliste. Wenn er sich noch einmal mit viel Geschick, Disziplin und mit Hilfe der vom Gott geschaffenen Natur, bei der er bereits abgeschrieben war, in einen beschwerdefreien Zustand bringen konnte, und er erlaubt sich dann einen ernährungsmäßigen Fehltritt, bekommt er in den allermeisten Fällen keine zweite Chance mehr. Menschlich gesehen ist dies natürlich sehr tragisch, aber offenbar leider eine immer wieder zu beobachtende Tatsache.

In den meisten Fällen sind das Menschen, die sich soweit stabilisiert haben, daß sie sicher sind, den Krebs, die MS oder andere ernste Erkrankungen überwunden zu haben. Diesen Schwerkranken muß einfach, schon bevor sie sich zur natürlichen Ernährungsweise entscheiden, ganz klar werden: Wenn sie sich noch stabilisieren können, dürfen sie für den Rest ihres Lebens nicht wieder auch nur einen Imbiß aus Kochkost essen. Ähnlich, wie der trockene Alkoholiker für die gesamte, ihn verbleibende Lebenszeit nicht mehr die geringste Spur Alkohol zu sich nehmen darf ohne in noch schlimmere Zustände zu geraten, als es vorher der Fall war.

Franz Konz ist so ein Mensch, der seinen bösartigen Magenkrebs Tag für Tag nur über seine Rohernährung mit Öko-Früchten und Wildkräutern, seinem Bewegungseifer in der freien Natur und seiner singenden Frohnatur seit über 30 Jahren bei bestem Befinden im Griff hat. Herr Konz weiß, daß dieser gierige Krebsdrache nur darauf lauert, etwas Gekochtes zu bekommen, um dann zu explodieren.

Aufgrund seiner weitreichenden Erfahrungen und seines phänomenalen Wissens über die Schulmedizin einerseits und die Selbstheilungskraft unseres Körpers andererseits ist Herr Konz ebenfalls ein ganz rabiater Rufer, der Schwerkranken schonungslos die Fakten beider Wege vor Augen führt und dann im Klartext sagt: Iß rohe Früchte, Gemüse und Wildkräuter oder stirb an der Chemotherapie und der Kastrationsfreudigkeit der Schulmediziner! Ein andere Wahl hast Du als derart Schwerkranker nicht mehr. Er sagt und schreibt es. Was die Hörer oder Leser daraus machen, ist nicht mehr sein Bier.

Diese herzlose Art legt er vorwiegend bei den Schwerkranken an den Tag, denen – um zu meinem brennenden Haus zurückzukommen – wirklich nur noch die Wahl bleibt, sofort aufzuspringen oder umzukommen. Es hat nun einmal wenig Sinn im Brandfalle kostbarste Minuten zu verlieren, indem ich erst noch versuche, mich ausgehfein herzurichten, bevor ich das Inferno verlasse. Diesen Luxus kann ich mir nur dann erlauben, wenn statt meines Hauses nur meine Gartenlaube brennt. Auf die Gesundheit bezogen, heißt dies:

Solange man nicht ernsthaft krank ist, wird es bei kleinen Befindlichkeitsstörungen noch möglich sein, die verschiedenen Ernährungsformen auszuprobieren. Obwohl auch in diesem Fall mit der Rohernährung viel Böses vermieden würde. Aber wir Menschen werden bekanntlich meistens erst aus Schaden klug! Die Frage ist nur, wie viel Schaden muß erst eintreten, damit wir lernen?

Ich möchte an dieser Stelle noch einmal ganz deutlich darauf hinweisen, daß es sich bei so einer Beschreibung keinesfalls um Strafandrohung, sondern um Beobachtungen handelt, welche immer wieder gemacht werden können.

Jedoch wer als Halbgesunder – also jemand, den die Natur nicht oder noch nicht auf die Abschußliste gesetzt hat – auf Dauer ausschließlich nur die Rohkost zu sich nimmt, weil sie nun einmal nachweislich so gesund ist, wird über kurz oder lang scheitern, weil er das Gefühl der Liebe zu seiner Speise ausgeschaltet hat.

Er sitzt vielleicht, um ein Beispiel zu nennen, mit seinen Früchten oder Salaten in einer Pizzeria am Tisch, wo andere Pizza, Pasta und Spaghetti mampfen und schiebt sich, mit neidvollen Blick auf die Teller der anderen, seinen Salat in den Mund. Es fehlt ihm also die Identifikation mit seinem Handeln.

Diese Situation hat noch niemanden auf Dauer zur ganzheitlichen Gesundheit gereicht. Er wird frustriert, bissig auf die Leute, die (noch) all die vermeintlichen Leckereien genießen können, was letztlich darauf hinausläuft, daß das Leben trotz körperlicher Fitneß keine Freude mehr bedeutet. Was nutzt dem Arthrosekranken die Schmerzfreiheit, die mit konsequenter Rohkost erreicht werden kann, wenn er für die körperlichen Schmerzen, sich tiefgreifende Depressionen einfängt?

In einem solchen Fall sollte dieser Mensch ehrlich äußern, daß er sich gefühlsmäßig mit dieser Kost nicht verbinden kann. Jedoch daraus generell zu schließen, daß die natürliche Ernährung auf Dauer depressiv macht, ist sicherlich der Sache nicht gerecht und unzutreffend. Es fehlt diesem Menschen einfach die innere Liebe zu seiner Ernährung.

Die Liebe zur ausschließlich rohen Früchte- und Gemüsekost muß man in unseren Zivilisationsländern erst wieder erlernen. Solange wir jedoch gefühlsmäßig mit der Kochkost verbunden sind, ist für diese neue Liebe eigentlich gar kein Platz in uns. Wir müssen uns also zunächst von unserer alten Liebe trennen. Und das tut erst verdammt weh, auch wenn verstandesmäßig alle Gründe für eine Trennung sprechen. Anfangs ist wirklich Disziplin angesagt, aber dann entwickeln sich auch seelische Verbindungen zu dieser neuen Kost.

Vergleichbar ist es etwa mit dem Unterschied, ob ich das Rauchen aufgebe, weil der Arzt es mir verordnet, oder ob ich in meine Lungen hinein spüre, die diesen Dreck ins Gesicht geblasen bekommen, obwohl gerade sie für die Sauerstoffversorgung des Blutes zuständig ist. Das Blut wird über die mangelhafte Sauerstofflieferung murren und seinerseits wegen ständiger Nötigung resignieren.

Bald entsteht daraus Chaos in der Firma Körper. Mit viel Sensibilität und etwas Phantasie kann man aus jedem Organ einen ganzen Menschen machen, der eine spezielle Aufgabe zu erfüllen hat, damit mein Betrieb genannt „Körper" reibungslos funktioniert.

Im ersten Fall unterlasse ich das Rauchen aus Respekt vor meinen Arzt, obwohl ich ständig damit kämpfe, stark zu bleiben. Bekomme ich dann eine Zigarette angeboten, spüre ich im Herzen: Ich möchte ja so gerne, aber ich darf ja nicht. Eine solche Haltung ist auf lange Sicht sehr anstrengend und irgendwann kommt dann der Punkt, wo ich gedanklich, gefühlsmäßig und tatsächlich ausbreche und sage: Schit wat uf de Doktor! Der kann viel erzählen. Ich rauch mir jetzt eine und damit basta. Meist wird aus der einen dann eine ganze Schachtel, auch wenn ich vorher nur eine Zigarette rauchen wollte.

Im zweiten Fall empfinde ich es schon als Zumutung, daß mir so 'n Mist überhaupt angeboten wird. Und es wird mir leicht fallen, die angebotene Zigarette äußerlich höflichkeitshalber dankend, innerlich hingegen über diese Zumutung empört, abzulehnen.

Wenn Sie gelegentlich meinen, unbedingt etwas Warmes zu sich nehmen zu wollen, ist es immer noch vorteilhaft, sich vorzustellen, welche Konsistenz der Speisebrei im Magen-Darmtrakt haben wird. Etwas gedünstetes Gemüse und/oder ein Stückchen gegrillter Fisch ohne Soße ist sicherlich eine weniger belastende Angelegenheit für das Verdauungssystem als eine Pizza oder auch nur ein mit Käse und Sahne überbackenes Gemüse. Die Fäden ziehenden Käseklumpen werden im Magen-Darmtrakt die zähe Masse bleiben und entsprechende Kleisterspuren hinterlassen.

Wenn ich wirklich einmal in Situationen gerate, wo nichts Rohes zu bekommen ist, bediene ich mich dieser Wertung: 1. Rohkost, 2. leicht gedünstetes Gemüse (Chinesischer Art), 3. gekochtes Gemüse, 4. mit Gemüse gemischter Reis. Alles weitere lasse ich links liegen und verzichte lieber ganz aufs Essen. Glücklicherweise muß man als überzeugte(r) RohköstlerIn derzeit nur ganz selten vom Essen der ersten Wahl absehen. Zur Not räume ich einfach die rohköstliche Dekoration ab.

Vielleicht hilft Ihnen eine solche Betrachtungsweise bei bewußten Ausnahmen zwar nicht die beste, jedoch die augenblicklich schonendste Wahl für ihren Körper zu treffen. Die beste Wahl ist zweifelsfrei die wasserlösliche und -spendende Früchterohkost.

Ich habe vor über fünf Jahren zunächst getrieben von äußeren Zwängen – weil mein Hopping oder Zappen durch die Palette vieler Arztpraxen mich nicht von meinen Symptomen befreite, im Gegenteil immer neue kamen – diese Ernährungsweise aufgenommen. Insofern gehöre ich, wie die meisten überzeugten Rohköstler, zu denen, die auch aus Schaden klug geworden sind.

Relativ bald wurde mir jedoch bewußt, daß diese Art sich zu ernähren nur dann von mir auf Dauer – daß es auf Dauer sein mußte, war mir verstandesmäßig sofort klar – praktikabel ist, wenn ich Wege finde, von der bisher genossenen Kost nicht nur als Körper Mary, sondern als ganze Mary Abschied zu nehmen und zwar ganzheitlich, mit Körper, Verstand und Herz.

So weit mein Hohes Lied von der Rohkostliebe. Zurück, Marsch, Marsch zum Thema, weshalb man mit der Rohkost bestens beraten ist.

Die Natürliche Gesundheitslehre gibt uns ebenfalls folgende Information weiter:

Nur 30 % aus der Fleischmahlzeit kann der Körper zur Energiegewinnung nutzen. Ganze 70 % sind Abfall, der entsorgt oder bei mangelnder Ausscheidungskapazität abgelagert werden muß. Obst hingegen liefert 90 % Energie, der Rest wird vom Körper problemlos ausgeschieden, weil die Früchte und Gemüse gleich die darmstimulierenden, jedoch die Darmschleimhaut schonenden Ballaststoffe mitliefern.

Weitere Grundaussagen der Natürlichen Gesundheitslehre entnehmen Sie bitte der Literaturliste. Ich möchte wieder zu meinen Ausführungen zurückkommen.

Allen drei oben erwähnten Rohkostrichtungen (NG, Urkost und Instinktiven Ernährung) ist gemeinsam, daß alle Nahrung ungegart, unverfälscht, ohne durch Salz, Gewürze, Soßen, Essig, Öl entwertet worden ist, mit Schwerpunkt der Früchte und möglichst aus Bioanbau stammen sollte.

Eine der Sichtweisen von Guy Claude Burger kann ich gut nachvollziehen und zwar in diesem Punkt: Wer Fisch, Meeresfrüchte, Fleisch und Eier zu sich nehmen will, sie dann aber im rohen Zustand verzehren sollte. Seine Aussage: Wenn Ihnen ein Lebensmittel im rohen Zustand zu essen nicht behagt, sollten Sie es auch nicht essen, deckt sich mit der zentralen Aussage Helmut Wandmakers.

Weil rohes Tierfleisch und rohe Eier nicht nach meinen Geschmack sind, kann ich Claude Burger in diesem Punkt nicht als Vorbild für mich nehmen, wenn er den Genuß rohen, abgehangenen Fleisches, Eier und Fische als zeitweiligen Bedarf des Menschen (wenn es jemanden gut riecht) beschreibt. Alle weiteren Punkte seiner Molekültheorie kann ich gut nachvollziehen.

Soweit vorerst die speziellen Unterschiede, aber auch die Gemeinsamkeiten der augenblicklich in Deutschland bekanntesten Verfechter der ausschließlichen Rohkosternährung zum Zwecke der Gesundwerdung und -erhaltung, sowie dem Erreichen höchster, natürlicher Lebensqualität.

Ich beziehe mich in diesem Kapitel jedoch hauptsächlich auf die gesundheitlichen, ethischen und sozialen Folgen einer gewählten Lebens- und Ernährungsweise.

Selbstverständlich fließen dabei unweigerlich oft auch wirtschaftliche und viele andere Bereiche des Lebens mit ein. Essen ist heutzutage tatsächlich nicht mehr nur eine Sache des persönlichen Geschmacks und der individuellen, körperlichen Bedarfsdeckung, sondern eine Sache, die viele Lebensbereiche auch anderer Menschen tangiert. Damit diese nicht durch einen plötzlichen Sinneswandel größerer Bevölkerungsschichten ins Wanken geraten, ist es bei der heutigen Verwobenheit der wirtschaftlichen Interessen unumgänglich, daß Ernährungsgewohnheiten kultiviert und wissenschaftlich festgeschrieben werden.

Stellen Sie sich nur einmal vor, die meisten Menschen würden plötzlich hauptsächlich rohe Kost essen und hätten folglich weniger gesundheitliche Probleme. Sie würden weniger Ärzte und damit weniger Medikamente benötigen. Die derzeit ständig zum Bersten überfüllten Wartezimmer in den Arztpraxen wären fast leer. Die Pharmakonzerne hätten Umsatzeinbrüche höchsten Ausmaßes zu verzeichnen. Krankenhäuser würden nur noch wegen Unfälle aufgesucht. Die meisten Alten könnten sich bis zuletzt selbst versorgen, weil kein Herzinfarkt, Parkinson oder Schlaganfall sie lähmen oder gar geistig ins Kleinkindalter zurückwerfen würde. Sie hörten irgendwann im hohen Alter einfach zu leben auf, ohne vorher wegen Krankheit den teilweise haarsträubenden Pflegereien, treffender ausgedrückt Flegeleien, in vielen Krankenhäusern und Altersheimen ausgesetzt zu sein.

Es ist mir völlig klar, daß es neben diesen Flegeln viele wirkliche Engel in oben genannten Institutionen gibt. In keiner Weise will ich alle im pflegerischen Dienst Tätigen über einen Kamm scheren. Unbestreitbar ist aber auch, daß es für jeden Menschen von unschätzbaren Vorteil ist, wenn er selbst der liebevollsten Pflege anderer nicht bedarf.

Außerdem ginge der gesundheitsschädliche Verbrauch von Tabak, Alkohol, Kaffee, Tee und Süßwaren erheblich zurück. Ein(e) von der Sache überzeugte(r) RohköstlerIn mit Zigarette im Mund vor einem zünftigen Glas Bier? Das kann ich mir bei aller Phantasie nicht vorstellen!

Ganz zu schweigen von der Vieh- und Milchwirtschaft, die auf Obst- und Gemüseanbau umsatteln müßte. In Berufen wie dem Bäkker- und Metzgerhandwerk, den Beruf des Kochs, ginge es strukturell ähnlich zu, wie heute im Bergbau. Umstrukturieren hieße die Devise! Wer ernsthaft darüber nachdenkt, wie viele Berufszweige daran beteiligt sind, damit alle ihr Süppchen kochen können, bekommt einen ersten Einblick in die weitreichenden Konsequenzen einer allgemeinen Ernährungsumstellung auf die beste Kost, welche hier auf Erden zu finden ist. Das geht von A – Z, vom Apotheker und Arzt über den Ingenieur, der die Kochgeräte für die privaten Haushalte und die Maschinen für die Nahrungsmittelindrustie entwickelt, bis zur Süßwaren- und Zuckerindustrie.

Dies stellt zweifellos eine Horror-Vision für die entsprechenden Wirtschaftszweige dar. Deshalb kann es all diesen Interessengruppen nicht darum gehen, daß Tatsachen bezüglich dieser rohen Ernährung bis in die breite Öffentlichkeit vordringen.

Forschungsergebnisse, welche die übliche Normal- und Vergnügungskost als schädlich für die Volksgesundheit entlarven, verschwinden auch deshalb in der Versenkung. Dafür werden Wissenschaftler gekauft, die das Gegenteil, nämlich höchsten Lebensgenuß durch gekochte und chemisch veränderte Nahrungs- und Genußmittel in Maßen behaupten. Die Schwierigkeit bei einer solchen maßvollen Handhabung ist de facto, daß durch den Genuß dieser Nahrungs- und Genußmittel eben dieses Maßhalten sehr erschwert wird.

Insofern sagen die Wissenschaftler beispielsweise: Schokolade in Maßen genossen, hebt das Lebensgefühl. Wie oft passiert es jedoch, daß jemand sich vornimmt, nur einen Riegel von der Schokoladentafel zu essen, aber nicht eher von diesem Genußmittel abläßt, bis die ganze Schokolade verzehrt ist. Warum? Weil in der Schokolade Stoffe enthalten sind, die nach immer mehr davon verlangen lassen. Ähnliches kann man bei der Tüte Chips, Gummibärchen usw. beobachten.

Dies wird natürlich von den Wissenschaftlern und in der Werbung nicht verraten. Wenn dieser arme Mensch nun krank wird, hat er eben nicht Maß gehalten. Es entspricht zwar den Tatsachen – ein Riegel Schokolade in der Woche ist, objektiv betrachtet, nicht so schädlich, wie fünf bis sieben Tafeln im selben Zeitraum –, aber gerade deshalb sollte man auch auf diese Nahrungs- und Genußmittel ganz verzichten, weil sie nicht ernähren, sondern uns das Sättigungsgefühl weit überziehen lassen. Auf den ernährungsmäßigen und gesundheitserhaltenden Wissensstand der meisten Mediziner bin ich in Berichten aus meiner Lebenspraxis mehrmals eingegangen.

Obige Vision über gesellschaftliche Umbrüche, wenn die Zahl der natürlich Essenden die Mehrheit darstellte, ist süße Zukunftsmusik für Menschen, die nicht nur verbal bekennen: Gesundheit ist das höchste Gut und mit nichts zu bezahlen. Konsequente Rohköstler bemühen sich ernsthaft um dieses allseits viel beschworene, aber nicht beachtete, höchste Gut; es zu bewahren bzw. wieder zu erlangen.

Ich bin Realistin genug, um zu wissen, daß sich die allgemeine Ernährungsweise der Menschen und damit die geänderten Strukturen, wenn überhaupt, dann nur schleichend vollziehen (können). Ihr Ärzte, Krankenhäuser, Apotheker, Pharmakonzerne, vieh- und milchintensive Landwirte und weitere ernährungsbezogene Wirtschaftszweige, allen voran die Nahrungs- und Genußmittelindustrie, Ihr braucht (noch) keine Existenzsorgen zu haben: So schnell schießen die Preußen bekanntlich nicht!

Mein Optimismus, daß kleine Schritte besser als keine sind, ist die Triebfeder dafür, daß ich einen großen Teil meiner Freizeit für aufnahmebereite Menschen und solche, die es möglicherweise werden, verschenke, weil es mir einfach Freude macht, die durch frische Früchtekost gewonnene Energie nutzbringend für andere zu verwenden.

Nun aber schnell wieder zurück zum gesundheitlichen Aspekt der reinen Rohkost.

Allen vier vorgenannten Ernährungsweisen (Normalkost, Vollwertkost, vegetarische Kost und Veganerkost) und somit Stufen des Gesundheitsbewußtseins sind mehr oder weniger zwei Merkmale gemeinsam:

a) der Verzehr gegarter Nahrungsmittel
b) der Verzehr von Brot und sonstigen Getreideprodukten.

Daß gekochte, geschmorte, gebackene, gebratene, frittierte und zuletzt noch mikrowellenbestrahlte ehemals Lebensmittel zu toten Nahrungsmitteln degradiert werden, ist unstreitig. Sie haben alle ihnen inne wohnenden Enzyme, fast alle Vitamine, Mineralstoffe und Spurenelemente verloren. Außerdem sind unzählige Eiweißmoleküle durch die Hitzeeinwirkungen neue Verbindungen eingegangen, für die der menschliche Organismus keine Verwendung hat.

Diese nicht verwertbaren Stoffe muß der Körper entweder ausscheiden oder ablagern. Je nach der individuellen Krankheitsneigung lagert der Körper diesen Stoffwechselabfall genau an den entsprechenden körperlichen Schwachpunkten des jeweiligen Kochkostessers ab. Nicht jeder bekommt beim Verzehr der gleichen minderwertigen Nahrungsmittel zur gleichen Zeit die gleichen Beschwerden des anderen. Wenn es so wäre, hätten die Betroffenen ein Leichtes, die Symptome direkt mit der soeben zu sich genommenen gegarten und verarbeiteten Nahrung in Verbindung zu bringen, und es wäre überhaupt keine Frage, daß diese gemieden würde.

Die hitzeverarbeitete Kost wirkt also in vieler Hinsicht negativ. Sie ist schon, bevor sie unseren Mund erreicht, hochgradig – im wahrsten Sinne des Wortes – bezüglich ihrer Vitalstoffe entwertet worden. Aufgrund dessen ist sie nicht mehr Treibstoff für unseren Körper, sondern – schönfärberisch ausgedrückt – nutzlose Substanz. Mir wird oft Lieblosigkeit unterstellt, wenn ich diese Kost beim treffenderen Namen Schrott nenne. Oft will man den Tatsachen nicht ins Auge sehen, weil dann Konsequenzen unausweichlich werden. Deshalb ist es leichter, sie nicht zur Kenntnis zu nehmen.

Des weiteren kann mir jeder im Verstehen bereite Mensch folgen, wenn ich aussage, daß diese durch Garen entwertete Kost deshalb nicht die Körperfunktionen – dazu zählt logischerweise ebenfalls die Verdauungsfunktion – stärken, sondern schwächen wird, weil der Körper dann auf seine Reserven zur Erhaltung seiner lebenswichtigen Funktionen zurückgreifen muß.

Aufgrund dieser Situation scheidet er nicht vollständig die Nahrungs- und Stoffwechselrückstände aus. Also lagert der Körper diese nicht brauchbaren, aber mangels fehlender Ausscheidungsmöglichkeit innerkörperlich verbleibenden Schlacken zunächst in körpereigenen Nischen, wie Gelenken, Nebenhöhlen, Zwischenzellgeweben und vor allem an den Darmzotten ab. Mit der Zeit verfestigt sich so im Dickdarm Schicht um Schicht alter Kotrückstände.

Diese abgelagerten Stoffwechselrückstände beginnen zu faulen, geraten in Gärungen und bieten den idealen Nährboden für unerwünschte Bakterien, Viren usw. Kein ernstzunehmender Mensch wird bezweifeln, daß sich in diesem Milieu unzählige krankmachende Bakterien tummeln.

Ohne bestimmte nützliche Bakterien könnte der Mensch gar nicht existieren. Er lebt mit Bakterien, Viren und Pilzen in einer Symbiose. Nichtsdestotrotz besteht die Aufgabe unseres Immunsystems darin, die brauchbaren Bakterien von den unbrauchbaren zu unterscheiden, letztere unschädlich zu machen und hinaus zu befördern. Ein bei Krankheit verwendetes Antibiotikum killt nicht nur die Schlechten, sondern auch die Guten, wie es in jedem realen Krieg ebenfalls stattfindet. **Ein gut funktionierendes, natürlich gesteuertes Immunsystem hingegen hat aufgrund seines von Menschenhand nicht nachzuahmenden Radarsystems eine geniale Unterscheidungsfähigkeit.**

Kochkost (mit Käse und Wurst belegte Brote, Pizza, Pasta, Nudeln mit Gulasch, Eisbein auf Sauerkraut mit Kartoffelpüree, Reibekuchen, Spiegeleier, Milchreis, Semmelknödel und auch der vom Ex-Kanzler Kohl geliebte Saumagen) – mir dreht sich mittlerweile beim bloßen Gedanken daran schon der Magen auf links –, all diese von den meisten Menschen hierzulande für unverzichtbar gehaltenen

Leibspeisen und viele mehr bilden einen schmierigen Fett-Kleisterfilm auf das Darmlummen. Dieser bleibt zu einem wesentlich größeren Teil im Darm kleben als wir uns vorstellen können oder auch wollen.

Mit 50 Jahren ist der Durchmesser des Darms eines Normalköstlers nur noch halb frei für die Stuhlpassage. Die verbleibende andere Hälfte besteht aus den oben erwähnten, alten, harten Kotresten. Und mit jeder weiteren zauberhaften, deftigen Mahlzeit kommt eine weitere pattexartige Schicht darauf. Oben beschriebener Fettfilm versperrt somit dem Immunsystem als Wachposten unseres Körpers auf Dauer zunehmend die klare Sicht.

Leider folgt daraus, daß es entweder nicht mehr reagiert und somit den Krebszellen Tür und Tor öffnet, oder aber überreagiert und Allergien so wie andere Autoimmunkrankheiten entstehen. Man spricht von Autoimmunkrankheiten, wenn das Immunsystem die eigenen Körperzellen als Fremdstoffe identifiziert und diese zum Zwecke der Vernichtung angreift. Die MS ist beispielsweise eine solche Autoimmunkrankheit.

Es wird schon seinen Sinn haben, daß der Herr 80 % des gesamten Immunsystems in unseren Därmen eingebaut hat. Hier wird entschieden, was für den Körper brauchbar ist oder nicht. Es ist eigentlich nicht recht nachzuvollziehen, warum die meisten von uns peinlichst auf ihre äußere Sauberkeit achten, jedoch die Hygiene ihres inneren Wachpostens dermaßen vernachlässigen, daß dieser von Schmutz erdrückt wird. Die optimalsten gesundheitlichen Bedingungen liegen in einer natürlichen ganzheitlichen Hygiene innerlich körperlich, innerlich geistig und äußerlich.

Gerade die Wichtigkeit, den Darm zweckmäßigerweise lebenslang mit roher Nahrung sauber zu halten wird von den meisten Medizinern heute wissentlich oder unwissentlich übersehen bzw. bei Hinweisen durch entsprechender Literatur, Seminaren oder durch den Patienten abgestritten.

Weitere Begründungen zur unbestreitbaren Überlegenheit der Rohkost gegenüber der Kochkost entnehmen Sie bitte beispielsweise den glasklaren Ausführungen in Helmut Wandmakers Bestseller „Willst Du gesund sein? Vergiß den Kochtopf!", den verschiedenen Büchern des mit 116 Jahren verstorbenen Dr. Norman Walker oder anderer in diese Richtung weisende Literatur. Dr. Norman Walker war bis zu seinem Tod körperlich und geistig fit und gänzlich von Pflege unabhängig. Als junger Mann war er eher schwach und kränklich. Dies bestätigt meine Aussage, daß mit einem geringeren enzymatisch ausgestatteten Kapital bei bester Sorgfalt noch Beachtliches erreicht werden kann.

Ich bezwecke mit diesem Buch das gleiche Ziel, die Menschen auf ihre ganz individuellen Einflußmöglichkeit im Falle einer Krankheit und zur Erhaltung der Gesundheit hinzuweisen, mit einem etwas anderen Akzent. Es führen ja viele Wege nach Rom!

Was den mehr oder weniger intensiven Verzehr des Brotes und weiterer Getreideprodukte (Nudelgerichte, Kuchen, Pizza, Reisgerichte und vieles mehr) anbelangt, kann festgestellt werden, daß dieser bei konsequenter Rohernährung einem der bereits genannten Rohkostverfechter (Konz, Wandmaker, Burger) folgend ohne tierische Produkte sich von selbst erübrigt.

Gegen die Ernährung von Brot (auch wenn ich damit eine noch heiligere Kuh als die des Verzichts auf Fleisch etc. schlachten muß) sprechen fast noch mehr gesundheitliche Probleme, als gegen Fleisch ohne seine Säfte. Der überzogene Fleischverzehr führt verhältnismäßig schnell zu schmerzhaften Krankheiten. Der übermäßige Getreideverzehr läßt meist Krankheiten über lange Zeiträume vom Patienten weitgehend unbemerkt entstehen. Die Schmerzen erfolgen erst im Endstadium. Deshalb sprechen meiner Meinung nach fast noch mehr, zumindest jedoch ebenso viele Punkte gegen das Getreide- wie gegen das Fleischessen.

Da wäre zunächst einmal die Tatsache, daß das Getreide ein für uns unverdauliches Antienzym besitzt, solange es nicht gekeimt ist. Aufgrund dieses Antienzyms ist das ganze Korn so lange haltbar, wenn keine Feuchtigkeit und Wärme es zum Keimen bringt. Ist es erst einmal mit Feuchtigkeit und Wärme zum Keimen gebracht worden, so ist es kein Getreide mehr im engeren Sinne, sondern Gemüse geworden. In diesem Zustand ist das gekeimte Getreide mit all seinen Stoffen für uns verwertbar. Vor dem Keimvorgang jedoch geht es für uns nicht nur wertlos, sondern gar schädigend durch unseren Verdauungstrakt. Daß das Getreide all die labormäßig erfaßten und wahrscheinlich noch viele bisher unentdeckten Vital- und Mineralstoffe besitzt, ist unbestritten. Doch was nützen uns all die im Getreide vorhandenen Vitalstoffe, wenn uns der Schlüssel (Pyralin) fehlt, um diese aufzuschließen?

Ein weiteres Problem stellt der Kleister als Endprodukt der Verdauung des Getreides dar. Dieser gerät durch die normale Körpertemperatur in Gärung und führt im gesamten Verdauungskanal zu Gärprozessen. Es entstehen Säuren und Alkohole. Diese Säuren werden zur Zeitbombe für die Entstehung vieler Krankheiten. Rheuma z. B. ist zwar durch tierische Produkte mit bedingt, aber das Hauptproblem ist der zähflüssige, saure Getreideschleim, der sich vornehmlich in den Gelenken ablagert, weil er dort am wenigsten die lebenserhaltenden Organe behindert.

Oft genug setzt er sich auch in den Nebenhöhlen ab und führt dort zu Entzündungen. Ein anderer beliebter Platz für den Kleisterschleim aus der allgegenwärtigen Getreidekost ist der Bronchial- und Lungenbereich. Wenn Sie zu Nebenhöhlenentzündungen oder Bronchitis u. a. neigen, unternehmen Sie mal den Versuch, zunächst drei Monate kein Brot, Reis und alle weiteren Getreideprodukte zu essen. Ehrlich Interessierte werden eine spürbare Erleichterung feststellen.

Getreide- und Tierprodukte hinterlassen im Körper Säuren. Der Körper muß diese Säuren neutralisieren, um seinen lebensbedingten Aufgaben nachzukommen. Wird ihn zu wenig basenbildende Nahrung über die frische Obst- und Gemüserohkost zugeführt, holt er sich das basische Kalzium aus den Knochen und Zähnen. Daher die überall anzutreffenden Knochen- und Zahnprobleme. Die Osteoporose ist weniger ein Problem der Hormone als ein Säureproblem, welches durch die Empfehlung viel Milch zu trinken eher vergrößert als verringert wird.

Außerdem hängt das immer häufiger anzutreffende sehr frühe Einsetzen der Wechseljahre ebenfalls mit der Verschlackung und somit Funktionsstörung der Eierstöcke zusammen. In meinen Bekanntenkreis erlebe ich oft, daß die Frauen im Alter von 35 oder 40 Jahren schon beginnen klimaktorische Beschwerden zu haben. Als ich noch Teenager war, hieß es: Das fängt so mit 55 oder später an. Wer bei den Gedanken daran nicht auf die Idee kommt, daß das frühe Klimakterium eine Degeneration und somit eine erheblich vorverlegte Alterung der Eierstöcke bedeutet, da bin auch ich ratlos. Die meisten Ärzte, zu diesem Tatbestand der ständig früheren Arbeitseinstellung der Eierstöcke befragt, zucken nur die Schultern und sagen: Es ist so, wie es nun einmal ist! Mich hat diese Art Antworten noch nie sonderlich befriedigt.

Aus der Sicht und Erfahrung der Natürlichen Gesundheitslehre spürt eine Rohköstlerin ihre Wechseljahre erstens viel später und zweitens mit wesentlich weniger hormonellen Schwankungen. Die Eierstöcke stellen über einen recht langen Zeitraum ganz allmählich ihre Arbeit ein.

Unsere normale Kost ist fast immer eine Kombination aus Getreide- und Tierprodukten, sei es morgens und abends das Wurst- oder Käsebrot, das Mittagessen mit Gulasch und Nudeln, Spaghetti Bolognese, Pizza, Semmelknödel mit Speck oder zur Kaffeezeit der Kuchen. Der Kaffee, der Chemiezucker und der Pudding aus Milch, Zucker und Mehl sind ebenfalls Säurespender, welche unsere Gesundheit untergraben.

Fällt es Ihnen schwer, mir das abzunehmen? Sie finden mein volles Verständnis, wenn mir persönlich auch bei den Proben aufs Exempel ab Januar 1995 der Verzicht auf Käse wesentlich schwerer gefallen ist. (Brot gehörte nie so zu meinen bevorzugten Speisen, dann schon eher der Kuchen.) Der Verzicht auf Brot ist bei den meisten Menschen vom Verständnis her mit dem Verzicht auf Nahrung schlechthin verbunden.

Vor allem ist der Widerstand einiger Mitchristen diesbezüglich besonders stark. Es heißt nun einmal Unser tägliches Brot gib uns heute, wobei sicherlich nicht das Brot als Brot, sondern als Inbegriff der gesamten Nahrung gemeint war. Jesus bat den Vater, daß er für unser leibliches Wohl sorgen möge. Auch mit der Passage im Evangelium, in der er das Brot bricht und sagt: „Dies ist mein Leib, der für Euch hingegeben wird", hätte er wahrscheinlich genauso gut einen Apfel oder eine Dattel nehmen können. Jesus, so glaube ich, hatte wichtigere Ziele zur Vollendung (die Erlösung durch sein Blut) zu bringen, als auch noch rein weltliche und allgemeine gesundheitliche Auseinandersetzungen zu führen.

Ursprünglich heißt es im 1. Mos., 29: Hiermit übergebe ich Euch alle Pflanzen auf der ganzen Erde, die Samen tragen, und alle Bäume mit samenhaltigen Früchten. Euch sollen sie zur Nahrung dienen. Die Menschen begannen erst später ihre Nahrung zu kochen und noch später kamen Tiere als Nahrung hinzu. Mit der Völkerwanderung in vegetationsärmere Gebiete als den Tropen und Subtropen blieb ihnen in den kalten Jahreszeiten gar nichts anderes übrig als Getreide und Fleisch in ihre Ernährung aufzunehmen, wenn sie überleben wollten.

Der Herr verfolgte und verfolgt auch heute noch nach meiner persönlichen Überzeugung in erster Linie das Ziel, daß wir uns zu ihm bekennen und nach seinem Willen leben. Deshalb verstehe ich ihn so: Wenn Du Kochkost und Tiere als Nahrung nehmen willst, nimm sie. Das ist hinsichtlich des ewigen Lebens zweitrangig, Hauptsache Du schenkst mir dein Herz und folgst mir nach!

Wenn Jesus in Kreise kam, in denen bestimmte Regeln üblich waren, hat er sich dort den äußeren Gepflogenheiten angepaßt. Er wußte genau, wenn Menschen erst einmal gegen ihre Gewohnheiten ankämpfen, haben sie so viel zu tun, daß sie den Kopf für seine eigentliche Botschaft nicht mehr frei haben. Schließlich waren die drei Wirkungsjahre Jesu schon eine recht knapp bemessene Zeit.

Ich hätte von mir aus niemals die Bibel zur Unterstützung oder als Gegenmittel pro oder kontra natürlicher Ernährung gewählt. Der Apostel Paulus schreibt im Kol. 2, 16: Darum soll Euch niemand verurteilen wegen Speise und Trank... Erst als ich darauf in dieser Weise angesprochen wurde, begann ich darüber nachzulesen und nachzudenken.

Wenn man in der Konkordanz zur Bibel das Stichwort Speise nachschlägt, kommt man zu dem Schluß, daß die Bibel insgesamt, was die Art der Ernährung betrifft, keine exakten Aussagen macht. Wer sich etwas im Glauben an Gott zu Hause fühlt, weiß, daß Jesus diesem irdisch-körperbezogenen Leben längst nicht so viel Stellenwert eingeräumt hat, wie wir Menschen es tun. Die Bibel spricht vielmehr die geistige Dimension des Menschen an.

Auch für mich ist keiner wegen seiner Ernährung ein schlechterer oder besserer Mensch, jedoch ein mehr oder weniger gesunder. So wie wir die Medizin benutzen, um uns der Symptome zu entledigen oder im Notfall unser Leben zu retten, so sehe ich die NG als wirkungsvollste Alternative dazu an. Mir ist nicht bekannt, daß sich erkrankte Christen zu operativen ärztlichen Maßnahmen etwa in dieser Weise äußern: Sie dürfen mich nicht aufschneiden. Jesus hat auch nicht die Leute mit dem Skalpell, sondern mit Handauflegen geheilt. Von daher kann ich nicht gut nachvollziehen, weshalb einige Leute sich die Bibel schnappen, um ihren Brotkonsum biblisch zu untermauern.

Es ist bei Diskussionen dieser Art immer wieder interessant festzustellen, wie mit zweierlei Maß gemessen wird. Solange ich aus Prinzip, weil die Erfahrungen anderer es mich lehrt, sage: Brot ist für den menschlichen Organismus als Dauernahrung gesundheitsschädlich, wird mir entgegen gebracht: Das kann nicht sein, sonst hätte Jesus seinen Jüngern kein Brot zu essen gegeben, wenn es nicht gesund wäre.

Sagte ich jedoch vor denselben Leuten: Bei mir ist in einem medizinischen Test eine Glutneunverträglichkeit festgestellt worden. Was mache ich nur, Jesus hat doch so viel Wert in das Brot gelegt? schon würde ich beruhigt werden: Mit dem Brot ist sicherlich die übliche Nahrung gemeint und nicht das Brot als solches wichtig.

Es muß also wieder erst die Konsequenz, daß jemand krank geworden ist, eingetreten sein, bevor der Verzicht auf das Brotessen innerlich von den anderen akzeptiert wird. Bei der prinzipiellen ersten Aussage wird unterstellt, man wolle die unfehlbaren Handlungen Jesu in Frage stellen. Nur wenn mir aufgrund einer Erkrankung dies oder jenes zu unterlassen ratsam erscheint, ist es dann nicht mehr ganz so wichtig, sich an die Handlungen Jesu beispielsweise mit dem Brot zu halten.

Ich kann es gut verstehen, wenn diese Menschen mir sagen: Du, das mit dem Brot will ich nicht wahrhaben. Es schmeckt mir so gut. Lieber nehme ich Krankheit und früheren Tod in Kauf. Das ist eine klare Stellungnahme, deren Folgen jeder selber tragen und durchleben muß. Jedoch zu sagen: Was Du da von dem Brot sagst, kann allein schon deshalb nicht stimmen, weil in der Bibel das Brot immer als etwas Gutes interpretiert wird, ist für mich nicht einsehbar, weil derselbe Mensch, wenn eine Krankheit vorliegt, die Bibel genauso interpretiert, wie ich es schon tat, bevor die Krankheit zur Diskussion stand.

Das Brot zu Zeiten Jesu war außerdem von grundlegend anderer Substanz als die heutigen mit Konservierungsmitteln, Farbstoffen und Auflockerungsmitteln (z.B. gemahlene Schweineborsten) gefüllten Chemiebomben, die sich Brot nennen. Es waren getrocknete Fladen aus gekeimten Getreide. Gekeimtes Getreide ist, wie bereits erwähnt, nahrungsphysiologisch Gemüse. Man schmierte außerdem keine Butter, Wurst, Käse und Marmelade darauf.

Es ist ein enormer Verdauungsaufwand für den Körper, der den Brei aus Brot, Butter und Käse oder Wurst in einzelne für sich eventuell noch brauchbare Bestandteile umwandeln muß. Deshalb ist man nach einer Brotmahlzeit auch so lange satt und voll, weil der Brei viel zu lange im Magen verweilt. Obst hingegen ist spätestens in einer halben bis einer Stunde (Bananen) im Dünndarm und deshalb recht schnell für den Körper verfügbar.

Herr Wandmaker stellt unsere enzymatische Unfähigkeit den stärkereichen Kleister, wie er ihn nennt, zu verdauen, so überzeugend dar, daß einfach nur die Wahl eines Selbstexperiments bleibt, um seine Beschreibungen entweder zu widerlegen oder zu bestätigen.

Ich konnte die Gesundung meiner Schwester Brigitte, von Kindheit an aus ethischen Gründen Vegetarierin, beobachten, der Vollkornbrote belegt und bestrichen mit vegetarischen Pasteten, Avocados, Tomaten, Mozzarella ein Hauptnahrungsmittel waren. Eine genaue Beschreibung, wie ich ihr nicht nur die sprichwörtliche Butter vom Brot, sondern gleich das ganze Brot genommen habe, und dafür von ihr noch heute dankbare Worte erhalte, beschrieb ich im Kapitel „Meine Schwester, die ehemalige Puddingvegetarierin" als weiteren Beweis für die von mir praktizierte und nach außen vertretene natürliche Ernährungs- und Lebensweise der Natürlichen Gesundheitslehre.

Ich möchte nun noch einem gesonderten Teil zum Thema wann ist der Mensch krank, wann gesund herauskristallisieren und welchen weitreichenden Täuschungen man in der allgemeinen Sichtweise unterliegt.

Es ist vorteilhaft, die Sache einmal von einer anderen Warte aus zu betrachten und zu prüfen. Gleiches gilt für die Tatsache, wenn Ihnen Zweifel an der allumfassenden Überlegenheit der Rohkost kommen. Zurück zur Normalkost können Sie immer noch, wenn Sie es wollen. Sie haben im Punkto Ernährung die volle Freiheit, aber auch die Verantwortung dafür, was Sie ihrem Körper zuführen oder wovor Sie ihn schützen. Einen praktischen Versuch jedoch auszuschließen, weil nicht sein kann, was nicht sein darf, ist in dieser Hinsicht sicherlich nicht der richtige Weg, um zu einem persönlichen Urteil zu gelangen.

Schließlich ist jedes vom Arzt verschriebene Medikament, jede Behandlung, jede Operation auch nur der Versuch, nicht die absolute Garantie, die Symptome zum Verschwinden zu bringen.

Obwohl wir vom Arzt oder Apotheker, wie es immer wieder in der Werbung heißt, bezüglich der Risiken und Nebenwirkungen hören und in den Beipackzetteln lesen können, befallen selten jemanden so starke Zweifel, daß ein solcher Versuch abgelehnt wird. In der Not nimmt man lammfromm Giftspritzen, Chemotherapie, radioaktive Bestrahlung, Austausch der eigenen Hüftgelenke gegen künstliche und Organamputationen ebenfalls gegen Ersatzorgane für den recht zweifelhaften Versuch, wieder mehr Lebensqualität zu erreichen, in Kauf.

Ganz anders sieht die Sache aus, wenn jemand rät, der nicht die (Zauber)Kunst Medizin studiert hat, bei z. B. Kopfschmerz nicht – wie gewohnt – Aspirin oder ähnliches zu nehmen, sondern einen Einlauf zu machen, einen Tag mal nur reines Wasser zu trinken (fasten) und dann Rohkost zu essen. Sofort wittert der so Beratene unvorhersehbare Folgen, wie Unterernährung, Unterversorgung mit Eiweiß usw.

Eine der urigsten Vermutungen bezüglich des Verzichts auf Getreide war, daß eine Apothekerin meinte, wenn man lange Zeit auf Brot und Getreideprodukte verzichtet, funktioniert das Gehirn mit der Zeit nicht mehr richtig. Meine Schwester und ich leben im fünften Jahr ohne Brot. Andere Menschen, auch ein Arzt, Herr Dr. Probst, den ich kenne und sehr schätze – nicht **weil**, sondern **obwohl** er ein hochkarätiger Mediziner ist – leben seit über zehn Jahren und länger ohne Getreide. Daß die Gehirne nicht richtig funktionieren, kann man sicherlich nicht behaupten. Wir werden unseren gedanklichen Anforderungen ebenso, wenn nicht gar besser, gerecht als vorher. Wer Schmerzen oder andere gesundheitliche Probleme hat, wird selbstverständlich auch in seinen Gedanken davon beeinflußt. Am besten kann man denken, wenn es einem richtig gut geht.

Es ist schon seltsam, welche Argumente uns einfallen, wenn jemand Zweifel an der gesundheitlichen Verträglichkeit liebgewonnener Essensgewohnheiten vorbringt! In Herrn Dr. Probst habe ich mit einem Arzt Bekanntschaft gemacht – meines Wissens der einzige in Deutschland –, der sich nicht nur hundertprozentig nach der NG ernährt, sondern sich konsequent auch in seiner Beratungs- und Behandlungsart der NG angeschlossen hat. Ihm werden von seinen Fachkollegen Nestbeschmutzung und nicht standesgemäße Behandlungen vorgeworfen, auch wenn die Patienten eine verschwundene

Krankheit nur aufgrund der Rohkosternährung nachweisen können. Wie wunderlich die Welt bisweilen ist: Man sucht als PatientIn die Ärzte auf, damit sie einem gesund machen. Wenn es dann einer unter vielen Ärzten schafft, weil dieser den/der PatientIn klar machen konnte, daß der Körper sich nur selbst heilen kann, wenn wir ihn nur lassen, dann ist dies nicht standesgemäß. Ist ja klar, denn: Was bringt dem Doktor. um sein Brot?!

Nun habe ich so viele Vorteile die Rohkost betreffend aufgeführt, daß es kritisch Denkenden wahrscheinlich verdächtig vorkommen wird. Deshalb habe ich auch über dieses Problem nachgedacht und bin tatsächlich fündig geworden. Wie alles auf dieser Erde hat auch die Rohkost einen Nachteil, nämlich dann, wenn die Kannibalen kommen, werden wir Rohköstler die begehrteren Opfer sein. Warum? Wenn Sie überlegen, welche Tiere die Menschen in der Regel ursprünglich verspeisten, sind es Hühner, Kaninchen, Kühe, Rehe usw., also meistens vegetarisch fressende Tiere.

Ulrich, mein geliebter Mann, versuchte mich zwar zu beruhigen, indem er meinte: Bei Dir lohnte es sich doch gar nicht erst anzufangen, mit Deinen wenigen Kilos, die Du auf die Waage bringst. Doch ein ernährungsbewußter Kannibale wird wahrscheinlich auch nach dem Prinzip Qualität statt Quantität sein Essen aussuchen...! Als Behinderte und Rohköstlerin stellte ich für einen solchen Kannibalen ein Essen auf Rädern von höchster Qualität dar!

Oft täuscht der Schein unverwüstliche Gesundheit vor

Eines der grundlegenden Irrtümer unserer Zeit ist die Tatsache, daß wir unsere Gesundheit anderen Menschen (Ärzten, Wissenschaftlern, Krankenschwestern und -pflegern) in Verantwortung geben und enttäuscht sind, wenn wir letztlich feststellen müssen, daß im Endeffekt bei chronischen Krankheiten wenig oder gar nichts dabei herum kommt.

Auch die meisten Ärzte ihrerseits unterliegen nach meinen bisherigen Erfahrungen diesem verführerischen Denken, daß der Patient aus eigener Kraft nichts Entscheidendes zur Vorbeugung von Krankheit tun kann, außer rechtzeitig und regelmäßig ein- bis viermal jährlich zum Check up in der Arztpraxis zu erscheinen. Damit hier so früh wie möglich den Viren, Bakterien und Zellentartungen mit allen medizinisch zur Verfügung stehenden Mitteln Paroli geboten werden kann, wird ständig für die routinemäßige Teilnahme an diesen Untersuchungen geworben.

Diese Teilnahme an Vorsorgeuntersuchungen ist die einzige Pflichterfüllung, die allgemein erwartet wird. Sie können sich krank rauchen, trinken, essen und stressen, wenn Sie nur regelmäßig zum Arzt und zur Vorsorgeuntersuchung erschienen sind, haben Sie Ihrer Schuldigkeit vollauf Genüge geleistet.

Einem kranken Menschen, welcher trotz (leider meist auch wegen) regelmäßiger Arztbesuche krank ist, hat nach üblicher Sicht ein Schicksal ereilt. Mehr als brav in die Arztpraxis zu gehen, meint man, kann er schließlich nicht tun. Menschen, welche ebenso leben und ebenso krank sind, jedoch die immer ausgeklügelteren und umfangreicheren Vorsorgeuntersuchungen nicht wahrgenommen haben, werden mit selber Schuld beurteilt. Und daß, obwohl offensichtlich die Leute, welche Arztpraxentürklinkenputzer oder Patienten mit Drehtüreffekt sind, keineswegs sich besserer Gesundheit erfreuen, als Menschen, welche den Arzt nur in dringenden Notfällen aufsuchen.

Auch ich war lange Zeit dieser stupiden Sichtweise erlegen. Meine spontane Frage vor über zehn Jahren an eine ältere Dame, die Jahre zuvor eine Brustamputation hatte durchmachen müssen, ob sie denn nicht regelmäßig zur Vorsorgeuntersuchung gegangen sei, kann ich heute nur noch als ahnungslos empfinden. Die Frau war nämlich ein

Vierteljahr vor der Krebsdiagnose, wie jedes Jahr, zur Vorsorgeuntersuchung gewesen.

Diese Erfahrung hätte mir eigentlich schon damals zu bedenken geben sollen, daß mit der regelmäßigen Teilnahme an der Untersuchung eben nicht von Patientenseite alles zur Vermeidung von Krankheit getan ist. Ich jedoch dachte mir damals: Dann muß der Arzt eben was übersehen haben. Hätte die Dame mir gestanden, daß sie schon jahrelang nicht mehr beim Arzt gewesen sei, wäre ich im Stillen ganz schnell mit meinem Urteil gegen die Frau gewesen, glaubte ich doch damals – trotz meiner im ersten Teil bereits beschriebenen Erfahrungen – an die große Macht der Ärzte über Krankheit, man müßte nur den richtigen finden...!

Heute bin ich aufgrund eigener Erfahrungen an mir, an der Beobachtung meiner Schwester Brigitte und anderer Personen, so wie durch die Kenntnisnahme entsprechender Literatur vollkommen davon überzeugt, daß wir die allermeisten Krankheiten selber verursachen – schuldhaft oder nicht, das ist eine Frage des Informationstandes und dessen Umsetzung –, durch unsere alltägliche ganz normale Ernährungs- und Lebensweise.

Insofern ist die Vorsorgeuntersuchung genau genommen eine Schadensbegrenzungsuntersuchung, denn wenn ein Befund vorliegt, ist ja das bekannte Kind schon in den Brunnen gefallen. In diesem Fall kann realistischerweise nur noch vom Versuch einer Schadensbegrenzung mit allen zur Verfügung stehenden medizinischen Mitteln gesprochen werden.

Liebe Ärzte, KrankenkassenvertreterInnen und LeserInnen, Sie brauchen mir nun nicht das Telefon heiß zu läuten, weil ich den Sinn der sogenannten Vorsorgeuntersuchung anscheinend in Zweifel ziehe. Ich habe mit obiger Aussage nicht Sinn oder Unsinn dieser Untersuchungen angesprochen. Ich möchte nur die Begriffe klarstellen, um gravierenden Illusionen entgegen zu wirken.

Vorsorge heißt wörtlich genommen **vor** Eintritt des Schadens dafür zu **sorgen**, daß der Schaden nicht auftritt. Wenn wir uns angewöhnen, der Wortbedeutung mehr Beachtung zu schenken, bekommen wir ein verändertes Bewußtsein.

Da jedoch kaum jemand, ja, selbst die meisten Ärzte nicht, weiß – leider oft auch gar nicht wissen will –, wie man Krankheiten erfolgreich vermeidet, sollte man mit dem Wort Vorsorgeuntersuchung etwas vorsichtiger umgehen.

Eine naturgemäße rohe Ernährung ist ganz sicher mit dem Begriff Vorsorge in Verbindung zu bringen. Wie sinnlos dagegen die meisten Medikamente und Behandlungen sind, kann eigentlich nur erfassen, wer entdeckt, daß der Schlüssel zur Gesundheit und damit zur dauerhaften Beschwerdefreiheit in der eigenen und nur in Akutfällen, der Hand des Arztes liegt.

Selbstverständlich ist es im Schadensfalle nur recht und billig, eine Schadensbegrenzung anzustreben. Und wer riskant raucht, trinkt, schlemmt, bewegungsarm und unnötigerweise streßerfüllt lebt, ist sicherlich besser beraten, frühzeitig feststellen zu lassen, ob bereits ein Schaden vorliegt oder noch nicht. Es führt jedoch kein Weg an der Tatsache vorbei, daß derjenige besser durch das Leben kommt, der den Schaden aktiv und konsequent verhütet, sich also nicht auf die bloße Schadensbegrenzung stützt, wie es die Schulmedizin praktiziert.

Sehen Sie sich doch die Nachsorge einmal an, wenn jemand mit Stahl (Operationen), Strahl (radioaktiven Bestrahlungen, die selber Krebsnoxen sind) und/oder Chemie – den einzigen Mitteln der Medizin – krebstherapiert wurde. Außer der Aufforderung nun noch öfter zur Untersuchung zu erscheinen, kommt nichts an Information von den Ärzten, wie weiterer Schaden vermieden werden kann. Wie sollte auch? Schließlich leben die meisten Mediziner ebenso, wenn nicht noch ungesunder als ihre Patienten, sonst wäre ihre durchschnittliche Lebenserwartung nicht so niedrig im Vergleich zur Restbevölkerung. Von Schadensverhütung wenig bis keine Ahnung!

Sind Sie entrüstet, daß ich mich erdreiste, zu schreiben, die meisten Ärzte wüßten nicht, wie man Krankheit verhindert? Wie soll ich es anders deuten, wenn ich folgendes erfahren habe: Eine meiner Bekannten wurde nach einer Magenspiegelung aufgefordert, in einem halben Jahr erneut zu dieser Untersuchung zu kommen. Diese Frau fragte den Arzt, was sie tun könne, damit die Entzündungen und Reizungen der Magenschleimhaut nicht mehr auftreten. Dieser Arzt zuckte nur ratlos mit den Schultern und blieb bei seiner Empfehlung die verschriebenen Tabletten einzunehmen und in einem haben Jahr erneut zur Magenspiegelung zu kommen.

Ein solches Verhalten kann ich doch nur als in dieser Frage der vorbeugenden Maßnahmen als unwissend bezeichnen. Und meine vielfachen Erfahrungen mit den verschiedensten Ärzten lassen leider auch keinen anderen Schluß zu. Zweifelsohne wissen sie in den meisten Fällen, wie eine Krankheit schulmedizinisch zu behandeln ist. Diese Qualifikation haben sie sich im Studium und in der Praxis erworben. Von den Erfolgen und den Nutzen dieser Behandlungen bin zumindest ich bei chronischen Beschwerden nicht sonderlich überzeugt.

Muß jedoch nicht jeder Maschinenbauingenieur, Maschinenbauer nicht darüber informiert sein, wie eine Maschine funktionsfähig zu erhalten ist, damit sich Reparaturen erübrigen? Und genau an der Stelle hapert es in der Medizin! Die Mediziner bilden sich ständig weiter, um bei bestehenden Krankheiten die vermeintlich optimale Hilfe leisten zu können, aber fragt man sie, was man selber tun kann, um nicht dauernd deswegen in Behandlungsbedarf zu kommen, können sie fast nichts raten.

Werde ich beispielsweise durch Unfall, Mensch oder Tier schwer verletzt oder bekommt in meiner Gegenwart jemand einen Herzinfarkt, Schlaganfall usw., ist es natürlich töricht und wahrscheinlich tödlich, bestimmt jedoch unverantwortlich, keinen Arzt zu rufen und statt dessen ausgerechnet in diesem Augenblick zu überlegen, was man an der Ernährung und sonstiger Lebensweise ändern kann.

Abgesehen vom Unfall durch Mensch oder Tier bleibt jedoch im allgemeinen vor Eintreten des Akutfalles, aber auch häufig nachher dafür reichlich Zeit. Die allermeisten Krankheiten schicken vor ihrer Manifestierung in unserem Körper durch Symptome, wie Kopfschmerz, Schnupfen, Husten, Abgeschlagenheit, Allergien, Übelkeit, Erbrechen, Durchfall u. v. m. Signale an uns. Wir jedoch ignorieren oder betäuben sie mit Medikamenten, Kaffee, Schnaps usw. um unseren Turn im Lebensstil vermeintlich ungehindert fortsetzen zu können.

Wir geben also der Person, die uns im Brandfall wach rufen will, eins aufs Maul, damit sofort Ruhe ist! Dies sei nur bemerkt, um den roten Faden vom brennenden Haus wieder aufzunehmen.

Wohl demjenigen Menschen, dessen Körper sich die zusätzliche, schleichende Vergiftung durch Medikamente nicht bieten läßt. Indem er immer neue Symptome zeigt, bis der Geist, welcher in diesem

Körper wohnt, zur Einsicht gelangt, Grundlegendes im Leben und in seiner Sichtweise ändern zu müssen. In diesem Fall hat der Mensch die Möglichkeit, die Gunst der Situation für Veränderungen wahr zu nehmen. Weil es trotz (besser noch wegen) der ständigen Arztbesuche und Medikamenteneinnahme mit der Gesundheit bergab geht, bleibt einem Geist, der in einem so sensiblen Körper wohnt, eigentlich keine andere Wahl als Veränderungen in seiner Ernährungs- und Lebensweise vorzunehmen.

Leider sieht die Wirklichkeit meist anders aus. Meine Erfahrungen diesbezüglich können Sie dem zweiten Teil ab dem Kapitel „Vielen sag ich es, nur ganz wenige wollen es verstehen", entnehmen. Ich bin durch Gottes Gnade, der mir einen sensiblen, rebellischen Körper – und in vieler Hinsicht einen eben solchen Geist – geschenkt hat, in diesen rettenden Wohlstand gekommen.

Hier setzt der allgemeine Denkfehler von Ärzten und Patienten gleichermaßen ein: Wenn jemand alles gut verträgt, wie Normalkost, Medikamente, Qualm durch aktives oder passives Rauchen, gilt er als robust und gesund. Beschwert sich jemand darüber, daß normales gekochtes Essen ihm Verdauungsprobleme, vermeintlich notwendige Medikamente Unverträglichkeiten und der Qualm durch Passivrauchen ihm Kopfschmerzen, tränende Augen und Atemwegsbeschwerden bereitet, gilt er als übersensibel und gesundheitlich angeschlagen.

Dieser Jemand empfindet selber seinen Körper als schwach, anstatt dankbar für diese Intoleranz seines Körpers für Vergiftungen jeder Art zu sein. Denn jeder Arzt mit langjähriger Erfahrung kennt das immer wiederkehrende Phänomen in seiner Praxis, wenn bisher stets gesunde Patienten mit der Diagnose Krebs oder anderer Autoimmunkrankheiten konfrontiert werden müssen: Das verstehe ich überhaupt nicht, Herr oder Frau Dr., nie war ich ernstlich krank, habe alles vertragen und jetzt dieses Todesurteil. Stirbt ein solcher Mensch, heißt es in der Anzeige meist... verstarb nach unerwartet kurzer, schwerer Krankheit...

Es ist nicht mehr von der Hand zu weisen, daß das Immunsystem eines solchen Menschen durch lebenslanger Toleranz von gravierenden Ernährungsfehlern und anderen lebensfeindlichen Praktiken, wie Rauchen, Trinken von Alkohol, Kaffee, Tee Süßwaren, Salzwaren, Getreide, Fleisch usw. unterminiert wurde. Es hat seine Abwehr gegen diese toxischen Substanzen aufgegeben zugunsten der Entwicklung einer schweren Krankheit. Der coole Spruch: Ich kann alles vertragen, zeigt, wie hier der Streik des Immunsystems mit Frieden verwechselt wird. Insofern sehe ich mittlerweile jede Befindlichkeitsstörung als Chance zum Umdenken an.

In der Psychologie ist man diesbezüglich schon weiter in der Einsicht, daß beispielsweise ein Zusammenleben von Eheleuten besonders dann gefährdet ist, wenn Unstimmigkeiten unter dem Teppich gekehrt, nicht ausgesprochen und folglich nicht durch Verhaltensänderungen bereinigt werden.

Wie oft passiert es, daß beim Scheitern einer Beziehung der eine oder beide Partner äußern: Ich kann es nicht fassen, daß es so gekommen ist. Nie hast Du gesagt, daß etwas nicht bei uns stimmt! Sehen Sie sich analog dazu die Äußerung des anscheinend bisher immer gesunden Menschen an, der erfährt, daß er eine unheilbare Krankheit hat, dann können Sie vielleicht verstehen, warum es eine Illusion ist, zu glauben, wer alles problemlos verträgt, sei unschlagbar gesund.

Selbstverständlich gehen ebenso Beziehungen zugrunde, wo ständig auf Mißstände hingewiesen, jedoch nichts Ursächliches verändert wird. Aber zumindest besteht die Chance, durch Bewußtwerdung der Problematik bis zu einem nicht vorhersehbaren Zeitpunkt, Veränderungen herbeiführen zu können.

Ebenso sehe ich es auch in Bezug auf das Registrieren von körperlichen Symptomen. Ich kann sie ignorieren, indem ich für jeden Pups Medikamente schlucke, ich kann aber auch erkennen, daß ich meine Ernährung, die Grundlage zum optimalen Funktionieren des Körpers, überdenken und entsprechend handeln muß, um mein vom Schöpfer geschenktes Dasein ohne ständige vermeidbare Störungen leben zu können.

Und hier geht die Problematik los: Kann ich einsehen und vom Herzen akzeptieren, daß alle verfälschte und gekochte Nahrung den eben erwähnten Pups verursacht, während derselbe bei richtiger, ursprünglich vom Schöpfer für den Menschen bestimmter Nahrung (rohe Früchte und Gemüse) verschwindet? Oder schließe ich mich der Meinung an, was so viele Menschen machen und praktisch jeder sein Wehwehchen hat, ist halt so, da muß man mit leben? Nach dem Motto: Solidarität um jeden Preis!

Wenn wir einmal davon ausgehen, daß überall Beziehungen enden, weil die Partner Veränderungen scheuen, muß ich mich dann ebenfalls auf die bequeme Haut legen und Gefahr laufen, daß auch meine Beziehung zum Partner endet, nur weil es so üblich, also normal geworden ist?

Ist es da nicht für meinen Partner und mich vorteilhafter, die Kritik und Warnungen des Partners ernst zu nehmen, eingeschlichene Angewohnheiten, welche dem Partner mißfallen, zu ändern und letztlich in Übereinstimmung mit meinem Partner, weiterhin zusammenzuleben?

Ich bin der Auffassung: Was nützt es meiner Seele, wenn ich zum immer größer werdenden Heer der Singles gehöre, aber um meinen Partner, den ich der Bequemlichkeit zuliebe, weil eben die meisten denselben Fehler machten, verloren habe, trauere?

Nichts anderes passiert im Körperlichen: Wenn ich die Chance der Symptome innerhalb einer mir zur Verfügung stehenden Frist nicht zur Veränderung meiner Ernährungs- und Lebensweise nutze, muß ich eben mit den sich daraus ergebenden Konsequenzen (Schmerzen, Unwohlsein) leben und letztlich zu früh sterben. Ebenso wie in der Beziehungskiste ist mir leider auch die Grenze der Langmut von Mutter Natur nicht bekannt. Ich tue also gut daran, die von der Natur gesteuerten Interessen meines Körpers gut im Auge zu behalten, wenn ich mit ihm lange und im Einklang leben möchte. Schließlich habe ich in dieser Beziehung im Gegensatz zur verfahrenen Beziehungskiste nicht die Möglichkeit des Wechsels.

Dabei meine ich nun nicht unbedingt, daß jeder Rohköstler garantiert 110-120 Jahre alt werden wird. Dafür sind die anderen Lebenskomponenten zu ungewiß, wie Unfall, Mord, Krieg oder sonstige Katastrophen. All diese Faktoren liegen nicht unmittelbar und ausschließlich in meiner Hand. Kein Mensch kann seinen Lebensweg, geschweige die verfügbare Zeit dafür, voraussehen. Jedoch kann ich die Zeit, welche, wie ich glaube, der Herr für mich vorgesehen hat, nutzen, um ihm und meinen Mitmenschen zu dienen. Das kann ich bei weitgehend körperlicher Beschwerdefreiheit wesentlich besser, als wenn ich dauernd mit diesem und jenem Wehwehchen von meinen Aufgaben und Zielen abgelenkt werde.

Einen Mörder kann ich wahrscheinlich nicht davon abhalten, möglicherweise meinem Leben unvorhergesehen ein Ende zu setzen. Jedoch den zivilisationsbedingten Mördern genannt Krebs, Herzinfarkt, Schlaganfall, MS und wie die Krankheiten alle heißen, an denen die meisten Menschen – auch recht häufig in der berühmten Blüte ihres Lebens (zwischen 40 und 70) – heute trotz nie zuvor entwickeltem Hightech-Stand der Medizin, besten hygienischen Bedingungen und reichhaltigstem Nahrungsangebot sterben, kann ich mit einer vitamin-, enzym- und anderen spurenelementereichen, reinen Rohkost, immunologischen Widerstand bieten.

Laut Statistik werden die Menschen zwar immer älter, aber wie!?! Fast immer in totaler Abhängigkeit von Pflege und Medizin mit vielen Schmerzen und Einschränkungen. Nimmt man zusätzlich noch wahr, wie viele Mitmenschen mittleren Alters in unmittelbarer Umgebung noch recht jung an den schrecklichen Krankheiten sterben, kann die Statistik mich nicht optimistisch stimmen, sondern nur die aktive Selbsthilfe.

Welcher Mensch, ob gut oder schlecht, mir einmal begegnet, welche Umweltkatastrophen kommen, ob und wann Krieg ausbricht – all diese Situationen kann ich nur bedingt bis gar nicht beeinflussen. Ich kann zwar versuchen durch umweltbewußtes und friedliches Verhalten im Rahmen meiner Möglichkeiten zu handeln, jedoch verhindern jetzt und im Augenblick kann ich allein die Pflanzen, Tiere und Menschen zerstörenden Aktivitäten und Einflüsse um mich herum nicht.

Jedoch kann ich – zumindest derzeit noch – entscheiden, ob ich bei der nächsten Mahlzeit Brot, Fleisch, Milch, Milchprodukte und all die anderen zur ausgewogenen Normalkost zählenden Nahrungsmittel, oder hauptsächlich bis ausschließlich unverarbeitete Früchte und Gemüse essen werde. In dieser Beziehung habe ich die Schlüsselgewalt und damit die unmittelbare Verantwortung für mein Wohl oder Wehe.

Manchmal wird mir gesagt, wenn es die Schiffs- und Flugimporte nicht gäbe oder Krieg wäre, könnte ich diese Ernährungsweise gar nicht in dem Maße aufrecht erhalten. Das ist zwar richtig, jedoch wird nicht bedacht, daß auch die Normalköstler ihre Nahrung sehr vereinfachen müßten. Selbstverständlich würde ich in solchen Notzeiten ebenfalls das essen, was verfügbar wäre, wer täte das nicht?

Solche Argumente sind nach meinem Dafürhalten ein Ablenkungsmanöver. Das ist genauso, als wollte ich jemanden hindern in Friedenszeiten in den Urlaub zu fahren, weil im Kriegsfalle schließlich auch an Urlaub nicht mehr zu denken ist. Aber eines ist klar, ich würde sicherlich aufgrund meiner ohnehin einfachen Ernährungs- und Lebensweise mit Fastenzeiten dazwischen schneller und besser zurechtkommen, als mancher, der nie gelernt hat, sich mit nur einer Fruchtart pro Mahlzeit zu bescheiden. Mit ein paar Äpfeln und Wildkräutern könnte auch ich magere Zeiten überleben. Solange an sauberes Wasser zu kommen ist, hat man von der Warte der Ernährung eine Überlebenschance.

Gerade mit pflanzlicher Kost können in Not- oder Kriegszeiten mehr Menschen satt werden, als wenn das Vieh erst über einen längeren Zeitraum mit eben diesen Pflanzen, die der Mensch direkt essen könnte, gemästet werden muß. Wo eine Kuh satt wird, können nun einmal mehrere Menschen satt werden. Wo ist also die Logik?

Es ist jedoch müßig, solchen Spekulationen nachzuhängen. Wie schon oben erwähnt, die Zukunft kann ich nur bedingt beeinflussen. Ich spreche in diesem Buch nur von den momentanen und normalerweise bleibenden Möglichkeiten einer gesunden Lebens- und Ernährungsweise.

Die wenigsten LeserInnen werden sich vorstellen können, daß ich mich bei einer in ihren Augen so kargen Kost glücklich und zufrieden gestellt fühle. Aber es ist so. Die herrlichen Früchte lassen mich nichts vermissen, im Gegenteil, Sie sehen ja, meine Gedanken, wie ich Ihnen eine andere Sichtweise von Gesundheit und Krankheit nahe bringen möchte, sprudeln nur so aus meinen Fingern.

Menschen, welche diese Lebensweise ebenfalls praktizieren, werden meine Beschreibung bestätigen, daß wenig oft mehr als genug sein kann. Ein wesentliches Prinzip dieser Ernährung besteht nicht darin, ernährungsmäßig alles beim alten zu lassen und nur ein wenig mehr Rohkost wegen ihrer Vitalstoffe oben drauf zu setzen. Es geht viel mehr darum belastende Faktoren, wie Nikotin, Kaffee, Tee, Medikamente, Zuckerwaren, Getreide, Milch, Milchprodukte, Fleisch usw. weg zu lassen und gegen gutes, unverarbeitetes Obst und Gemüse einzutauschen. Wenn Sie weitere Literatur studieren, werden Sie immer wieder an dieses Prinzip stoßen, daß die Kunst eher im Entlasten als im Zusatz besteht.

Mir ist vollkommen klar: Mit diesen Ausführungen setze ich mich – wie mich das tägliche Erleben lehrt – ins Wespennest der allgemein üblichen Ansichten von guter oder mangelnder Ernährung und Lebensgenuß oder Askese.

Zu dieser Erkenntnis bin ich gelangt, weil es heute offensichtlich wichtiger ist, zwar mehr oder weniger krank zu sein, aber dafür weiterhin in seinen objektiv schädigenden Gewohnheiten zu leben, als mit Disziplin und Beharrlichkeit die Leiter der Gesundheit zu erklimmen, welche man dann echt genießen kann.

Wer von uns kennt nicht folgende Episoden: Man hat sich fröhlich an ein Vier-Gänge-Menue gesetzt. Danach fühlt man sich voll und lustlos. Man weiß und spürt genau, daß man wieder einmal reichlich über den Hunger gegessen und über den Durst getrunken hat. Aber es hat einfach zu gut geschmeckt! Beim nächsten Festessen kann ich im voraus ahnen, wie unwohl ich mich hinterher fühlen werde, aber das nehme ich in Kauf, Hauptsache, es schmeckt gut!

Anders sieht es aus, wenn ich wirklich gute, frische Früchte zu mir nehme. Beispielsweise genieße ich heute eine gute, süße Orange ohne nachfolgende Beschwerden allgemeiner und unmittelbarer Art viel intensiver, als noch vor 1995 ein Stück Mokkasahnetorte (ehemals mein Lieblingskuchen), das mir dann zusätzlich zu meinen anderen Beschwerden auch noch regelmäßig intensivstes Sodbrennen bereitete.

Eine total negative Bilanz war das: 20 Minuten Gaumenfreuden, aber mindestens 120 Minuten Sodbrennen! Trotzdem freute ich mich aufs nächste Kaffeetrinken. Das Sodbrennen war schon zum gewohnten Nachspiel geworden. Auf dem gesundheitlichen Sektor nimmt man eben negative Bilanzen viel länger hin als auf dem geschäftlichen Sektor der Buchhaltung. Ersterer wird durch die Solidargemeinschaft subventioniert, letzterer bringt mich schnell zum Konkurs, wenn ich nicht erheblichen Einsatz leiste, um diesem entgegen zu steuern.

Diese Tatsache habe ich ja schon bei der Enzymbilanz erwähnt. Mit Geld ist man allgemein eben wesentlich achtsamer als mit der Gesundheit, obwohl die Bewertung beider Faktoren immer umgekehrt unseres Handelns erfolgt. Nur der Wille und die rechtzeitige konsequente Umsetzung des Erkannten kann uns aus dem Dilemma des gesundheitlichen Konkurses heraus reißen.

Sie werden sehen, mit jeder Stufe konsequenteren Handelns aus Selbstverantwortung und damit zur Selbstheilung wird Ihnen von immer weniger Menschen Verständnis entgegen gebracht. Sie katapultieren sich Schritt für Schritt aus dem allgemein als zivilisiert kultiviert bezeichnetem sozialen (Tisch)Gefüge. Wie dies praktisch zu verstehen ist, habe ich schon aus meinen bisherigen Erlebnissen mit der von mir praktizierten Lebensweise beschrieben.

Ich erwähnte es schon im Prolog: Die wenigsten Menschen werden mit dem bloßen Entschluß Rohköstler zu werden, automatisch Rohköstler bleiben. Viel mehr ist es ein Erklimmen von Stufe zu Stufe und bisweilen ein mehr oder weniger langes Verweilen auf einer Stufe, bevor man wieder getrieben vom Bestreben ein noch besseres Wohlergehen zu haben, eine Stufe weiter zum tatsächlichen Wohlbefinden, dafür jedoch auch weiter aus der kulinarischen Gesellschaft aussteigt.

Bildlich gesprochen bezwecke ich mit meinen Ausführungen, Sie mitzunehmen und stoße deshalb immer wieder in die normale Tischgemeinschaft, esse dort konsequent meine ungegarte Frischkost, bestelle jedoch keinen Extratisch für mich. Natürlich freue ich mich über jede(n) TischnachbarIn, der/die ebenfalls sich selbst zuliebe die von mir gewählte Ernährungsweise mitpraktiziert.

Noch einmal zurück zu den Stufen zur Gesundheit. Auf welcher Stufe Sie sich derzeit befinden, weiß ich nicht, entsprechend viele Stufen müssen Sie noch steigen, wenn Sie möchten.

Es ist in dieser Hinsicht sicher vorteilhaft einige bis alle zur höchsten Stufe (ausschließliche Rohkost) zu überspringen. Um so schneller werden Sie Erfolge beobachten können. Voraussetzung bei dieser Selbstbehandlung ist selbstverständlich: Sie sind nicht schon schwerkrank. In diesem Fall ist es vorteilhaft, sich an einen Arzt zu wenden, der mit der langsamen Hinführung zur Rohkost in Ihrem speziellen Krankheitsfall vertraut ist.

Eventuell müssen Sie nämlich vorher oder vielleicht schon nebenher eine fachgerechte Darmsanierung und einige kürzere oder längere Fastenzeiten durch einen kompetenten Arzt oder Heilpraktiker durchführen lassen. Eine auf den jeweiligen Krankheitszustand abgestimmte Übergangskost leistet hier sicherlich gute Dienste. Schwerkranke und damit Schwerstvergiftete, müssen nämlich häufig erst durch diese Maßnahmen darauf vorbereitet werden, Obst- und Gemüserohkost überhaupt wieder verdauen zu können. Sonst könnte es ihnen passieren, daß sie sich aufgrund Ihrer **durch Kochkost bedingten Verschlacktheit – nicht durch die Rohkost –** mehr Schaden als Nutzen zufügen.

Die Rohkost holt die alten Gifte aus ihren Depots heraus und führt sie über die Blutbahn den normalen Ausgängen Niere, Darm, aber auch Notausgängen, wie Haut, Nase, Rachen, Ohren zu. Damit diese Ausgänge nicht überlastet werden, ist es bei Schwerkranken mitunter sinnvoll unter entsprechender Fürsorge für einen geordneten Abtransport dieser Altlasten zu sorgen.

Es ist leider so, daß einige Heilpraktiker und Ärzte zwar ebenfalls Darmspülungen (Hydro-Colon-Therapien) durchführen, aber von der reinen Rohkost als Dauernahrung nicht überzeugt sind. Ich habe mir damals vor über drei Jahren, nach fast einem Jahr Rohkost am Ort einen Heilpraktiker gesucht, der diese Hydro-Colon-Therapie durchführte. Mit all meinen gesundheitlichen Fragen bin ich an Herrn Dr. Probst herangetreten, weil der vegetarisch essende Heilpraktiker, der außerdem Apotheker ist, mir einfach meine Fragen nicht beantworten konnte. Wer nicht überzeugter Rohköstler ist, kann selbstverständlich auch keine praxiserprobte Stellungnahme dazu abgeben.

Weil Herr Dr. Probst mir freundlicherweise die Erlaubnis zur Weitergabe seiner Praxisanschrift erteilt hat, können Sie diese dem Anhang entnehmen.

Wenn Sie nach dem Lesen dieses und weiterer Bücher vom Wert dieser Informationen für sich überzeugt sind, sollten Sie sich nicht gleich von anderer Seite (Partner, Kinder, Freunde, Verwandte, Arbeitskollegen und nicht zuletzt rein schulmedizinisch orientierten Ärzten) entmutigen lassen. Für verpaßte Chancen leiden nur Sie, nicht die anderen!

Uns wird immer vorgegaukelt und vorgelebt, das Glück hinge davon ab, immer mehr, immer Neues haben zu wollen. Immer soll etwas dazukommen, aber auf nichts soll verzichtet werden. Je komplizierter, raffinierter und undurchsichtiger unsere Ernährungs- und Lebensweise ist, um so zivilisierter mutet sie uns an.

Ein Chirurg, der Ihnen einen Bypaß legt, ist ein wesentlich geachteterer Mensch, als jemand, der sagt: Iß mal nur noch Obst, dann brauchst Du keinen Bypaß. Die Frage ist nur, wovon gewinne ich mehr Lebensqualität? Ist es erstrebenswerter unter ständiger ärztlicher Aufsicht mit einer reißverschlußartigen Narbe vom Hals bis zum Nabel zu leben, als mit Genuß herrliche Früchte zu verspeisen und mit viel Energie meine Ziele verfolgen zu können?

Ich habe mich ganz klar für das Letztere entschieden und bin sicher, daß ich, bei allen noch zu erwartenden Fortschritten in der Medizin, mit dem Entschluß mich lieber den Gesetzen der Natur (nicht denen der Mediziner) unterzuordnen, immer die beste Wahl getroffen habe.

Schlußworte

Lieber Leser, liebe Leserin,

als ich mit diesem Gruß an Sie den Prolog begann, konnte ich erst gar keinen Anfang finden. Nun ergeht es mir ähnlich, jedoch umgekehrt: Wenn ich mich nicht dazu zwinge, höre ich niemals mit dem Schreiben auf! Jeden Abend glaubte ich: Das Kapitel ist komplett. Am nächsten Morgen wußte ich zu dem entsprechenden Thema wieder so viel, daß ich die ganze mir neben meinen anderen Aufgaben verfügbare Zeit an diesem einen Kapitel geschrieben habe. Aber jetzt ist endgültig Schluß. Schließlich soll das Buch in Ihre Hände kommen und nicht im Laptop stecken bleiben.

Ich wünsche mir, Ihnen mit meinen Ausführungen eine Hilfe, nicht ein Ärgernis gewesen zu sein. Ich schilderte Ihnen ganz vorbehaltlos mein bisheriges Leben und meine Gedanken. Vielleicht nutzen sie Ihnen. Vielleicht gefiel Ihnen dieses oder jenes nicht. Ich möchte mit einem letzten Paulus-Zitat dieses Buch beschließen, 1. Thessalonischer, Kap. 5, 21:

Prüfet alles, und behaltet das Gute!

Auf den Ernährungsbereich bezogen können Sie zur Prüfung der von mir aufgeführten Fakten sich der anhängenden Literaturliste bedienen und/oder die Probe aufs Exempel machen, was zweifellos die überzeugendste Art der Überprüfung ist.

Sollte sich meine Hoffnung erfüllen und dieses Buch viel Gutes für Sie enthalten, können Sie es ja eventuell noch einmal lesen. Das von mir viel erwähnte Anti-Kochbuch von Helmut Wandmaker lese ich derzeit zum vierten Male, weil ich dort so viel Gutes gefunden habe, daß ich nicht alles auf einmal behalten kann.

Im Grunde gehört jedoch beides zusammen: Wer nur liest und nicht praktiziert, hat zwar viel theoretisches Wissen, aber das Lebendige fehlt.

Wer sich nur ins Abenteuer Rohkost stürzt ohne vorher mit eventuellen vorübergehenden Heilkrisen zu rechnen, weil er noch nicht gelesen oder gehört hat, daß beispielsweise der Körper erst das schlechte, kranke Gewebe abbaut, bevor er das neue, gesunde Gewebe wieder aufbaut, läßt sich von einer rapiden Gewichtsabnahme und dem entsprechenden Erscheinungsbild leicht ins Bockshorn jagen. Die Folgen sind meist, daß der/diejenige sofort zur bisherigen Ernährung zurückkehrt. Sie müssen also schon – wie in anderen Bereichen des Lebens auch – im Theoretischen gefestigt sein, um im Praktischen dauerhaft bestehen zu können.

Um beim anfänglichen Abbau zu bleiben: In unserem Garderobenbereich hängt ein Foto von unserer Petersilienhochzeit (12,5 Jahre) 1992. Mein Gesicht und mein Körper sind darauf merklich rundlicher festgehalten als ich heute gebaut bin. Figurmäßig gleiche ich heute wieder unserem Hochzeitsfoto von 1979.

Spontan wurde in den ersten zwei Jahren meines Rohkostlebens gern mit Blick auf das Petersilienfoto behauptet: „Da hast Du aber besser ausgesehen". Daß ich auf diesem Fest nur unter der Wirkung eines starken Rheumamittels lachen und alles andere mitmachen konnte, sieht man dem Bild ja nicht an. Deshalb sagen mir auch heute manchmal noch Leute: Als Du noch normal gegessen hast, hast Du besser, weil etwas voller, ausgesehen. Diese Ernährung kann nicht die Richtige sein, auch wenn Du Dich besser fühlst.

Wenn Sie dann in solchen Situationen nicht die nötige (Selbst)Sicherheit durch Lesen entsprechender Literatur und den zeitweiligen Austausch mit ebenfalls praxiserprobten Rohköstlern haben, kommen Ihnen Zweifel, obwohl Sie sich ansonsten sehr wohl fühlen. Da ist es schon gut, wenn jemand, wie Herr Dr. Probst fragt: Wollen Sie sich gut fühlen, oder wollen Sie nur gut aussehen?

Weil Sie augenblicklich nur eines wählen können: Was ziehen Sie vor? Aber keine Angst: Man wird nach dem mehr oder weniger Zeit erforderlichen Abbau immer schöner. Die Haut wird glatter, die Pusteln und Pickel verflüchtigen sich, die Haut wird besser durchblutet, die Ausstrahlung zeugt von Ihrem Wohlbefinden. Jedoch durch das individuell unterschiedlich lange Tal des Schlacken- und Gewebeabbaus muß zunächst jeder durch.

Mit meinem Hang viele Dinge ironisch-plakativ zu betrachten, sagte ich mir damals immer: Lieber sehe ich wie Spucke an der Wand aus, und fühle mich pudelwohl, als umgekehrt, daß ich pudelwohl ausschaue, aber mich wie Spucke an der Wand fühle!

Wenn Sie meine bisherigen Ausführungen und die ernstgemeinten Witze in meinem bisherigen Leben verstanden haben, werden Sie auch diese letzte Pointe verstehen.

Vielleicht denken Sie zumindest im Krankheitsfall an das Beispiel vom Daumen und Hammer: Solange der Hammer immer wieder auf den Daumen schlägt, wird dieser nie von Grund auf heilen. Sie können zwar einen dicken Verband darum wickeln, oder starke Schmerzmittel einnehmen, all das bringt vorübergehende Linderung. Richtig heilen wird der Daumen jedoch erst, wenn Hammer und Daumen nicht mehr miteinander in Berührung kommen.

Dieses Prinzip können Sie exakt auf unsere Ernährungs- und Lebensweise übertragen: Hören Sie einfach auf, Ihren Organismus ungeeignete, nämlich durch Hitze und Chemie wertlos gemachte Nahrung zuzuführen, so wird Ihr Körper dankend die ihn von der Natur angepaßte rohe Obst- und Gemüsekost zum Neuaufbau nutzen.

Mit dieser Ernährung wenden sie die Not krank zu werden oder krank zu bleiben grundlegend und nicht nur vorübergehend ab!

Sorge ich in einem Arbeitsbereich für beste Bedingungen, kann ich auch beste Ergebnisse erwarten. Stelle ich schlechte Bedingungen, muß ich zumindest auch mit nur mittelmäßigen Ergebnissen rechnen. Wir kommen nun einmal aus des Schöpfers Natur und müssen deshalb gesetzmäßigerweise auch von und mit ihr im Einklang leben.

Ich kann nur immer widersprechen, wenn ich so oft zu hören bekomme: Die beste Ernährungsweise ist die, wenn man von allem etwas zu sich nimmt. So, wie man mit den vielen angeblich harmlosen Umweltgiften auch in der Regel nicht halb und nicht ganz vergiftet wird, so wird man auch mit dem Befolgen des Ratschlages: „Iß von jedem etwas!" mehr schlecht als recht gesund bleiben.

Es kommt dann ganz auf Ihre Enzym-Reserve an. Unser Enzym-Guthaben kann uns niemand sagen, so wie wir etwa unseren Kontostand bei der Bank abrufen können. Deshalb gehen wir immer den sichereren Weg, wenn wir uns die enzymreiche, naturbelassene Nahrung zuführen, anstatt mit gekochter Nahrung ständig auf unser individuelles Enzymbudget zurückzugreifen.

Sollten Sie sich auf das Abenteuer Rohkost auf Dauer einlassen, wünsche ich Ihnen ein lehrreiches, fröhliches Gelingen und eine nicht endende Erlebnisreise. Setzen Sie es mit Optimismus, also Mut in die Tat um.

Mit Mißmut, Zweifel, Pessimismus – die leider heute weit verbreiteten Herrscher über das Leben vieler Menschen – und ohne die gespendete Kraft und verliehene Gnade durch meinen Schöpfer wäre ich heute weder die immer noch einzige Geliebte meines Mannes, noch die Mutter dreier wunderbarer Kinder und ganz sicher keine glückliche, zwar behinderte, aber kerngesunde Rohköstlerin.

Hilfreich zu lesen – Literaturempfehlungen

Die nun folgenden Literaturempfehlungen sind keineswegs vollständig und dienen nur als Einstieg in die alternative Sicht-, Ernährungs- und Lebensweise.

Grundrichtungen verschiedener Rohkostvertreter:

Konz, Franz, Der große Gesundheits-Konz, Universitas Verlag
Bund für Gesundheit e.V., Zeitschrift „Natürlich leben"
Wandmaker, Helmut, Willst Du gesund sein? Vergiß den Kochtopf! Mosaik Verlag
Wandmaker, Helmut, Rohkost statt Feuerkost, Goldmann Verlag
Burger, Guy-Claude, Die Rohkost-Therapie, Heyne Verlag

Einige sehr empfehlenswerte Bücher, um das neu erworbene Wissen zu festigen:

Baumarkt, Hans, Ursache und Heilung von Allergien, Waldthausen Verlag
Bragg, Dr. Paul C., Wunder des Fastens, Goldmann Verlag
Comby, Bruno, Stärken Sie Ihr Immunsystem, Waldthausen Verlag
Ehret, Prof. Arnold, Die schleimfreie Heilkost, Waldthausen Verlag
Heimann, Dierk/**Gröne**, Dr. Monika, BSE – Der Tod aus dem Schlachthaus? Falken-Verlag
Kenton, Leslie und Susannah, Kraftquelle Rohkost, Heyne Verlag
Meyer, Axel, Fleisch... oder die Folgen einer unbewußten Eßgewohnheit, Taoasis Verlag
Moeller, Michael Lukas, Gesundheit ist eßbar, Goldmann Verlag
Schulz-Wittner, Dr. med. Thomas, Das Buch der ganzheitlichen Darmsanierung, fit fürs LebenVerlag
Tilden, Dr. John H., Mit Toxämie fangen alle Krankheiten an, Waldthausen Verlag
Walker, Dr. Norman W., Darmgesundheit ohne Verstopfung, Waldthausen Verlag
Walker, Dr. Norman W., Auch Sie können wieder jünger werden, Goldmann Verlag

Walker, Dr. Norman W., Frische Frucht- und Gemüse-Säfte, Goldmann Verlag

Walker, Dr. Norman W., Täglich frische Salate erhalten Ihre Gesundheit, Goldmann Verlag

Walker, Dr. Norman W., Wasser kann Ihre Gesundheit zerstören, Goldmann Verlag

Walker, Dr. Norman W., Strahlende Gesundheit, Goldmann Verlag

In all diesen Büchern sind weitere Literaturhinweise, so daß Sie sich über die wenigen hier angegebenen Bücher fast unbegrenzt auslassen können.

Wenn Sie qualifizierte ärztliche Hilfe bei der Umstellung auf eine gesunde, natürliche Ernährungs- und Lebensweise benötigen, hier ist eine gute Anschrift:

Wellness-Centrum
Praxis Dr. med. habil. Dr. Dr. K.J. Probst
Mozartstr. 22
87724 Ottobeuren

Anhang

Und noch eine wichtige Information:

Wenn Sie qualifizierte ärztliche Hilfe bei der Umstellung auf eine gesunde, natürliche Ernährungs- und Lebensweise benötigen, hier ist eine gute Anschrift:

Wellness-Energie-Zentrum
Praxis Prof. Dr. med. habil. Dr. Karl. J. Probst
Mozartstr. 22
87724 Ottobeuren
Tel.: 08332-93400
Fax: 08332-93401
E-mail: 101322.102@compuserve.com
      karlprobst@hotmail.com

Bisher konnten in der Ernährungs- und Lebensweise änderungswillige, jedoch noch hilfsbedürftige Patienten nur **ambulant** im **Wellness-Energie-Zentrum** beraten und im Sinne der Klassischen Naturheilkunde und der Natürlichen Gesundheitslehre behandelt werden.

Ich freue mich sehr, Ihnen, lieber Leser, liebe Leserin, kurz bevor dies Buch nun gedruckt wird, mitteilen zu können, **daß mittlerweile auch eine stationäre Aufnahme möglich ist.** Wie ich schon erwähnte, empfiehlt sich eine derartige Betreuung, wenn schon ernste Erkrankungen (hochgradige, durch die normale Kost bedingte, Vergiftungen) vorliegen.

In einem solchen Fall brauchen Sie die fachkundige Unterstützung bei der
- konsequenten Entgiftung der Körperorgane
- Aktivierung des geschwächten Immunsystems und dem
- Wiederaufbau einer stabilen, physiologischen Darmflora,
welches die Grundvoraussetzung vor einer jeden anderen weiterführenden Therapie ist.

Es bietet sich Ihnen hier die Möglichkeit, mit einem sichereren Gefühl zu fasten und einen leichteren Einstieg in die Vielfalt der Rohkosternährung zu erhalten, als es meist zu Hause realisiert werden kann.
    Abgesehen von diesen Grundpfeilern der natürlichen Heil- und Ernährungsweise werden Ihnen verschiedene naturheilkundliche Therapien angeboten, beispielsweise:
- Therapie des Chronischen Müdigkeitssyndroms (CFS),

- Therapie umweltmedizinischer Erkrankungen, wie Überempfindlichkeiten gegen Umweltgifte (MCS),
- Amalgamsanierung und -nachsorge
- Programme zum Streßmanagement und zur Revitalisierung
- psychologische Therapien zur geistig-seelischen Aktivierung speziell bei Lebenskrisen aller Art
- pulsierende Magnetfeld-Technologie zur Therapie von Verschleißkrankheiten des Haltungs- und Bewegungsapparates und Polyarthrosen.

Wichtigste Therapie ist jedoch die Darmsanierung durch eine fachlich qualifizierte **Colon-Hydro-Therapie** und die Hinführung zur **Umstellung auf die vegane Rohkost**, weil kein anderer Weg - gemäß der Weisheit „**Darmgesund – Kerngesund**" - am Erfolg zur Dauergesundung vorbei führt.

Neben Obst und Gemüse aus heimischem kontrollierten Bio-Anbau sind ganzjährig auch exotische Spezialitäten aus den Tropen vorhanden. Diese werden sonnengereift geerntet und per Flugzeug angeliefert.

Außerdem gibt es die verschiedensten Wassertherapien, sowie Fango- und Moorbäder, Unterwassermassagen und Kneipp-Anwendungen. Ein chlorfreies, ozonentkeimtes Schwimmbad lädt mit 35 Grad zur täglichen Entspannung ein.

Sie können auch an Wassergymnastik und Bewegungstherapie unter fachkundiger Anleitung erfahrener Therapeuten teilnehmen. Spezialisierte Fachkräfte bieten bei Bedarf Lympfdrainage und Reflexzonentherapie an. Ebenfalls gibt es eine finnische Sauna und ein Solarium.

Es stehen 18 Gästezimmer mit insgesamt 27 Betten zur Verfügung. Jedes Zimmer hat Dusche/WC oder Bad/WC und Telefon. Fast alle Zimmer liegen mit ihrem Balkon zur Süd- und Südwestseite.

Das Haus liegt am Ortsrand von Ottobeuren in der Nähe des Waldes. Es hat einen weitläufigen Garten, in dem auch ein Wildkräuter-Lehrpfad angelegt ist. Hier können die wichtigsten Wildkräuter praktisch erlebt und geerntet werden können.

Zusätzlich zu diesen körperlich konzentrierten Therapien und Revitalisierungsmaßnahmen finden laufend Vorträge und Seminare zur seelisch-geistigen Aktivierung der Selbstheilungskräfte statt. Ohne die **ganzheitliche** Gesundung eines Menschen nach Körper, Seele und Geist ist eine **Dauergesundheit** nicht möglich.

Soweit ein kleiner Abriß an Informationen über das zur Zeit in Deutschland einzige Zentrum, welches konsequent gemäß der Naturgesetze arbeitet.

Weitergehende Informationen können Sie sich beim Wellness-Energie-Zentrum direkt einholen.